Netzwerk

Deutsch als Fremdsprache
Lehrerhandbuch

B1

Katja Wirth

Ernst Klett Sprachen

Stuttgart

Von
Katja Wirth

Projektleitung: Angela Kilimann
Redaktion: Marion Schomer
Gestaltungskonzept, Layout und Cover: Andrea Pfeifer, München
Illustrationen: Florence Dailleux
Satz und Repro: kaltner verlagsmedien GmbH, Bobingen

Verlag und Autoren danken Christoph Ehlers, Beate Lex, Margret Rodi, Dr. Annegret Schmidjell, Katja Wirth und allen Kolleginnen und Kollegen, die **Netzwerk** begutachtet sowie mit Kritik und wertvollen Anregungen zur Entwicklung des Lehrwerks beigetragen haben.

Quellen: S. 105: Fabeln nach Aesop

Netzwerk B1 – Materialien

Teilbände	
Kurs- und Arbeitsbuch B1.1 mit DVD und 2 Audio-CDs	605014
Kurs- und Arbeitsbuch B1.2 mit DVD und 2 Audio-CDs	605005
Gesamtausgaben	
Kursbuch B1 mit 2 Audio-CDs	605002
Kursbuch B1 mit DVD und 2 Audio-CDs	605003
Arbeitsbuch B1 mit 2 Audio-CDs	605004
Zusatzkomponenten	
Lehrerhandbuch B1	605006
Netzwerk digital B1	
mit interaktiven Tafelbildern (DVD-ROM)	605007
Intensivtrainer B1	605009
Testheft B1	605146
Interaktive Tafelbilder zum Download unter	
www.klett-sprachen.de/tafelbilder	

AB – Arbeitsbuch	
GR – Grammatik	
IAW – Interactive Whiteboard	
KB – Kursbuch	
KV – Kopiervorlage	
TB – Tafelbild	
TN – (Kurs-) Teilnehmer/in bzw.	
Teilnehmer/innen	
WS – Wortschatz	

Besuchen Sie uns auch im Internet:
www.klett-sprachen.de/netzwerk

1. Auflage   1 ^{7} ^{6} ^{5} | 2021 20 19

© Ernst Klett Sprachen GmbH, Rotebühlstraße 77, 70178 Stuttgart, 2017
© der Originalausgabe: Klett-Langenscheidt GmbH, München, 2014

Druck und Bindung: Elanders GmbH, Waiblingen

ISBN 978-3-12-605006-7

Inhalt

Netzwerk – ein Lernpaket

Netzwerk richtet sich an Erwachsene und Jugendliche ab 16 Jahren ohne Vorkenntnisse, die Deutsch für Beruf, Studium, Schule oder auch Freizeit lernen wollen.

Das Lehrwerk führt in 6 Halbbänden bzw. 3 Gesamtbänden zu den Niveaustufen A1, A2 und B1 und bereitet auf die Prüfungen von Goethe-Institut, ÖSD und telc vor. Die Lernziele, die Sprachhandlungen und die Progression von **Netzwerk** entsprechen dem Gemeinsamen Europäischen Referenzrahmen (GER).

Band 3 bietet Material für die Niveaustufe B1 gemäß dem Gemeinsamen Europäischen Referenzrahmen. Die Anzahl der Unterrichtseinheiten ist abhängig von den Voraussetzungen der Lernergruppe sowie vom Kursformat, d.h. ob der Kurs mit hoher oder geringer wöchentlicher Stundenzahl durchgeführt wird. Zusätzlich spielt es eine Rolle, wie viele weitere Komponenten neben Kurs- und Arbeitsbuch in den Unterricht miteinbezogen werden.

Das **Konzept** von **Netzwerk** ist vielfältig und lerneraktivierend:
- Die Lernwege und die Spracharbeit sind kontextbezogen, handlungsorientiert und jederzeit für Lehrer und Lerner transparent.
- Die Lerner werden als individuelle Personen mit ihrer Muttersprache, ihrer Mehrsprachigkeit, ihrem kulturellen Hintergrund und ihren eigenen Lebenserfahrungen in die Lernwege integriert (z.B. durch Interviews, in denen sie als sie selbst handeln, durch die Präsentation der eigenen Stadt, durch Vergleiche mit der Muttersprache). Dadurch entsteht eine Verzahnung von kognitivem und emotionalem Lernen.
- Die Textsorten sind modern und aktuell, die Texte authentisch und aus dem Alltag der Lerner gegriffen.
- Die Aufgabenformen sind motivierend, abwechslungsreich und lerneraktivierend, sodass die Lerner bereits von Beginn an zum sprachlichen Handeln angeregt werden.
- Die Lerner können von Anfang an erfolgreich kommunizieren: Redemittel, Wortschatz und Strukturen werden kontextbezogen und frühzeitig im Überblick angeboten und geübt.
- Die Grammatik ist gebrauchsfertig und kommunikationsrelevant in den Kapitelablauf integriert. Die Formen und Strukturen, die bei einer Aufgabe benötigt werden, stehen direkt bei der Aufgabe in übersichtlichen Grammatikkästen.
- Wichtige Aspekte der gesprochenen Sprache werden von Anfang an niveaugerecht thematisiert.
- Die digitalen Medien sind durch Textsorten, Aufgabenformen und Layout im Kurs- und Arbeitsbuch sowie dem Angebot an zusätzlichen Komponenten integraler Bestandteil des Lehrwerks.

Darüber hinaus bietet **Netzwerk** neben den herkömmlichen Materialien auch eine enge **Vernetzung von Buch und digitalen Medien**:
- Die Filmclips zum Buch: Die Lerner bekommen einen Einblick in verschiedene Aspekte der Landeskunde in D-A-CH und trainieren das Hör-Seh-Verstehen. Die Filmclips passen inhaltlich zu konkreten Kursbuch-Aufgaben.
- Interaktive Tafelbilder (integraler Bestandteil von Netzwerk digital B1): Mit zusätzlichen Sprechanlässen und über spielerische Vertiefung der Themen aus dem Kursbuch ermöglichen sie einen abwechslungsreichen und kommunikativen Unterricht.
- Netzwerk digital B1: Eine DVD-ROM mit Kursbuch, Arbeitsbuch, Audiomaterial, Film, interaktiven Tafelbildern, Lehrerhandbuch und vielem mehr unterstützt Sie bei einer modernen und flexiblen Unterrichtsvorbereitung und Unterrichtsgestaltung.
- Das Klett-Sprachen Unterrichtsportal: Es hält zusätzliche Materialien für Sie und Ihre Lerner bereit, wie z.B. alle Transkripte, interaktive Online-Übungen, Lernfortschrittstests, Modelltests des Goethe-Instituts, von telc und des ÖSD und vieles mehr. www.klett-sprachen.de/netzwerk
- Das Facebook-Profil von Bea Kretschmar: Die Lerner können mit der Hauptfigur des Films von A1 und A2 authentisch auf Deutsch kommunizieren und „erleben" Landeskunde. www.facebook.com/beakretschmar
- Das Facebook-Profil für Lehrer: Hier erfahren Sie mehr über aktuelle Veranstaltungen, den Werdegang von Netzwerk und vieles mehr. www.facebook.com/netzwerk.lehrwerk
- Moodle: Auf der Lernplattform stehen kursbegleitende Materialien wie Online-Übungen und Tests sowie Moodle-angepasste Aufgabenformate aus dem Kursbuch zur Verfügung.

Der Aufbau von **Netzwerk** B1

DVD
Filmclips zum Buch:
1 Landeskunde-Film pro
Kapitel mit Aufgaben

Lehrerhandbuch
Unterrichtsvorschläge
Kopiervorlagen
Didaktisches Glossar

Audio-CDs
2 CDs zum Kursbuch
2 CDs zum Arbeitsbuch

Intensivtrainer
Übungen zu Wortschatz,
Grammatik und Redemitteln

Moodle
Materialien für Moodle-
Kursräume

Kurs-buch / Arbeits-buch

12 Kapitel
4 Plattformen

12 Kapitel

Testheft
Lernfortschrittstests und
Prüfungsvorbereitung auf
Zertifikat B1, ZD, telc B1, ZDÖ
und *DTZ*

Facebook-Profil
Netzwerk
Neues vom Lehrwerk
Kontakt mit anderen Lehrern

**Netzwerk digital B1 mit
interaktiven Tafelbildern**
Multimediales Vorbereiten
und Unterrichten mit einer
DVD-ROM

Facebook-Profil
Bea Kretschmar
Infos aus Beas Leben in D
Kommunikation mit Bea

Unterrichtsportal
Materialien und
Zusatzangebote

für Lehrer   für Lerner

Hinweis: **Netzwerk** B1 ist auch in 2 Teilbänden erhältlich:
Integriertes Kurs- und Arbeitsbuch B1.1 mit DVD und 2 Audio-CDs (alle eingelegt)
Integriertes Kurs- und Arbeitsbuch B1.2 mit DVD und 2 Audio-CDs (alle eingelegt)

Die Komponenten des Lehrwerks

Das Kursbuch

Das Kursbuch (KB) enthält 12 Kapitel und vier Plattformen. Die Kapitel haben je zehn Seiten. Nach jeweils drei Kapiteln gibt es eine vierseitige Plattform mit spielerischen Angeboten zum Wiederholen von Strukturen, Wortschatz und Redemitteln der vorangegangenen drei Kapitel sowie zu Landeskunde, Literatur, Musik und anderen Themenbereichen.

Der Kapitelaufbau

Jedes Kapitel beginnt mit einer Doppelseite, die vor allem über Bildmaterial das Kapitelthema präsentiert und deren Schwerpunkt die Wortschatzarbeit ist. Der visuelle Einstieg lädt die Lerner ein, sich erstmals mit dem Thema zu befassen und dabei an ihr Vorwissen anzuknüpfen. Er motiviert zur konkreteren Auseinandersetzung mit dem Kapitelthema über abwechslungsreiche Aufgabentypen und Aktivitäten; es gibt auch immer eine Aufgabe zum Hörverstehen. Außerdem befindet sich zur Information der Lerner auf der linken Seite oben eine Übersicht über die Lernziele des Kapitels (Sprachhandlungen und Grammatik).

Die **Kapitelseiten 3–6** stellen den Progressionsteil dar. Auf diesen Seiten erarbeiten und üben die Lerner Wortschatz, Redemittel und grammatische Strukturen niveaugerecht in interessanten authentischen Kontexten. Dabei werden alle Fertigkeiten (Hören, Sprechen, Lesen, Schreiben) über die Kapitel hinweg gleichermaßen trainiert. Auch Aussprache-übungen sind in den Kapitelablauf integriert. Die Lernziele (Sprachhandlungen) sind oben auf der Seite sichtbar, so dass der Lerner jederzeit weiß, worauf die Aufgaben abzielen.

Die **Kapitelseiten 7 und 8** sind durch einen blauen Fond gekennzeichnet. Diese Seiten vermitteln einerseits landeskundliche Inhalte, andererseits bieten sie Fertigkeiten- und Strategietraining und erarbeiten Lerntechniken. Auch diese Doppelseite ist mit konkreten Sprachhandlungen als Lernziel verknüpft, die oben auf der Seite sichtbar sind.

DVD-Seite (Kapitelseite 9)

Auf der DVD-Seite finden Sie Aufgaben zu den Filmclips, die das Kapitel thematisch und inhaltlich aufgreifen. Sie beinhalten Aufgaben zum Hör-Seh-Verstehen sowie vorbereitende Aufgaben (Aktivierung von Vorwissen, Vorentlastung) und weiterführende Aktivitäten (Recherche, eigene Sprachproduktion usw.). Die Aufgabenstellungen sind so gestaltet, dass sie sich für die Arbeit im Kurs eignen, die Lerner aber auch zu Hause mit der DVD arbeiten können. Die Stelle im Kapitel, an die der Filmclip anknüpft, ist mit ▤ gekennzeichnet.

Kurz und klar (Kapitelseite 10)

Jedes Kapitel schließt mit einer Übersichtsseite ab, auf der die wichtigsten Lerninhalte des Kapitels noch einmal zusammengefasst dargestellt werden. Hier findet man einen klaren systematischen Überblick über die Redemittel und eine lernerfreundlich visualisierte Darstellung der Grammatik aus dem jeweiligen Kapitel.

Die Plattformen

Immer nach drei Kapiteln gibt es eine Plattform. Sie besteht aus zwei Doppelseiten: Auf der 1. Doppelseite gibt es ein Spiel zur Wiederholung von Strukturen, Wortschatz und Redemitteln der vorangegangenen drei Kapitel. Auf der 2. Doppelseite setzen sich die Lerner kreativ mit landeskundlichen Themen, mit Literatur, Liedern oder anderen interessanten Materialien auseinander.

Anhang

- **Grammatikübersicht:** eine systematische Übersicht über die im Kursbuch vermittelte Grammatik mit Verweis auf das Kapitel, in dem das Phänomen behandelt wird
- **Alphabetische Wortliste:** alle neu eingeführten Wörter aus den Kursbuch-Kapiteln sowie alle neuen Wörter aus den mit Wortschatz gekennzeichneten Arbeitsbuch-Aufgaben

Das Arbeitsbuch

Im Arbeitsbuch finden die Lerner eine große Vielfalt an Übungen zur Festigung und Vertiefung der Lerninhalte des Kursbuchs. Die Übungen sind im Allgemeinen für die Arbeit zu Hause vorgesehen. Die mit Wortschatz gekennzeichneten Aufgaben, die neuen Wortschatz einführen, sowie Aufgaben mit Interaktion sollten Sie in der Regel im Unterricht bearbeiten. Ebenso kann es sinnvoll sein, Übungen zur Vorentlastung oder Binnendifferenzierung in den Unterricht einzubeziehen. Auf die entsprechenden Übungen wird in den *Erläuterungen* des Lehrerhandbuchs hingewiesen.

Neu sind Wiederholungsaufgaben ⟵⟶, die an eine Grammatikaufgabe anknüpfen und alle bisher dagewesenen Strukturen zu dem Thema im Überblick wiederholen. Sie können vor der Erarbeitung des neuen Grammatikinhalts zur Aktivierung und Wiederholung des Vorwissens in den Unterricht einbezogen oder zu Hause bearbeitet werden.
Ebenso neu sind am Ende jedes Arbeitsbuch-Kapitels Aufgaben zur Wortbildung Wortbildung . Zu einem ausgewählten Thema gibt es dort vorwiegend rezeptive Aufgaben mit Hilfen zur Erschließung und Bewusstmachung des jeweiligen Phänomens. Auf die entsprechenden Aufgaben wird auch in den *Erläuterungen* des Lehrerhandbuchs hingewiesen, da sie sinnvollerweise in den Unterricht einbezogen werden sollten.

Der Kapitelaufbau

Die Aufgabennummern von Kurs- und Arbeitsbuch sind parallel angeordnet, d. h. zu einer Aufgabe 5 im Kursbuch gibt es eine passende Übung 5 im Arbeitsbuch. Zur DVD-Seite gibt es keine Übungen im Arbeitsbuch. Die Lösungen zum Arbeitsbuch befinden sich im Unterrichtsportal für Lehrer (www.klett-sprachen.de/netzwerk).
Am Ende eines Kapitels können die Lerner auf der *Rückschau*-Seite *Das kann ich nach Kapitel* ... ihren Lernerfolg mit Hilfe von drei unterschiedlichen Aufgaben und der zu den Lernzielen des Kapitels passenden Selbsteinschätzung (Kann-Beschreibungen) kontrollieren. Hinter der Selbsteinschätzung sieht der Lerner auf einen Blick, wo im Kurs- und Arbeitsbuch ggf. Aufgaben zur Wiederholung stehen.
Im Anschluss finden die Lerner eine Doppelseite mit dem Lernwortschatz des Kapitels mit Schreibzeilen zum Eintragen der muttersprachlichen Entsprechung. Darüber hinaus gibt es auch Übungen zu den wichtigsten Wortschatz-Themen des Kapitels. Der Lernwortschatz gibt den Lernern die Möglichkeit, die Wörter aus dem Kapitel zu erarbeiten, zu wiederholen und auch zu erweitern.

Prüfungstraining

Das Prüfungstraining, das sich in A1 und A2 besonders in den Arbeitsbuch-Plattformen befindet, ist in B1 in die Arbeitsbuch-Kapitel integriert. In jedem Arbeitsbuch-Kapitel gibt es mindestens 2 Aufgaben, die auf die Prüfungen *Zertifikat B1 (Z B1)*, *Zertifikat Deutsch (ZD)* und/oder den *Deutschtest für Zuwanderer (DTZ)* vorbereiten. Sie sind mit P gekennzeichnet. Insgesamt kommt jedes Aufgabenformat mindestens ein Mal in B1 vor.
Eine Übersicht zu den Prüfungen, den Prüfungsteilen und den dazugehörigen Aufgaben in Netzwerk B1 finden Sie auf der Umschlaginnenseite. Damit kann sich jeder Lerner zu jeder Prüfung einen kompletten Modellsatz selbst zusammenstellen.
Auch im Kursbuch sind Aufgabenformate aller Prüfungen (Goethe-Institut, telc und ÖSD) ohne explizite Kennzeichnung enthalten.

Symbole im Arbeitsbuch

⟵⟶   Im Arbeitsbuch finden sich Wiederholungsübungen, die an eine konkrete Grammatikaufgabe im Kursbuch angeschlossen sind. Damit können alle zu dem Thema bisher erarbeiteten grammatischen Strukturen im Überblick wiederholt werden.

Wortbildung   Ein Thema aus dem Bereich Wortbildung wird erschlossen, bewusst gemacht und mit (rezeptiven) Aufgaben erarbeitet.

◈   Aufgabe im Arbeitsbuch, die man mit und ohne Hilfe lösen kann. Die Lösungshilfen sind umgekehrt in kleiner Schrift unter der Aufgabe abgedruckt.

P
Z B1 / ZD / DTZ   Hier gibt es im Arbeitsbuch Aufgaben im Prüfungsformat zu den B1-Prüfungen (*Z B1*, *ZD* und *DTZ*).

Symbole im Kursbuch und im Arbeitsbuch

 Zu dieser Aufgabe gibt es ein interaktives Tafelbild.

 Mini-Projekte regen die Lerner an, über das Buch hinaus zu arbeiten und zu recherchieren.

 Hier passt Filmclip 4. Aufgaben dazu gibt es auf der vorletzten Seite des Kapitels.

 Hörtext auf der CD

 Hörtext auf der CD mit Übung zur Aussprache

 In der Schreibaufgabe wird niveaugerecht freies Schreiben ausprobiert und geübt.

Wortschatz AB Im Arbeitsbuch gibt es eine Aufgabe, in der noch mehr Lernwortschatz zu diesem Thema erarbeitet wird. Diese Übungen sind im Arbeitsbuch ebenfalls gekennzeichnet (Wortschatz) und sind die einzigen Arbeitsbuchübungen, in denen neuer Wortschatz eingeführt wird. Die Wörter dieser Aufgaben befinden sich auch in der alphabetischen Wortliste.

 In *Gut gesagt* werden Aspekte der gesprochenen Sprache und regionale Varianten vorgestellt. In der Regel gibt es dazu Hörbeispiele.

 Hier werden Informationen, Strategien oder Lerntipps präsentiert.

Audiomaterialien

Zum Kursbuch und zum Arbeitsbuch gibt es jeweils zwei CDs mit Hörtexten und Ausspracheübungen. Die CDs sind ins Buch eingelegt. Die Transkripte der Audiomaterialien sowie der Filmclips finden Sie und Ihre Lerner auf dem Unterrichtsportal (www.klett-sprachen.de/netzwerk).
Sämtliche Transkripte sind auch in Netzwerk digital B1 enthalten. Netzwerk digital B1 bietet Ihnen außerdem die Möglichkeit, im Unterricht Audios oder Videos durch Klick auf das gewünschte Pikto abzuspielen.

Die DVD – authentische Filmclips

Die Clips sind kurze Landeskunde-Filme, die inhaltlich zu den einzelnen Kursbuch-Kapiteln passen. Zu jedem Filmclip gibt es eine bestimmte Aufgabe im Kapitel, nach der der Clip sinnvoll eingesetzt werden kann; sie ist dort mit ▤ gekennzeichnet. Eine andere Möglichkeit ist, den Clip am Ende eines Kapitels einzusetzen. Auf der vorletzten Seite jedes Kursbuch-Kapitels finden Sie Aufgaben zum Filmclip, von denen einige auch ohne DVD lösbar sind (als Vorentlastung, zur Aktivierung des Vorwissens, eigene Sprachproduktion o. Ä.). Die Aufgaben sind so gestaltet, dass sie sich für den Unterricht im Kurs eignen. Falls nicht immer genug Zeit dafür ist, können die Lerner auch allein zu Hause mit der DVD arbeiten. Da es sich um authentisches Material (z. B. journalistische oder wissenschaftliche Beiträge aus Fernsehdokumentationen) handelt, ist das sprachliche Niveau manchmal höher als B1. Die Aufgaben zu den Filmclips sind daran angepasst und trainieren gezielt das Hör-Seh-Verstehen von Texten mit hohem Sprachniveau. Die Transkripte zum Film finden Sie im Unterrichtsportal und in Netzwerk digital B1.

Interaktive Tafelbilder

Die interaktiven Tafelbilder eröffnen eine weitere Möglichkeit, den Unterricht abwechslungsreich und kommunikativ zu gestalten. Sie bieten zu den Kapiteln passende Sprechanlässe und vertiefen die Themen spielerisch und kurzweilig. Im Kursbuch sind die Tafelbilder mit ▭ gekennzeichnet.
Die Tafelbilder laufen auf Interactive Whiteboards aller Hersteller. Sie können auch über Beamer an die Wand projiziert und über den Computer aktiviert werden.
Die interaktiven Tafelbilder sind in die Komponente Netzwerk digital B1 integriert. Dort befindet sich neben den Tafelbildern die Lehrerhandreichung mit didaktischen Hinweisen zu den Tafelbildern. Diese finden Sie außerdem in unserem Unterrichtsportal (www.klett-sprachen.de/netzwerk).

Lehrerhandbuch

Das Lehrerhandbuch bietet zu jeder Kursbuch-Aufgabe Erläuterungen, wie Sie damit im Unterricht verfahren können, die Lösungen der Aufgabe sowie ggf. Varianten, Alternativen oder Erweiterungen. Auf Arbeitsbuch-Übungen, die in den Kurs einbezogen werden sollten (Wortschatzerweiterung, interaktive Übungen, Aufgaben zur Wortbildung, zur Vorentlastung, zur Binnendifferenzierung o. Ä.), wird ebenfalls hingewiesen. Im Anhang gibt es zwei Kopiervorlagen pro Kapitel und ein didaktisches Glossar.

Netzwerk digital B1 – elektronisches Unterrichtsmedium mit Lehrerhandreichung

Netzwerk digital B1 auf DVD-ROM beinhaltet Kursbuch, Arbeitsbuch, die Audio-Materialien, die Filmclips, das Lehrerhandbuch, interaktive Tafelbilder, Lösungen, Transkripte und vieles mehr.
Es ermöglicht Ihnen,
• Ihren Unterricht flexibel und effizient vorzubereiten.
• auf alle Medien per Klick zuzugreifen (Audios, Videos, Tafelbilder).
• die o. g. Medien im Unterrichtsmodus über Beamer zu projizieren bzw. abzuspielen und für die Arbeit mit dem Interactive Whiteboard einzusetzen.
• sämtliche Tafelbilder durch Klick auf ☐ im Kapitel zu öffnen.

Intensivtrainer

Im Intensivtrainer finden die Lerner zu jedem Kapitel auf 5 Seiten zusätzliche Übungen zu Wortschatz, Redemittel und Grammatik. Im Anhang gibt es u. a. auch den Lösungsschlüssel. Der Intensivtrainer eignet sich insbesondere zur Wiederholung und zur Vertiefung zu Hause.

Testheft

Das Testheft mit Audio-CD beinhaltet zu jedem Kapitel Tests zu den vier Fertigkeiten sowie zu Wortschatz und Grammatik. Viele Aufgaben entsprechen im Format den Prüfungsaufgaben aus den gängigen und aktuellen B1-Prüfungen und ermöglichen somit eine optimale Prüfungsvorbereitung.

Netzwerk im Netz

Das Netz ist beweglich: Wir laden Sie daher ein, Netzwerk immer wieder im Netz zu besuchen. Möglicherweise gibt es neue interessante Angebote für Sie und Ihre Lerner, die Sie noch nicht kennen!

Unterrichtsportal im Internet

Das Angebot für Lerner umfasst u. a. interaktive Online-Übungen, die Transkripte aller Hörtexte und der Filmclips, den Kapitelwortschatz, eine Vorlage des Sprachenportfolios zum Ausfüllen und Bearbeiten sowie Lernfortschrittstests zu jedem Kapitel. Für Lehrer werden u. a. die Lösungen der Übungen im Arbeitsbuch, die Transkripte aller Hörtexte aus Kurs- und Arbeitsbuch, die Transkripte zu den Filmclips und der Kapitelwortschatz zur Verfügung gestellt. Ebenso gibt es zu Netzwerk passende Modelltests der B1-Prüfungen des Goethe-Instituts, von telc und des ÖSD. Die interaktiven Tafelbilder stehen Ihnen in Netzwerk digital B1 zur Verfügung; dazu gibt es eine (kostenlose) Lehrerhandreichung. Im Forum können Sie Ihre Meinung sagen und sich mit anderen Lehrern über Netzwerk oder andere Fragen rund um den Unterricht austauschen. www.klett-sprachen.de/netzwerk

Facebook

Das Facebook-Profil der Film-Hauptfigur in A1 und A2, Bea Kretschmar, ist ein attraktives Angebot für die Lerner auch auf der Niveaustufe B1. Es bietet ihnen einen zusätzlichen Lernort, an dem sie die Fremdsprache in entspannter Atmosphäre ausprobieren können. Sie können mit Bea in Kontakt treten, mit Deutschen und Deutschlernern auf der ganzen Welt kommunizieren – und das ganz ohne die „Kontrolle" durch den Lehrer. Bea gibt zahlreiche, manchmal auch kuriose Informationen aus dem deutschsprachigen Alltag, wie z. B. Fotos vom Münchener Weihnachtsmarkt,

Infos zu typischem Essen, lustige Videos mit deutschsprachiger Werbung usw. Darüber hinaus lädt Bea selbst zu Aktivitäten ein, an denen sich die Lerner aktiv beteiligen können, wie z. B. eine Befragung zu den beliebtesten deutschen Mädchennamen o. Ä. Und Bea spricht die Lerner immer wieder direkt an und fragt sie, wie es in ihrem Land ist, welche Meinung sie zu einem bestimmten Thema haben usw.

www.facebook.com/beakretschmar

Auch für Sie gibt es ein Facebook-Profil. Dort können Sie sich zum Beispiel über aktuelle Veranstaltungen oder den Werdegang von **Netzwerk** informieren. Sie können mit dem **Netzwerk**-Team Kontakt aufnehmen, etwas posten oder auch mit anderen Lehrern Erfahrungen austauschen und Ihre Meinung äußern.

www.facebook.com/netzwerk.lehrwerk

Moodle

Für die Arbeit mit **Netzwerk** stehen Ihnen und Ihren Lernern auf der Lernplattform Moodle kursbegleitende Materialien zur Verfügung. Neben Wortschatzübersichten, Online-Übungen, Tests usw. finden Sie auch kommunikative, interaktive Aufgaben aus dem Buch im veränderten und Moodle-angepassten Aufgabenformat wieder. So werden manche Partner-Dialog-Übungen aus dem Buch zum Chat, Diskussionsaufgaben zum Forum oder Aktivitäten, bei denen der Kurs gemeinsam Ideen sammelt oder Texte schreibt, zum Wiki. Mit **Netzwerk** auf Moodle können die Lerner auch von zu Hause aus miteinander in Kontakt treten, gemeinsam lernen und sich austauschen.

Didaktische Schwerpunkte

Vernetzung der Komponenten

Alle Komponenten des Lehrwerks sind miteinander in einem Lernpaket vernetzt. Die Materialien zu **Netzwerk** sind keine Zusatzmaterialien im herkömmlichen Sinne, sondern bilden ein mit dem Kursbuch eng verbundenes Netzwerk. Ihr Einsatz ist aber nicht obligatorisch, auch allein mit dem Kurs- und Arbeitsbuch sowie den Audio-CDs ist ein gelungener und lernerorientierter Unterricht gewährleistet.

Handlungsorientierung – Lerneraktivierung

In **Netzwerk** handeln die Lerner von Anfang an auf Deutsch. Die Grundlage hierfür bildet die Auswahl von modernen, aktuellen Textsorten (Mails, Chats, Blogs usw.) und lernerzentrierten Themen (Alltag, Hobbys, Arbeit, Gesundheit usw.) sowie die damit verbundene hohe Authentizität. Alle Aktivitäten sind auf reale Sprachhandlungen bezogen, die in Kurs- und Arbeitsbuch sichtbar über jeder Seite stehen.

- Vom ersten Kapitel an werden die Lerner in den Dialogen, den Hörtexten und den Filmszenen sowie in Lesetexten wie Forumsbeiträgen, Chats usw. für die Alltagssprache sensibilisiert. Darüber hinaus werden ebenfalls von Anfang an Aspekte der gesprochenen Sprache und regionale Varianten in der Rubrik *Gut gesagt* (mit Hörbeispielen) an die Oberfläche des Lehrwerks geholt.
- Die Lerner können sofort erfolgreich kommunizieren, da sie passend zu ihrem Niveau Anregungen zum Sprechen bzw. sprachlichen Handeln in verschiedenen Schwierigkeitsgraden erhalten: In Variationsdialogen (auf A1) tauschen die Lerner nur die farbig hervorgehobenen Satzteile aus – oder erstellen frei eigene Dialoge. Ein sorgfältig ausgewähltes und niveaugerechtes Chunk-Angebot sowie die dargestellten Redemittel helfen, schnell und effektiv Sicherheit im sprachlichen Handeln zu erlangen.
- Die Filmclips greifen Themen aus dem Kursbuch auf und erweitern das landeskundliche Wissen der Lerner. Außerdem wird das Hör-Seh-Verstehen in authentischen Dokumentarfilmen trainiert.
- Das Lehrwerk bietet viele Sprech- und Schreibanlässe, bei denen die Lerner als sie selbst handeln bzw. in denen sie in Kooperation und Interaktion mit anderen aktiv sind; das sichert auch ihr Interesse an den Lerninhalten.
- Mit Hilfe der *Rückschau*-Seite im Arbeitsbuch können sich die Lerner ihre Fähigkeit, konkret sprachlich zu handeln, bewusst machen und reflektieren.

Grammatik – kontextgebunden und kommunikationsrelevant

Die Grammatik wird in **Netzwerk** kontextgebunden und kommunikationsrelevant eingeführt. Sie ist in den Kapitelablauf integriert und an der Stelle gebrauchsfertig in einem Grammatikkasten präsentiert, wo sie von den Lernern angewendet wird. Nur die Aspekte werden dargestellt, die für die Lösung der Aufgabe nötig sind. An manchen Stellen wird Grammatik aus methodisch-didaktischen Gründen auch auf induktive Weise und über selbstentdeckendes Lernen eingeführt. Das Neue wird sofort im Kursbuch geübt. Somit beginnt das Grammatiklernen mit leichter Anwendung und Erfolgserlebnissen. Im Arbeitsbuch wird die Grammatik kleinschrittig sowohl über induktive als auch deduktive Aufgaben vertieft und das komplette Paradigma wird erarbeitet. Auf der Übersichtsseite *Kurz und klar* befindet sich in jedem Fall eine gesamte Darstellung des Paradigmas.

Wortschatz

Netzwerk hält Wortschatz und Redemittel immer im Kontext bereit. Beides wird im Lehrwerk mit der Lebenswelt und den Interessen der Lerner verknüpft. Dadurch lernen sie schnell und effektiv, ihre ersten Schritte in der deutschen Sprache zu machen. Der Lernwortschatz wird im Kursbuch eingeführt, im Arbeitsbuch wird kein neuer Wortschatz vorausgesetzt. Nur größere Wortfelder werden im Kursbuch begonnen und im Arbeitsbuch erweitert und erarbeitet. Diese Aufgaben sind im Kursbuch deutlich mit $\frac{\text{Wortschatz}}{\text{AB}}$, im Arbeitsbuch ebenfalls mit **Wortschatz** gekennzeichnet. Die neuen Wörter aus diesen Übungen sind in den Lernwortschatz und die Wortliste aufgenommen.

Berücksichtigung von Mehrsprachigkeit und Muttersprache

In **Netzwerk** – sowohl im Kursbuch als auch im Arbeitsbuch – werden die Lerner regelmäßig dazu angeregt, über Internationalismen bzw. Ähnlichkeiten mit anderen Fremdsprachen nachzudenken. Darüber hinaus stellen eine Vielzahl von Aufgaben einen Vergleich mit der Muttersprache oder anderen Fremdsprachen an (in Wortschatz und Grammatik, z. B. Perfekt, Possessivartikel). So wird eine Verknüpfung von neuem mit bereits vorhandenem Wissen erreicht und das neue Wissen besser im Gehirn verankert.

Binnendifferenzierung

Netzwerk bietet im Kursbuch eine große Aufgabenvielfalt, die Binnendifferenzierung ermöglicht. Auch die Projekte bieten die Möglichkeit, dass die Lerner sich nach ihren Stärken und Interessen einbringen können. Im Arbeitsbuch gibt es gekennzeichnete Übungen ◈ mit Lösungshilfen, die umgekehrt in kleiner Schrift unter der Übung stehen. Außerdem eignen sich zur Binnendifferenzierung auch die Wiederholungsaufgaben ⇄, die an eine Grammatikaufgabe im Kursbuch anknüpfen und alle bisher dagewesenen Strukturen zu dem Thema im Überblick wiederholen. Sprachlich schwächere Lerner können sie vor der Erarbeitung des neuen Grammatikinhalts zur Aktivierung und Wiederholung des Vorwissens bearbeiten.

Darüber hinaus finden Sie im Lehrerhandbuch eine große Auswahl an Varianten, Alternativen und Erweiterungen zu den Aufgaben des Kursbuches sowie Kopiervorlagen für sprachlich stärkere und sprachlich schwächere Gruppen oder Lerner. Auch die weiteren Komponenten wie z. B. die interaktiven Tafelbilder, die Online-Übungen oder der Intensivtrainer eröffnen eine Vielzahl an Möglichkeiten zur Binnendifferenzierung.

Hinweise zur Arbeit mit dem Lehrerhandbuch

Das Lehrerhandbuch enthält Unterrichtsvorschläge, die Sie bei der Planung und Durchführung des Unterrichts mit **Netzwerk** unterstützen. Sie verdeutlichen, wie die einzelnen Aufgaben miteinander verzahnt sind, geben Hinweise zur möglichen didaktischen Umsetzung im Unterricht und bieten Varianten, Alternativen und Erweiterungen an. Zu jedem Kapitel gibt es zwei Kopiervorlagen. Den Schlusspunkt setzt das *didaktische Glossar*: eine alphabetische Zusammenstellung aller ▶ Verweise aus den *Erläuterungen zum Unterricht*. Die einzelnen Begriffe werden erklärt und mit praktischen Beispielen für den Einsatz im Unterricht ergänzt. Sie können das Glossar auch als Sammlung verstehen, die Sie jederzeit als Inspiration für Ihre Unterrichtsplanung zu Rate ziehen können.

Einführung

Jedes Kursbuchkapitel wird in Aufgabensequenzen unterteilt beschrieben. Eine Aufgabensequenz umfasst jeweils 1–3 zusammenhängende Sprachhandlungen und die dazugehörigen Lerninhalte (Wortschatz und Redemittel, Grammatik, Aussprache, Landeskunde, Strategie-/Fertigkeitentraining); diese sind einleitend über der zugehörigen Sequenz aufgeführt.

Zu jeder Sequenz finden Sie eine Tabelle, zu einem Kapitel also mehrere Tabellen mit jeweils drei Spalten:

	Erläuterungen zum Unterricht	Materialien
7a	Die TN sehen sich den Stadtplan an. Sie hören die Wegbeschreibung, ohne den Weg im Einzelnen zu verfolgen, und beantworten die Fragen im Kurs. Dann markieren sie die beiden Punkte im Plan. **Lösung:** *Die Personen sind am Markt. Der Mann sucht die U-Bahn.*	CD: Track 1.31 IAW: TB 3/2
7b	(...)	(...)
8	Lesen Sie gemeinsam mit den TN die Sprechblasen. Fragen Sie, in welchem Satz das Verb auf einer besonderen Position steht (*Gehen Sie ...*) und was der Satz bedeutet (*eine Aufforderung*). Thematisieren Sie, dass in einer Aufforderung / im Imperativ das Verb auf Position 1 steht. Sehen Sie dann gemeinsam den Grammatikkasten an und erklären Sie die Bildung des Imperativs mit *Sie*. Dann spielen jeweils 2 TN zusammen. Jeder würfelt 2 Mal, das erste Mal für den Start, das zweite Mal für das Ziel. Dann spielen sie Dialoge wie in den Sprechblasen vorgegeben.	je ein Würfel für 2 TN
	ERWEITERUNG: Zur Systematisierung der unregelmäßigen Verben mit Vokalwechsel bearbeiten je 2 TN Aufgabe 1 der **Kopiervorlage**, jeder TN sollte sein eigenes Blatt haben. Sie können ihre Ergebnisse mit der Tabelle im KB S. 35 vergleichen. (...)	KV
	Nach KB8 eignet sich Film 3 mit KB13–15.	DVD: Film 3
AB8d	im Kurs. Je 2 TN arbeiten zusammen. Sie notieren jeweils 3 Orte in der Nähe ihres Kursortes. Dann befragen sie sich gegenseitig und geben sich die passende Wegbeschreibung. (...)	

Die **1. Spalte** gibt die Nummer der Aufgabe im Kurs- oder Arbeitsbuch an.

In der **2. Spalte** finden Sie zu jeder Kursbuch-Aufgabe einen Vorschlag, wie Sie und die Lerner im Unterricht vorgehen können, und – wo nötig – die Lösung der Aufgabe. Zusätzlich erhalten Sie Ideen, wie Sie die Aufgabe verändern und/oder erweitern können. Auch der Einsatz der **Kopiervorlagen** ist hier vermerkt. Farbige Verweise in den Erläuterungen wie z. B. ▶ **Domino** weisen auf besondere Aktivitäten hin. Sie sind im *didaktischen Glossar* am Ende des Lehrerhandbuchs alphabetisch aufgelistet und erklärt.

Schließlich finden Sie in den *Erläuterungen zum Unterricht* Hinweise auf Arbeitsbuch-Übungen, die Sie möglichst im Kurs bearbeiten sollten (z. B. zur Vorentlastung und Binnendifferenzierung, mit Piktogramm Wortschatz, Wortbildung, interaktive Übungen usw.). Außerdem gibt es Vorschläge zum Einsatz der DVD: Ein konkreter Filmclip (mit passenden Aufgaben) ist nach einer konkreten Kursbuch-Aufgabe geeignet. Die Lösungen zu den DVD-Aufgaben befinden sich am Ende eines jeden Lehrerhandbuchkapitels.

Zu einigen Aufgaben liefert das Lehrerhandbuch auch landeskundliche Hintergrundinformationen (INFO); Sie können diese an Ihre Lerner weitergeben, um ihnen das Verständnis einer Aufgabe oder eines Textes zu erleichtern.

In der **3. Spalte** stehen parallel zu den Erläuterungen die Materialien, die für den Unterricht benötigt werden (CD mit Trackangabe, Papier, Kärtchen, Stifte, Kopien des Kursbuchs, Kopiervorlagen usw.). *Kopie auf Folie* heißt, dass Sie etwas projizieren können; ob mit einem OHP oder mit einem Beamer, hängt von Ihren Gegebenheiten vor Ort ab.

Ebenso stehen unter Materialien die Filmclips (DVD mit Clipangabe) sowie die Tafelbilder (Tafelbild mit Kapitel- und Nummernangabe) an der Stelle, an der sie im Kursbuch eingesetzt werden können. Die Aufgaben zu den Filmclips sind so gestaltet, dass sie sich ohne weitere Erläuterungen bearbeiten lassen. Lehrerhandreichungen mit weiterführenden Hinweisen zu den Tafelbildern und den DVD-Aufgaben finden Sie unter www.klett-sprachen.de/netzwerk in der Rubrik *Lehren*.

Das **Netzwerk**-Team wünscht Ihnen und Ihren Lernern viel Erfolg und viel Vergnügen bei der Arbeit mit **Netzwerk**!

Gute Reise!

Sprachhandlungen: über Reisen und Urlaub sprechen
Lerninhalte: WS: Urlaubsarten

	Erläuterungen zum Unterricht	Materialien
1a	Schreiben Sie GUTE REISE in Großbuchstaben von oben nach unten in die Mitte der Tafel. Bitten Sie die TN, an die Tafel zu kommen, wenn ihnen ein Wort oder ein Ausdruck einfällt, der zu diesem Thema passt und sich mit einem der Buchstaben verbinden lässt, und dieses/diesen anzuschreiben. Die TN sehen sich die 5 Fotos an, beschreiben sie und überlegen, wohin sie gern fahren würden. Je 4–5 TN arbeiten zusammen und begründen ihre Entscheidung. Führen Sie anschließend eine kurze Abstimmung durch und notieren Sie an der Tafel, wie viele TN sich für welches Urlaubsfoto entschieden haben.	
	VARIANTE: Kopieren Sie die 5 Fotos, kleben Sie sie auf je ein DIN-A3-Papier und hängen Sie sie an unterschiedlichen Stellen im Kursraum auf. Bitten Sie die TN zu überlegen, wohin sie im Urlaub am liebsten fahren würden, und sich zu dem entsprechenden Foto zu begeben (▶ **Landschaften stellen**). Alle TN, die sich für das gleiche Foto entschieden haben, arbeiten nun zusammen und sprechen einige Minuten darüber, warum sie sich für das Foto entschieden haben, was ihnen an dieser Art von Urlaub gefällt und ob sie schon so einen ähnlichen Urlaub gemacht haben. Danach notieren sie ihre Argumente auf dem Papier und stellen sie im Kurs vor.	Kopien der Fotos, DIN-A3-Papier
1b	Je 2 TN notieren zu jedem der Fotos 5 passende Wörter. Sammeln Sie alle Wörter an der Tafel. Die TN können die Wörter auch auf Kärtchen schreiben, an der Tafel (oder auf den DIN-A3-Papieren der Variante) befestigen und dann gemeinsam thematisch (*Natur, Wetter, Gebäude, was nimmt man mit auf die Reise* usw.) ordnen.	ggf. Kärtchen, DIN-A3-Papiere
1c	Bitten Sie die TN zu überlegen, welche der Wörter (an der Tafel, auf dem Plakat oder auf den DIN-A3-Papieren als Variante von KB1a–b) in ihrer Muttersprache oder einer anderen ihnen bekannten Sprache ähnlich sind. Die TN kommen vor und notieren die fremdsprachlichen Begriffe unter den Wörtern.	
AB1a	im Kurs oder als Hausaufgabe. Die TN erarbeiten Wörter zum Thema *Urlaub in der Natur*.	
2	Je 2 TN lesen die Urlaubsgrüße und ordnen die Nachrichten dem passenden Bild zu. Vergleichen Sie im Kurs. **Lösung:** *A4; B2; C5; D1; E3*	
	VARIANTE: Wenn Sie die Fotos auf DIN-A3-Papier verwendet haben, hängen Sie sie im Kursraum auf. Kopieren Sie die Nachrichten. Die TN überlegen gemeinsam, zu welchen Fotos die Nachrichten passen, und kleben sie zum Foto.	ggf. Fotos aus KB1a, Kopien der Nachrichten
3a	Die TN hören das Gespräch und notieren, welche Person über welche Reise spricht. **Lösung:** *Maja: 2; David: 4; Thomas: 3*	CD: Track 1.2
3b	Lesen Sie mit den TN die 4 unterschiedlichen Urlaubstypen und klären Sie ggf. Vokabular. Die TN hören das Gespräch noch einmal und notieren, wie sich die 3 Personen in ihrer Urlaubsplanung unterscheiden bzw. wie sie am liebsten Urlaub machen und welchem Urlaubstyp sie angehören. Vergleichen Sie im Kurs. **Lösung:** *Maja bucht sehr früh, sie mag lieber Ferienhäuser als Hotels; Urlaubstyp 3 – David ist lieber spontan, reist gern allein und mit dem Rucksack; Urlaubstyp 1 – Thomas fährt immer an den gleichen Ort; Urlaubstyp 4*	CD: Track 1.2
	VARIANTE für sprachlich schwächere TN: Jeder TN konzentriert sich nur auf eine Person.	
3c	Je 2 TN berichten sich gegenseitig, ob sie Urlaub machen, wie sie normalerweise ihren Urlaub planen und verbringen, was ihnen gefällt und was sie im Urlaub gar nicht mögen. Jeder TN ordnet seinen Partner anschließend dem passenden Urlaubstyp zu. Danach stellt jeder TN seinen Partner und dessen Urlaubsverhalten im Kurs vor. Erstellen Sie eine ▶ **Kursstatistik**: Wie viele TN gehören zu Typ 1, Typ 2 usw.? Welcher Urlaubstyp ist am häufigsten vertreten, welcher am seltensten?	
	ERWEITERUNG: Bringen Sie Postkarten oder Fotos aus Zeitschriften mit, die verschiedene Arten von Urlaub repräsentieren. Bitten Sie die TN, sich für eine Postkarte / ein Foto zu entscheiden und zu begründen, warum diese/s gut zu ihrer Vorstellung von Urlaub passt.	Postkarten, Zeitschriften

Sprachhandlungen: über Vorlieben und Abneigungen sprechen
Lerninhalte: GR: Infinitiv mit *zu*

	Erläuterungen zum Unterricht	Materialien
4a	Die TN lesen den Skype-Dialog und fassen danach im Kurs zusammen, welche Art von Urlaub Anna sich vorstellt und wie Paula gern Urlaub machen möchte. **Lösung:** *Anna möchte einen interessanten Stadturlaub machen und viel unternehmen, Paula möchte faulenzen und sich erholen.*	
4b	Die TN lesen den Skype-Dialog noch einmal und verbinden die Satzteile so, dass korrekte Aussagen entstehen. **Lösung:** *1E; 2A; 3B; 4D; 5F; 6C*	
4c	Fragen Sie die TN, was alle Sätze von KB4b gemeinsam haben (*alle enthalten einen Infinitiv + zu*). Erklären Sie den TN, dass die Struktur *Infinitiv mit zu* nach bestimmten Wörtern/Ausdrücken steht. Die TN markieren in KB4a–b alle Formulierungen, auf die ein Infinitiv mit *zu* folgt, und ordnen sie (im Infinitiv) in die Tabelle ein. **Lösung:** *Verben: vorhaben, versuchen, planen; Adjektiv + sein/finden: schön sein, wichtig sein, langweilig finden; Substantiv: Spaß, (keine) Lust, (keine) Zeit* Lesen Sie mit den TN den Grammatikkasten. Weisen Sie die TN darauf hin, dass *zu* bei trennbaren Verben nach dem Präfix eingeschoben wird; bei allen anderen Verben steht es vor dem Infinitiv. Machen Sie ggf. mit den TN Beispiele wie *Ich habe heute keine Lust einzukaufen. Ich habe vor, eine Pizza zu bestellen.* Weisen Sie die TN auch darauf hin, dass Infinitivsätze mit *zu* nur dann gebildet werden können, wenn das Subjekt im Hauptsatz und im Nebensatz gleich ist (die TN kennen diese Regel vom Infinitiv mit *um ... zu* bzw. dem Nebensatz mit *damit*). Sind die Subjekte nicht gleich, muss man einen Nebensatz mit *dass* bilden, z. B. *Anja findet es wichtig, dass ihr Sohn die Hausaufgaben macht.*	IAW: TB 1/1
AB 4a–b	Wiederholungsübung: Thema *Modalverben*. Die Struktur *Modalverb + Infinitiv* wird der Struktur *Infinitiv + zu* gegenübergestellt.	
5a	Lesen Sie mit den TN die Satzanfänge im Redemittelkasten und machen Sie noch einmal deutlich, dass danach ein Infinitiv mit *zu* folgt (bei gleichem Subjekt). Die TN bilden mit Hilfe der Vorgaben 6 Fragen mit Infinitiv + *zu* zum Thema *Urlaub* und notieren sie auf einem Zettel. VARIANTE: Die TN formulieren im Kurs an der Tafel 10 Sätze, bei denen das Subjekt fehlt, z. B. *... hat Lust, nur am Strand zu liegen.* Weiter unter KB5b (Variante).	
5b	Fragen Sie die TN *Was glauben Sie? Welche Urlaubs-Vorlieben hat die Mehrheit der TN? Kultur, Abenteuer, Strand ...?* Die TN äußern ihre Vermutungen. Halten Sie sie an der Tafel fest. Dann machen die TN einen ▶ **Kursspaziergang**. Dazu gehen sie mit ihrem Notizzettel und einem Stift durch den Raum und stellen jede der 6 Fragen einer anderen Person. Sie notieren den Namen des befragten TN und dessen Antwort. VARIANTE (Fortführung): Die TN gehen jetzt durch den Raum, fragen die anderen TN und füllen mit den Antworten die Subjekte aus. Je 4 TN gehen dann zusammen und berichten einander, was sie erfahren haben.	
5c	Je 2 TN arbeiten zusammen und berichten, was sie über die anderen TN erfahren haben, z. B. *Laurent versucht, im Urlaub jeden Tag etwas Neues zu erleben.* In einem kleinen Kurs können Sie auch die Namen der TN nennen und alle berichten, was sie über diese Person wissen. ERWEITERUNG: Geben Sie je 2–3 TN ein DIN-A3-Blatt, Zeitschriften, Schere und Klebstoff. Die TN gestalten ein Werbeplakat für ein Reisebüro, in dem sie eine Reise anpreisen. Sie schneiden Fotos aus, kleben sie auf das Blatt und beschriften sie mit Sätzen, in denen möglichst viele Infinitive mit *zu* vorkommen, z. B. *Lieben Sie es, in der Sonne zu liegen? Haben Sie keine Lust, Museen zu besuchen?* Hängen Sie die Plakate im Kursraum auf. Jeder TN geht zu dem Plakat mit der Reise, die ihn am meisten überzeugt hat, und begründet das kurz. Die „Reiseveranstalter" mit den meisten Kunden erhalten einen kleinen Preis.	DIN-A3-Papier, Zeitschriften, Scheren, Kleber Preis

Sprachhandlungen: ein Gespräch im Reisebüro verstehen und führen
Lerninhalte: WS: Reiseangebote

	Erläuterungen zum Unterricht	Materialien
6a	Fragen Sie die TN, welche Möglichkeiten es für Anna und Paula gibt, sich über verschiedene Reisen zu informieren, und notieren Sie die Vorschläge an der Tafel (*Reisebüro, Internet, Reisezeitschriften, Freunde ...*). Die TN hören den ersten Teil des Gesprächs im Reisebüro und ergänzen die Informationen. **Lösung:** *Ferienwohnung auf Rügen: 500 Euro/Woche; direkt am Strand – Wellnesshotel in Berlin: 800 Euro/Woche/Person; Schwimmbad, Fitnessraum, Halbpension – Fluss-Kreuzfahrt im Spreewald: 1100 Euro/Person; 7 Tage*	CD: Track 1.3
6b	Die TN hören das Gespräch noch einmal und notieren, was man auf den 3 Reisen machen kann. **Lösung:** *Berlin: im Hotel das Schwimmbad und den Fitnessraum benutzen; die Stadt besichtigen – Spreewald: sich ausruhen; verschiedene kleine Orte im Spreewald besuchen; am Anfang oder Ende der Kreuzfahrt Berlin besichtigen*	CD: Track 1.3
6c	Je 3–4 TN überlegen gemeinsam, für welchen Urlaub Anna und Paula sich wahrscheinlich entscheiden und warum. Danach hören die TN das Ende des Gesprächs. Welche Gruppe hat richtig vermutet? **Lösung:** *Sie wählen das Wellnesshotel in Berlin.*	CD: Track 1.4
6d	Bilden Sie 3 Gruppen. Jede Gruppe wählt ein Reiseziel aus KB6a aus (Rügen, Berlin oder Spreewald). (Sie können die TN auch bitten, sich zuerst für ein Reiseziel zu entscheiden, und danach Gruppen bilden.) Die Gruppen recherchieren Informationen zu ihrem Reiseziel wie Lage, Einwohnerzahl, Aktivitäten, Sehenswürdigkeiten usw. und fertigen ein Plakat dazu an. Dann präsentieren sie ihr Ergebnis im Kurs (▶ **Mini-Präsentation**).	Plakat
7	Das Buch ist geschlossen. Fragen Sie die TN, was die Leute interessiert, wenn sie in ein Reisebüro gehen (*Reiseziele, wie kommt man hin, wie wohnt man, Preis, was ist inklusive* usw.). Sammeln Sie die Vorschläge an der Tafel. Bitten Sie die TN, jetzt das Buch zu öffnen. Lesen Sie mit den TN die Redemittel für Gespräche im Reisebüro und klären bzw. ergänzen Sie ggf. Vokabular. Je 2 TN bereiten die Situation vor und spielen sie. Sprachlich schwächere Gruppen können den Dialog erst aufschreiben. Lassen Sie einige Gespräche im Kurs vorspielen (▶ **Dialoge auswendig lernen**).	IAW: TB 1/2
	ERWEITERUNG: Je 3–5 TN arbeiten zusammen, 2–4 TN übernehmen die Rolle der Kunden, 1–2 TN die Rolle des Reisebüros. Kopieren Sie die **Kopiervorlage**. Jede Gruppe erhält ein Set der Rollenkarten zu den Reisezielen für den/die Mitarbeiter des Reisebüros und eine Rollenkarte zu den Personen. Die Kunden erklären dem Reisebüro, was für eine Reise sie machen möchten; das Reisebüro versucht, ihnen 1–2 passende Angebote zu machen. Die TN verwenden dabei die Redemittel aus KB7.	KV

Sprachhandlungen: Hotelbeschreibungen verstehen; Kommentare schreiben
Lerninhalte: WS: Serviceangebote | GR: Verb *lassen*

	Erläuterungen zum Unterricht	Materialien
8a	Schreiben Sie *Service im Hotel* in einem Wortigel an die Tafel. Fragen Sie die TN, was gute Hotels heutzutage normalerweise als Service anbieten, und notieren Sie die Vorschläge (*Essen auf dem Zimmer, Schuhe putzen, Kinderbetreuung, Bademantel, Fitness-Studio* usw.). Die TN beschreiben die Fotos und lesen die Homepage des Hotels. Fragen Sie die TN, welchen Service das Hotel tatsächlich bietet, und vergleichen Sie mit den Vorschlägen an der Tafel. Die TN ordnen die Beschreibungen den Fotos zu. **Lösung:** *A4; B3; C1; D2*	
8b	Lesen Sie mit den TN die beiden Sätze und bitten Sie sie, die Zeichnungen zu vergleichen. Wo ist der Unterschied? (bei Ich bügle mein Hemd. *mache ich es selbst,* bei Ich lasse mein Hemd bügeln. *macht das eine andere Person für mich*) Fragen Sie die TN, wie man diese Sätze in ihrer Sprache sagt und wie das Phänomen *lassen* ausgedrückt wird. Die TN lesen die Homepage noch einmal und markieren *lassen*. Formulieren Sie gemeinsam weitere Beispielsätze aus den Texten oder frei.	
8c	Je 2 TN sprechen darüber, was sie als Gast in einem Hotel machen lassen würden, das (fast) alle ihre Wünsche erfüllt. Notieren Sie den ausgefallensten Wunsch jedes Paares an der Tafel.	
	Nach KB8 eignet sich Film 1 mit KB15–17.	DVD: Film 1
AB8b	im Kurs. Die TN schreiben, ggf. als Hausaufgabe, 5 Sätze mit *lassen* und vergleichen mit einem Partner.	

9a | Die TN lesen die Bewertung für das Hotel Seeblick und markieren in einer Farbe, was man wirklich machen lassen konnte, und in einer anderen Farbe, was man nicht machen lassen konnte. Schreiben Sie die Antworten an die Tafel.
Lösung: *man konnte sich kulinarisch verwöhnen lassen; man konnte die Kinder nicht betreuen lassen; man konnte sich keine Tipps für Ausflüge geben lassen*

9b | Die TN lesen die Bewertung in KB9a noch einmal und ergänzen die Sätze im Grammatikkasten.
Lösung: *Wir haben uns verwöhnen lassen. Man kann Kinder nur im Sommer betreuen lassen.*
Schreiben Sie die 3 Sätze an die Tafel oder projizieren Sie den Grammatikkasten. Bitten Sie die TN, alle Verben in den Sätzen zu markieren. Fragen Sie die TN, welche Regeln sie daraus zur Satzstellung formulieren können (lassen *bildet eine Satzklammer*; konjugierte Verben wie haben *im Perfekt oder das Modalverb* kann *befindet sich im Aussagesatz auf Position 2*, lassen *steht ganz am Ende, noch nach dem Infinitiv*). Fragen Sie die TN, ob ihnen am Perfekt-Satz etwas auffällt (*wenn* lassen *mit einem Infinitiv verwendet wird, bildet* lassen *kein Partizip II mit ge-*).

ERWEITERUNG für sprachlich stärkere TN: Lesen Sie mit den TN noch einmal Punkt 1 der Homepage aus KB8a. Erarbeiten Sie mit den TN, wie man in Sätzen mit *lassen* ausdrücken kann, wer diese Aktivität ausführt (von + *Dativ*). Ergänzen Sie ggf. gemeinsam die Sätze im Grammatikkasten entsprechend, z. B. *Ich lasse mein Hemd vom Wäsche-Service bügeln. Wir haben uns von einem tollen Koch verwöhnen lassen. Man kann die Kinder nur im Sommer von einer Animateurin betreuen lassen.*

Kopie auf Folie

9c | Die TN schreiben eine fiktive Bewertung für einen Urlaub im Traumhotel. Was hat ihnen besonders gut / nicht gut gefallen? Was konnte man dort alles (nicht) machen (lassen)?

VARIANTE für sprachlich schwächere TN: Sammeln Sie zuerst im Kurs, welche Punkte in Hotel-Kritiken normalerweise behandelt werden. Weiter wie oben beschrieben.
ERWEITERUNG: Die TN suchen sich einen Partner und tauschen ihre Bewertungen aus. Die TN lesen die Bewertungen des Partners und überlegen, wie viele Sterne er geben würde. Danach fragen sie den Partner, ob er mit der Verteilung der Sterne einverstanden ist.

Sprachhandlungen: eine Geschichte schreiben
Lerninhalte: Aussprache: *n – ng – nk*

Erläuterungen zum Unterricht	**Materialien**
10a Die TN hören und lesen **Gut gesagt.** Fragen Sie die TN, wie man in ihren Sprachen ausdrückt, dass man Glück oder Pech gehabt hat. Je 3–4 TN arbeiten zusammen. Die TN diskutieren darüber, was man oft verliert, was die TN schon mal verloren haben, ob sie es wiederbekommen haben und wie das geschah. Sie können die Berichte auch gegenseitig mit den Ausdrücken aus *Gut gesagt* kommentieren. Erstellen Sie dann eine ▶ **Kursstatistik** mit den Dingen, die am häufigsten verloren wurden.	CD: Track 1.5
ALTERNATIVE: Jeder TN zeichnet auf einen Zettel etwas, das er schon mal verloren hat. Danach arbeiten je 2 TN zusammen. Sie zeigen sich gegenseitig ihren Zettel und versuchen durch Ja-/Nein-Fragen herauszufinden, wo und wie der Partner den Gegenstand verloren hat, ob und wie er ihn wiedergefunden hat usw. Danach erzählt jeder TN die Geschichte seines Partners im Kurs oder in einer Kleingruppe. Regen Sie die TN dazu an, mit den Redemitteln von *Gut gesagt* zu reagieren.	
AB10 im Kurs, ggf. vor KB10b, oder als Hausaufgabe. Die TN erarbeiten Wörter zum Thema *Reisen über die Grenze*.	
10b Kopieren Sie für alle TN die **Kopiervorlage.** Lesen Sie mit den TN die Wörter im Schüttelkasten und klären Sie ggf. Vokabular. Je 2 TN sehen die Geschichte an und notieren die Wörter bei dem passenden Bild. Vergleichen Sie im Kurs. **Lösung:** *Bild 1: die Flugbegleiterin; die Tasche; die Sitzreihe; sich entspannen; Musik hören – Bild 2: die Tasche; das Gepäckfach; die Sitzreihe; aussteigen – Bild 3: der Beamte; erschrecken; die Passkontrolle; der Reisepass; ungeduldig; verhaften; verzweifelt – Bild 4: die Tasche; bringen; erleichtert sein – Bild 5: sich bedanken; etwas peinlich finden / verlegen sein – Bild 6: einladen*	KV
10c Je 2 TN arbeiten zusammen mit ihrer **Kopiervorlage.** Jeder TN wählt 3 Bilder (1-3-5 oder 2-4-6). Die TN erzählen abwechselnd in jeweils 2–3 Sätzen, was auf den einzelnen Bildern geschieht. Dazu verwenden sie die Wörter, die sie auf der **Kopiervorlage** zugeordnet haben.	KV

10d	Je 2 TN arbeiten zusammen mit ihrer **Kopiervorlage**. Ein TN schreibt die Geschichte aus der Perspektive des Mannes, der andere TN schreibt sie aus der Perspektive der Frau. Danach lesen sich die TN ihre Geschichten gegenseitig vor. Lassen Sie ein paar besonders gelungene Geschichten im Kurs vorlesen. Überlegen Sie gemeinsam, welche Unterschiede es zwischen den Perspektiven gab.	KV
	VARIANTE für sprachlich schwächere TN: Je 4 TN arbeiten zusammen, 2 TN schreiben zusammen die Geschichte aus der Perspektive des Mannes, die anderen beiden TN aus der Perspektive der Frau.	
11a	Lesen Sie den TN die ersten 3 Beispiele laut vor (*Affin – Affing – Affink*) und bitten Sie sie, auf den Unterschied in der Aussprache (die 3 unterschiedlichen Laute) zu achten. Die TN sprechen die Ortsnamen im Chor nach. Danach hören sie die Orte und kreuzen die korrekte Schreibweise an. Vergleichen Sie im Kurs. Die TN lesen abwechselnd die 3 Varianten einer Nummer vor und achten auf die korrekte Aussprache der unterschiedlichen Laute. **Lösung:** *1b; 2c; 3c; 4a; 5a; 6b*	CD: Track 1.6
11b	Die TN hören die Wörter und sprechen sie nach.	CD: Track 1.7
	ERWEITERUNG: Schreiben Sie die Wörter einzeln auf DIN-A4-Papier. Die TN stellen sich im Kreis auf und werfen sich einen Ball zu. Halten Sie nacheinander ein Papier hoch. Der TN, der den Ball gefangen hat, liest das Wort laut vor.	Papier Ball
11c	Je 2 TN schreiben 3 Sätze, in denen Wörter aus KB11b vorkommen. Danach arbeiten sie mit einem anderen Team zusammen und diktieren sich gegenseitig ihre Sätze. Anschließend tauschen sie die Sätze aus und korrigieren.	
	VARIANTE für sprachlich stärkere TN: Schreiben Sie jedes Wort auf ein Kärtchen und geben sie je 4 TN ein Set. Je 2 TN ziehen zuerst 2 Wörter, die sie im ersten Satz verwenden, dann kommen die anderen 2 TN an die Reihe. Danach ziehen beide Gruppen erst je 2 Wörter für den zweiten und dann für den dritten Satz. Danach weiter wie oben beschrieben.	Kärtchen

Sprachhandlungen/Strategie: Durchsagen verstehen
Lerninhalte: WS: wichtige Durchsagen auf Reisen

	Erläuterungen zum Unterricht	**Materialien**
12a	Projizieren Sie das Foto. Fragen Sie die TN, was ihnen spontan dazu einfällt. Bitten Sie die TN, kurz die Augen zu schließen, sich die Szene auf dem Bahnhof vorzustellen und zu überlegen, was man hier alles hören kann. Notieren Sie die Vorschläge der TN an der Tafel. Bitten Sie die TN, sich dann vorzustellen, sie seien am Bahnhof und möchten mit dem ICE 241 nach Stuttgart fahren. Erklären Sie, dass sie gleich 3 Durchsagen hören werden. Die TN hören die Durchsagen und entscheiden, welche der Durchsagen in ihrer Situation wichtig ist. Lesen und klären Sie mit den TN den Tipp. Was haben sie (nicht) berücksichtigt? Lassen Sie ggf. noch einmal hören. Bitten Sie die TN, den Tipp auch bei KB12b anzuwenden. **Lösung:** *Durchsage 2*	Kopie auf Folie CD: Track 1.8
12b	Die TN hören die passende Durchsage noch einmal und notieren, an welchem Gleis der Zug ankommt und wie viel Verspätung er hat. **Lösung:** *Gleis 17; 8 Minuten Verspätung*	CD: Track 1.9
13a	Sammeln Sie mit den TN im Kurs, wo man unterwegs noch Durchsagen hören kann (*auf dem Flughafen, im Zug, in der U-Bahn, im Supermarkt ...*). Notieren Sie die Ideen an der Tafel. Überlegen Sie gemeinsam zu jedem Punkt, welche Informationen es dann normalerweise gibt und welche davon wichtig sind (z. B. *Im Supermarkt gibt es oft Informationen über Sonderangebote. Sie sind nur wichtig, wenn ich das Produkt auch brauche ...*).	
13b	Sehen Sie mit den TN die 4 Zeichnungen an und lesen Sie gemeinsam die Situation und die Aufgabe dazu. Die TN hören die 4 Durchsagen und notieren die richtige Antwort. **Lösung:** *1 Band 15; 2 17.44 Uhr; 3 falsch; 4c*	CD: Track 1.10–13

Sprachhandlungen: einen Blogeintrag verstehen
Lerninhalte: Landeskunde: Alm-Blog: Arbeiten auf der Alm

	Erläuterungen zum Unterricht	Materialien
14a	Betrachten Sie mit den TN die Fotos. Die TN beschreiben, was sie auf jedem Foto sehen können und was sie damit verbinden. Schreiben Sie *Auf der Alm* an die Tafel. Erklären Sie ggf. den Begriff. Fragen Sie die TN, was man auf der Alm alles machen kann/muss und was davon eher Arbeit und was eher Urlaub ist. Danach lesen sie den Blog von Timo. Je 2 TN besprechen, welches der 3 Fotos dazu passt und warum (nicht). Fragen Sie die TN, ob sich ihre Vermutungen bestätigt haben. Was empfindet Timo als Arbeit? Was als Urlaub? Wie würden das die TN sehen? **Lösung:** *Foto C*	
	VARIANTE: Je 4 TN arbeiten zusammen. Kopieren Sie für jede Gruppe den Text und zerschneiden Sie ihn in die 4 Abschnitte. Jeder TN bekommt einen Abschnitt, liest ihn und fasst ihn in der Gruppe zusammen. Die TN müssen dabei auch darauf achten, dass die Reihenfolge stimmt (▶ **Kooperatives Lesen**). Danach entscheidet die Gruppe gemeinsam, welches Foto passt. INFO: Diese Art von „Almurlauben" ist gegenwärtig sehr beliebt. Die Menschen verlassen für einen Sommer ihr „normales" Leben und helfen auf einer Alm mit – bei allen anfallenden Arbeiten: Tiere versorgen, Käse und Butter machen, Zäune reparieren, Wanderer verpflegen usw. **Link:** http://almblog.at	Kopien des Textes
14b	Die TN lesen den Blog noch einmal und kreuzen an, ob die Aussagen richtig oder falsch sind. **Lösung:** *1r; 2f; 3r; 4r; 5r; 6f*	
14c	Die TN diskutieren in Kleingruppen, auf was sie im Urlaub Wert legen und was ihnen bei der Arbeit wichtig ist (z. B. *Urlaub: gutes Wetter, viel an der frischen Luft sein, lange schlafen ...; Arbeit: Kontakt mit Menschen haben, Abwechslung ...*). Danach überlegen sie, ob sie sich auch vorstellen könnten, im Urlaub zu arbeiten und warum (nicht). Bitten Sie die TN, auch zu überlegen, ob sie in ihrem Land ähnliche Angebote kennen, die Urlaub mit Arbeit verbinden. Wenn die TN so etwas schon gemacht haben oder jemanden kennen, der das gemacht hat, können sie über die Erfahrungen berichten. Jeweils ein Gruppensprecher fasst die Ergebnisse der Diskussion anschließend im Kurs zusammen.	
	VARIANTE: Bilden Sie 2 Gruppen. Gruppe 1 sammelt in ca. 3–5 Minuten alles, was ihnen zum Thema *Urlaub* einfällt, Gruppe 2 sammelt alles zum Thema *Arbeit*. Notieren Sie die Ideen an der Tafel. Fragen Sie die TN, ob bzw. wie Urlaub und Arbeit zueinanderpassen können, und erinnern Sie daran, dass Timo in seinem Urlaub auf der Alm arbeitet. Sammeln Sie mit den TN noch mehr Beispiele, wo Urlaub mit Arbeit verbunden wird (*Erntehelfer, Animateur im Ferienclub, Reiseleiter* usw.). Fragen Sie die TN, ob sie so etwas schon einmal gemacht haben oder ob es sie interessieren würde. Fragen Sie auch nach ähnlichen Angeboten im Heimatland der TN. ERWEITERUNG: Je 2–3 TN recherchieren im Internet und stellen Urlaubsangebote vor, die mit Arbeit verbunden sind (*Wo? Wie ist die Arbeit? Verdient man etwas? Vor- und Nachteile* usw.). Jede Gruppe versucht, die anderen TN von ihrem Angebot zu überzeugen. Am Ende entscheidet sich jeder TN für ein Angebot. Die Gruppe, die die meisten TN überzeugen konnte, hat gewonnen. **Links:** www.travelworks.de; www.bergwaldprojekt.org/de; www.animateur-im-ausland.de	
WB	im Kurs. Thema: Infinitiv als Substantiv.	

Der Film: Verrückte Hotels

	Lösungen zur DVD	Materialien
15	*Übernachtungen in einer Kirche, in einem Gefängnis, in einem Baumhaus, in einem Eishotel ...*	
16a	*Propeller Island City Lodge Hotel: 2, 3; Kran-Hotel: 2, 4*	DVD: Film 1
16b	*Propeller Island City Lodge Hotel: ein bewohnbares Kunstwerk (Foto B); verrücktes Design; in einem Sarg übernachten (Foto D); manche Zimmer erinnern an ein Computerspiel (Foto A); auf einem Holzhaufen schlafen (Foto B) – Kran-Hotel: grandioser Weitblick (Foto C); man sieht den Leuchtturm und das Meer; man fühlt sich wie der König und die Königin*	DVD: Film 1

Sprachhandlungen: über technische Geräte und ihren Nutzen sprechen
Lerninhalte: WS: Technik und technische Geräte

	Erläuterungen zum Unterricht	Materialien
1a	Die TN betrachten die Fotos. Fragen Sie die TN, ob sie diese Produkte kennen und was man damit machen kann/konnte. Überlegen Sie auch gemeinsam, wann diese Dinge ungefähr auf den Markt kamen.	
	VARIANTE: Bilden Sie 5 Gruppen und teilen Sie jeder Gruppe eines der Fotos zu. Bitten Sie jede Gruppe über folgende Fragen zu sprechen: *Was macht man mit diesem Gegenstand? Was machte man, bevor es diesen Gegenstand gab? Wann kam er ungefähr auf den Markt? Was veränderte sich dadurch? Was wurde einfacher, besser …? Gibt/Gab es auch Nachteile? Wie sah die nächste Entwicklungsstufe aus oder wie könnte die nächste aussehen?* Jede Gruppe stellt ihre Ergebnisse kurz im Kurs vor. INFO: Das Hawk-Eye wird seit 2001 im Tennis eingesetzt; der Walkman kam 1979 auf den Markt; die Einparkhilfe wurde 1989 patentiert, nach 2000 zuerst in teuren Autos zum Standard und ist inzwischen auch in jedem Mittelklassewagen üblich; der Türöffner wird seit ca. 2000 serienmäßig hergestellt; die Kaffeemaschine für Filterkaffee wurde in den 1970er Jahren populär und die Zeitschaltuhr gibt es seit ungefähr 1985.	
1b	Die TN erstellen eine 3-spaltige Tabelle wie im KB mit 5 leeren Zeilen, in der in KB1b–c Informationen zu den 5 technischen Geräten auf den Fotos eingetragen werden sollen. Sie lesen zuerst die beiden Texte und ergänzen damit die ersten 2 Tabellenzeilen. Vergleichen Sie im Kurs. **Lösung:** *Walkman: man konnte Musik hören, egal wo man war; keiner konnte mehr sagen „Mach die Musik leiser!" –* *Hawk-Eye: man kann feststellen, ob der Ball im Aus ist; man kann Schiedsrichterfehler feststellen; es ist fair*	
1c	Die TN hören, was die Personen zu den anderen technischen Geräten sagen, und schreiben die erhaltenen Informationen in die übrigen Tabellenzeilen. Die TN vergleichen erst mit einem Partner und dann gemeinsam im Kurs. **Lösung:** *Türöffner mit Zahlencode: man kann die Tür ohne Schlüssel öffnen; man braucht keinen Schlüssel mehr (oder den Schlüsselservice, wenn man den Schlüssel vergessen hat) – Einparkhilfe im neuen Auto: man kann auf dem Monitor sehen, wie viel Platz noch ist; es piepst, wenn es eng wird; das Einparken ist leichter, sicherer und bequemer – Zeitschaltuhr: man kann damit ein Gerät zu einer bestimmten Zeit einschalten; man kann automatisch die Kaffeemaschine einschalten: der Kaffee ist fertig, wenn man aus dem Bad kommt*	CD: Track 1.14
2a	Sammeln Sie mit den TN an der Tafel technische Geräte, die sie in ihrer Kindheit/Jugend benutzt haben. Sie können auch einige Oberbegriffe (*Kommunikationswege, Musik, Fortbewegung, Sport, Spielsachen, Wohnen* usw.) als Hilfe vorgeben. Überlegen Sie gemeinsam, ob es diese Dinge heute noch gibt, in welcher Form und ob und wie sie sich im Laufe der Zeit verändert haben. Fragen Sie die TN auch, welche technischen Geräte es in ihrer Kindheit/Jugend noch nicht gab.	
	ERWEITERUNG: Die TN schreiben im Kurs oder als Hausaufgabe einen Aufsatz über ein technisches Gerät und seine Entwicklung im Laufe der Jahre. Dazu können die TN auch ältere Menschen befragen, wie dieses Gerät in ihrer Kindheit/Jugend ausgesehen und funktioniert hat.	
2b	Bitten Sie die TN, die ein Handy dabei haben, es auf den Tisch zu legen. Jeder TN stellt sein Handy kurz vor: *Wann braucht der TN sein Handy? Was kann das Handy? Welche Geräte ersetzt es? Sind die TN zufrieden mit dem Handy? Warum (nicht)?* Fragen Sie auch die TN, die kein Handy dabei haben, ob sie ein Handy besitzen, was sie damit machen (können) und ob sie zufrieden sind.	

Sprachhandlungen: über Kaufentscheidungen sprechen; Gründe und Gegengründe ausdrücken
Lerninhalte: GR: Nebensatz mit *obwohl*

	Erläuterungen zum Unterricht	Materialien
3a	Betrachten Sie mit den TN das Foto. Fragen Sie die TN, was sie auf dem Foto sehen können (*eine junge Frau mit einem relativ alten Handy*). Die TN lesen die 5 Aussagen laut vor. Danach hören sie das Gespräch und kreuzen die richtigen Aussagen an. **Lösung:** *2; 5*	CD: Track 1.15

3b Die TN fassen mündlich den Hörtext von KB3a zusammen und berichten von Samiras Problem. Erklären Sie den TN, dass Samira nun ein neues Handy kaufen möchte, aber nicht weiß, welches. Lesen Sie gemeinsam die Hilfen für eine Kaufentscheidung im Wortigel und bitten Sie die TN, Tipps für Samira zu formulieren.

4a Projizieren Sie die Grafik. Lassen Sie die Grafik von einigen TN vorlesen. Klären Sie ggf. Vokabular. | Kopie auf Folie
Je 2 TN lesen die Sätze 1–4 und entscheiden gemeinsam, welcher Satz die Grafik am besten beschreibt. Fragen Sie die TN abschließend, welche der Schritte sie selbst ausführen, wenn sie sich für ein technisches Gerät entscheiden müssen und was für sie letztendlich für eine Entscheidung ausschlaggebend ist.
Lösung: *2*
Die TN markieren in den Nebensätzen von KB4a die Konnektoren und die Verben. Lesen Sie danach mit den TN den Grammatikkasten. Fassen Sie gemeinsam die Satzstellung bei Nebensätzen zusammen (*das Verb steht im Nebensatz am Ende; beginnt man mit dem Nebensatz, folgt im Hauptsatz nach dem Komma zuerst das Verb und danach kommt das Subjekt*). Gehen Sie auch auf die Bedeutung der Konnektoren (Grund bzw. Gegengrund) ein und weisen Sie die TN darauf hin, dass sie bereits Konnektoren mit dieser bzw. ähnlicher Bedeutung kennen (aus A2: *deshalb, denn* und *trotzdem*). Wiederholen Sie ggf. die abweichende Satzstellung und lassen Sie evtl. die TN die Sätze aus dem Grammatikkasten umformulieren (*Das Gerät gefällt ihm gut, deshalb kauft er es. – Er kauft das Gerät, denn es gefällt ihm gut. – Das Gerät ist sehr teuer, trotzdem kauft er es.*). Vgl. auch **AB4e–f.**

4b Je 2 TN arbeiten zusammen. Jeder TN schreibt 5 kurze Hauptsätze, z. B. *Ich gehe heute Abend ins Kino.* Der erste TN liest seinen ersten Satz vor und wirft eine Münze. Wenn Kopf oben liegt, beendet der zweite TN den Satz mit einem Nebensatz mit *obwohl*, bei Zahl mit *weil*. | Münze

---

Sprachhandlungen: etwas reklamieren
Lerninhalte: WS: Redemittel zum Reklamieren | Aussprache: Intonation: Freundlich oder unfreundlich?

Erläuterungen zum Unterricht	**Materialien**
5a Projizieren Sie Samiras SMS. Lassen Sie einen TN die SMS laut vorlesen. Je 2 TN beantworten zusammen Samiras SMS. Lassen Sie einige Antworten im Kurs vorlesen.	Kopie auf Folie
VARIANTE: Die TN schreiben ihre Texte auf Kärtchen. Hängen Sie die SMS im Kursraum auf. Die TN gehen durch den Raum und lesen die verschiedenen SMS. Welche Antwort gefällt ihnen am besten?	Kärtchen
5b Die TN lesen die 5 Fragen laut im Kurs vor. Überlegen Sie gemeinsam, welche Informationen über den Hörtext sie durch die Fragen schon bekommen können (*Samiras neues Handy funktioniert nicht richtig. Sie geht deshalb wieder in das Geschäft, spricht mit einem Verkäufer und mit der Chefin. Diese bietet ihr möglicherweise eine Lösung für ihr Problem an.*). Die TN hören das Gespräch und machen Notizen. Vergleichen Sie die Antworten im Kurs. **Lösung:** *1 Der Akku ist schon nach 10 Minuten leer. 2 Haben Sie den Akku richtig geladen? 3 Samira soll einen neuen Akku ausprobieren. 4 Sie bekommt ein neues Handy. 5 Die Chefin überspielt das Adressverzeichnis auf das neue Handy.*	CD: Track 1.16
5c Die TN hören das Gespräch noch einmal. Je 2 TN arbeiten zusammen. TN A konzentriert sich auf die Aussagen von Samira, TN B achtet darauf, was der Verkäufer und die Chefin sagen. Sie kreuzen an, welche Aussagen sie hören. Vergleichen Sie im Kurs. **Lösung:** *Kundin: 1; 2; 5; 7; 8; 9 – Verkäufer/Chefin: 1; 2; 3; 5; 6; 7; 8*	CD: Track 1.16 IAW: TB 2/1
VARIANTE: Schreiben Sie alle Aussagen von Kundin und Verkäufer/Chefin auf Kärtchen (bei sprachlich schwächeren Gruppen können Sie dafür 2 unterschiedliche Farben verwenden) oder kopieren und zerschneiden Sie den Redemittelkasten. Legen Sie die Kärtchen auf einen Tisch, die TN verteilen sich um den Tisch herum, sodass jeder TN alle Karten gut lesen kann. Stellen Sie klar, welche TN für die Kundin und welche für den Verkäufer / die Chefin zuständig sind. Die TN hören das Gespräch. Wenn sie eine der Aussagen hören, versuchen sie so schnell wie möglich, die passende Karte zu nehmen. Die TN, die am Ende die meisten Karten haben, haben gewonnen. Statt im Kurs können Sie die Aktivität auch in Kleingruppen mit 4–6 TN machen. Bewahren Sie die Kärtchen auf; Sie können sie auch für die Variante von KB6b verwenden.	Kärtchen oder Kopien des Redemittelkastens CD: Track 1.16

AB5a	im Kurs oder als Hausaufgabe. Die TN erarbeiten Wortschatz zum Thema *Gerätezubehör*.	
6a	Die TN hören die Sätze, entscheiden, ob diese freundlich oder unfreundlich klingen, und markieren die freundliche Variante. Vergleichen Sie im Kurs. Die TN hören noch einmal und sprechen nach. **Lösung:** *1B; 2A; 3B; 4B*	CD: Track 1.17
	ERWEITERUNG: Die TN lesen alle Sätze abwechselnd erst freundlich, dann unfreundlich.	
6b	Je 2 TN arbeiten zusammen. Jeder TN wählt 4 Sätze aus KB5c und spricht diese entweder freundlich oder unfreundlich. Der Partner rät.	
	VARIANTE: Schreiben Sie Kärtchen mit den Sätzen aus KB5c (ggf. verwenden Sie die Kärtchen aus der Variante wieder) und beschriften Sie zusätzlich noch weitere 10 Karten, die eine Hälfte mit einem lachenden, die andere Hälfte mit einem weinenden Gesicht. Legen Sie die Kärtchen auf jeweils einen Stapel. Jeder TN zieht eine Karte von jedem Stapel und spricht den Satz in der entsprechenden Tonlage. Die anderen TN raten, ob er freundlich oder unfreundlich gesprochen hat.	Kärtchen
7	Je 2 TN machen gemeinsam ein Rollenspiel zum Thema *Reklamation* und verwenden dazu die Redemittel aus KB5c. Geben Sie den TN einige Minuten Zeit, die jeweilige Situationskarte zu lesen. Helfen Sie bei schwierigen Vokabeln oder bieten Sie den TN an, mit dem Wörterbuch zu arbeiten. Lassen Sie einige Szenen im Kurs vorspielen (▶ **Dialoge auswendig lernen**). Für sprachlich schwächere TN können Sie ggf. als Hilfe das Dialoggitter aus Plattform 1, Station 3 kopieren.	Wörterbuch ggf. Kopien des Dialoggitters
	VARIANTE: Kopieren Sie die **Kopiervorlage**. Je 2 TN wählen eine Reklamationssituation (Kunde und Verkäufer) aus und bereiten einen passenden Dialog vor. Sie können dafür die Redemittel aus KB5c verwenden bzw. zur Situation passend abändern. Lassen Sie einige Dialoge vorspielen. ERWEITERUNG für sprachlich stärkere Gruppen: Die TN schreiben vor oder nach dem Rollenspiel einen ▶ **Rechts-Links-Dialog**.	KV

Sprachhandlungen: Informationen über neue Technik verstehen; Gründe und Gegengründe ausdrücken; einen Kommentar schreiben
Lerninhalte: GR: Genitiv; Präpositionen: *wegen, trotz*

	Erläuterungen zum Unterricht	**Materialien**
8a	Schreiben Sie *Smartes Wohnen: Häuser/Wohnungen der Zukunft* an die Tafel. Fragen Sie die TN, ob sie sich unter *Smartes Wohnen* etwas vorstellen können bzw. den Begriff kennen. Bitten Sie die TN, sich das Foto anzusehen, und fragen Sie, welche technischen Neuerungen es im Bezug auf Wohnen in der Zukunft geben könnte und was Häuser und Wohnungen in der Zukunft vielleicht alles können.	
	ERWEITERUNG: Bitten Sie die TN, sich vorzustellen, sie wären Architekten, die das Haus der Zukunft entwerfen sollten. Je 3 TN entwerfen und zeichnen auf DIN-A3-Papier möglichst phantasievoll ein Haus und beschriften es mit allen technischen Neuerungen und Möglichkeiten. Danach stellen die TN ihr Haus im Kurs vor. Hängen Sie die Zeichnungen auf. Die TN stimmen ab, welches Haus ihnen am originellsten erscheint. Verleihen Sie den Gewinnern einen Architektur-Preis. Bewahren Sie die Zeichnungen auf. Sie können sie als Grundlage für die Kommentare in KB10d nehmen. INFO: *Smartes Wohnen* wird auch als *Intelligentes Wohnen* bezeichnet. Man benutzt diesen Ausdruck für Wohnformen, in denen vieles (z. B. Haustechnik, Unterhaltungselektronik, Elektrogeräte) über den Computer geregelt und auf die Benutzer individuell eingestellt wird.	DIN-A3-Papier Preis
8b	Die TN lesen den Text und notieren die Möglichkeiten des *Smarten Wohnens*. Danach diskutieren je 2 TN darüber, wie sie die Möglichkeiten in den Wohnungen finden und was ihnen am besten gefällt. Anschließend berichten sie im Kurs.	

8c Die TN lesen die Sätze 1–5 und suchen im Text nach den fehlenden Informationen. Dann ergänzen sie die Lücken. Notieren Sie die Wörter zur Kontrolle an der Tafel.

Lösung: *2 des Besuchers; 3 der Mitbewohner; 4 des Marktes; 5 des Lichts*

Fragen Sie die TN, wie diese Wörter im Nominativ lauten (*das Haus, der Besucher, die Mitbewohner, der Markt, das Licht*). Erklären Sie, dass es sich bei dieser Form um den Genitiv handelt, der eine Zugehörigkeit oder einen Besitz ausdrückt. Erarbeiten Sie mit den TN, was sich bei den Genitivformen im Vergleich zum Nominativ verändert (*die Artikel und die Endung bei Maskulinum und Neutrum*). Fordern Sie die TN auf, noch mehr Genitive im Text zu suchen, und schreiben Sie diese auf Zuruf zusammen mit dem Nominativ an die Tafel. Lesen Sie mit den TN zur Verdeutlichung den Grammatik-kasten. Erklären Sie, dass die Endung *-s* bei den meisten einsilbigen oder bei Substantiven, die auf *-s, -ß, -sch, -st* und *-(t)z* enden, zu *-es* wird (vgl. auch Tipp zu **AB8c**). Bitten Sie die TN zu überlegen, ob ihnen der Genitiv schon in einer anderen Form bekannt ist (Genitiv-*s* bei Eigennamen: *Lisas Fahrrad*). Die TN nennen einige Beispiele.

Gehen Sie zum Schluss auf den Ausdruck mit *von* im Grammatikkasten ein und erklären Sie, dass man den Genitiv oft mit *von + Dativ* umschreibt (so bisher in *Netzwerk* geschehen). Die TN vergleichen mit den Genitiven an der Tafel und formen gemeinsam weitere Ausdrücke um.

9 Je 2 TN überlegen gemeinsam, was ihre Hightech-Wohnung können sollte, und bilden aus den Elementen in den Kästen 5 Sätze, indem sie den Genitiv benutzen. Es können auch Nonsens-Sätze sein. Anschließend gehen je 3–4 Paare zusammen. Sie lesen sich ihre Sätze vor und wählen aus den Vorschlägen die 3 aus, die ihnen am besten gefallen. Schreiben Sie alle Vorschläge an die Tafel. Die TN wählen die 5 besten Ideen im Kurs, z. B. mit Handheben bzw. Klebepunkten o. Ä.

Lesen Sie eine der 5 besten Ideen noch einmal vor (*Ich möchte …*) und fragen Sie *Wessen Idee ist das?* Der TN meldet sich (und sagt ggf. *Das ist meine Idee.*), antworten Sie dann *Das ist Antonios Idee.* Erklären Sie, dass das Fragewort für Personen im Genitiv *wessen* ist, und lassen Sie die TN mit den anderen Ideen einige ähnliche Beispiele machen.

ERWEITERUNG: Je 3 TN entwerfen eine Werbebroschüre für eine Hightech-Wohnung, in der sie die 5 gewählten Ideen vorstellen. Machen Sie damit eine ▶ **Ausstellung**.

ERWEITERUNG: Die TN spielen ein Genitiv-Domino. Kopieren Sie dazu die ▶ **Domino**-Karten der **Kopiervorlage** auf Karton und schneiden Sie sie aus. Spielen Sie gemeinsam im Kurs (ggf. können Sie die Karten dafür größer kopieren) oder geben Sie je 4–6 TN ein Set. Die TN verteilen die Karten gleichmäßig, legen nacheinander eine passende Karte an und formulieren eine Genitivkonstruktion. Wenn ein Spieler keine passende Karte anlegen kann, setzt er aus. Wer zuerst alle Karten abgelegt hat, hat gewonnen.

KV

Nach KB9 eignet sich Film 2 mit KB14–16.

DVD: Film 2

10a Die TN lesen die Kommentare im Gästebuch und notieren, welche positiv und welche kritisch sind.

Lösung: *Claudia C.: positiv; Niko Berger: kritisch; A. Schwab: kritisch; Julius M. V.: kritisch, aber auch positiv*

10b Die TN lesen die Nebensätze A–D und noch einmal die markierten Ausdrücke in den Kommentaren. Je 2 TN überlegen, was zusammenpasst, und notieren den passenden Buchstaben. Wiederholen Sie ggf. mit den TN die Bedeutung der Konnektoren *weil* und *obwohl* und den Satzbau, der sich daraus ergibt (*Verb am Ende*). Schreiben Sie jeweils einen Ausdruck mit *wegen* und einen mit *trotz* und die dazugehörigen Nebensätze an die Tafel und bitten Sie die TN, diese miteinander zu vergleichen. Was ist gleich? (*die Bedeutung*) Was ist unterschiedlich? (*die Wortart / der Satzbau: weil und obwohl sind Konnektoren, die einen Nebensatz einleiten, das Verb steht am Ende; wegen und trotz sind Präpositionen, die einen Genitiv – in der gesprochenen Sprache auch oft einen Dativ – bei sich haben; bei Personalpronomen immer: wegen dir*). Bitten Sie die TN, die Adjektive in den markierten Ausdrücken mit Genitiv zu unterstreichen. Welche Endungen haben die Adjektive im Genitiv? (*-en*). Vergleichen Sie dazu auch den Grammatikkasten und die Infobox.

Lösung: *A trotz der Kamera; B wegen der hohen Kosten; C wegen der tollen Möglichkeiten; D trotz der vielen Technik*

10c	Je 2 TN überlegen, welches Bild zu welchem Satz gehört, und ergänzen die Sätze dann mit *wegen* oder *trotz* + Adjektiv + Nomen im Genitiv. **Lösung:** *1 trotz der neuen Spülmaschine; 2 wegen der großen Tasten; 3 wegen der praktischen Einparkhilfe; 4 trotz des kleinen Monitors*	IAW: TB 2/2
	ERWEITERUNG: Die TN formulieren die Satzteile mit Präposition zu Nebensätzen um, z. B. *Herr Knapp spült das Geschirr von Hand, obwohl er eine neue Spülmaschine hat*. Die TN können auch 2 Hauptsätze mit Hilfe von *deshalb/trotzdem* bilden.	
10d	Die TN schreiben selbst einen Leserkommentar zum Thema *Smartes Wohnen: wohnen in einem Haus der Zukunft*. Dabei beschreiben sie, welche Möglichkeiten *Smartes Wohnen* bietet, welche Vor- bzw. welche Nachteile für die Bewohner auftreten können, welche Kosten entstehen usw.	
	VARIANTE: Die TN schreiben den Lesekommentar und benutzen dabei möglichst auch die Präpositionen *wegen* und *trotz*, die Nebensatzkonnektoren *weil* und *obwohl* oder die Adverbien *deshalb* und *trotzdem*. ALTERNATIVE: Wenn Sie mit den TN die Erweiterung von KB8a gemacht haben, können Sie die Zeichnungen als Grundlage für die Kommentare nutzen. Legen Sie die Blätter im Kursraum aus und ein leeres DIN-A3-Blatt daneben. Die TN gehen durch den Raum und sehen sich die einzelnen Häuser noch einmal an. Danach schreiben sie auf die leeren Blätter ihre Kommentare. Wenn es schon Kommentare von anderen TN gibt, können sich die TN auch auf diese beziehen.	ggf. Zeichnungen aus KB8a, DIN-A3-Papier

Sprachhandlungen: Werbeanzeigen vergleichen; Meinungen zu Werbung äußern; über Werbung sprechen
Lerninhalte: WS: Werbung | Landeskunde: Werbung in Deutschland

	Erläuterungen zum Unterricht	**Materialien**
11a	Geben Sie den TN ca. 5 Minuten Zeit, um zu überlegen, wo und für welche Produkte sie in den letzten Tagen Werbung gesehen oder gehört haben. Lesen Sie dazu auch das Beispiel. Sammeln Sie im Kurs.	
	ERWEITERUNG: Hängen Sie ca. 20 Werbeanzeigen aus deutschen Zeitschriften für verschiedene Produkte im Kursraum auf. Legen Sie Musik auf. Die TN gehen durch den Raum und sehen sich die Anzeigen an. Nehmen Sie die Anzeigen ab und fragen Sie die TN, an welche Produkte sie sich erinnern können und wie diese dargestellt werden. Überlegen Sie mit den TN im Kurs, weshalb einige Produkte besser im Gedächtnis geblieben sind als andere.	Werbung aus Zeitschriften Musik
11b	Projizieren Sie die 4 Werbeanzeigen (und decken Sie zuerst KB11c noch ab). Die TN vermuten im Kurs, für welche Produkte die Anzeigen Werbung machen, und erklären, warum sie das glauben.	Kopie auf Folie von KB11b–c
	ERWEITERUNG: Je 3–4 TN wählen ein Foto und formulieren dazu einen Werbespruch zu einem Produkt, das für sie am besten zum Werbefoto passt. Hängen Sie die Texte im Kursraum auf.	
11c	Je 2 TN lesen die Texte und überlegen, welcher Text zu welcher Anzeige passt. Vergleichen Sie im Kurs. Vergleichen Sie auch mit den Vermutungen (und ggf. mit den Slogans) der TN aus KB11b. **Lösung:** *1 Brillen machen das Gesicht. Krass Optik; 2 Bionade …; 3 Tierpark Hellabrunn; 4 Der Golf TDI …*	
11d	Lesen Sie mit den TN die Redemittel im Kasten. Die TN diskutieren im Kurs, welche Anzeige ihnen am besten gefällt und welche am wenigsten. Ermutigen Sie die TN dazu, die Redemittel aus dem Kasten zu verwenden.	
	VARIANTE: Machen Sie mit den TN eine ▶ Redemittel-Diskussion. Schreiben Sie dazu die Redemittel auf Kärtchen oder kopieren und zerschneiden Sie den Redemittelkasten und geben Sie je 4–5 TN ein Set. Die TN teilen die Redemittelkärtchen unter sich auf und beginnen die Diskussion. Jeder TN, der einen Ausdruck benutzt, darf diesen abgeben. Die Diskussion darf erst beendet werden, wenn alle Redemittelkärtchen abgelegt sind. ERWEITERUNG: Die TN diskutieren, welche der vorgestellten Werbung auch in ihrem Land funktionieren würde und warum (nicht).	Kärtchen oder Kopien des Redemittelkastens

12a	Die TN sprechen im Kurs darüber, welche andere Werbung ihnen besonders gut gefällt und warum das so ist. Bieten Sie den TN an, interessante Werbung zu sammeln oder zu fotografieren (Zeitschriften, Internet, Werbetafeln auf der Straße usw.), bzw. geben Sie im Kurs dazu die Möglichkeit (Internet-recherche, mitgebrachte Zeitschriften). Die TN stellen ihre Lieblingswerbung im Kurs vor. Gibt es einen Favoriten? **Gut gesagt:** Hören Sie mit den TN den Dialog und lesen Sie die Beispiele. Fragen Sie, ob es diese Tendenz auch in den Ländern der TN gibt, und lassen Sie ggf. Beispiele nennen.	Zeitschriften CD: Track 1.18
12b	Fragen Sie die TN, wie sie normalerweise Stichpunkte notieren. Machen Sie ein Beispiel anhand des ersten Satzes. Lesen Sie dann mit den TN den Tipp vor Bearbeitung der Aufgabe. Die TN lesen den Text über Werbung, markieren, was ihnen wichtig erscheint, und notieren Stichpunkte. **Lösung:** *Ziele der Werbung: Menschen sollen die Produkte kaufen oder nutzen; will gefallen und auffallen und den Konsum fördern – Werbetricks: Gefühle ansprechen, Menschen zum Lachen bringen oder überraschen, neugierig machen, Wünsche wecken – Sprache: witzig, Reime oder Slogans, Wortspiele, neue Wörter, persönliche Anreden und Fragen, kurze, einfache Sätze – Bilder: sollen Informationen geben und Emotionen wecken* INFO: Bei der Autofirma handelt es sich um Daewoo.	
12c	Projizieren Sie noch einmal die Anzeigen von KB11b und die Texte dazu. Die TN überlegen im Kurs, welche Merkmale aus dem Text aus KB12b in diesen Anzeigen vorkommen. **Lösung:** *sie bringen Menschen zum Lachen; sie machen neugierig; die Sprache ist witzig; es gibt Slogans; die Sätze sind kurz und verständlich; die Bilder wecken Emotionen*	Kopie auf Folie von KB11b–c
AB13	im Kurs. Ggf. bereiten die TN die Notizen zum Text als Hausaufgabe vor. Die TN diskutieren mit einem Partner oder in der Kleingruppe anhand ihrer Notizen über das Thema. Sie können das Thema *Werbung und Kinder* auch als dritten Aspekt in die Diskussion bei KB13a (*Wie ist es in Ihrem Land?*) einbeziehen.	
13a	Lesen Sie mit den TN die beiden Fragen. Die TN erzählen, wie das in ihrem Land ist, und diskutieren gemeinsam im Kurs. In heterogenen Kursen können TN aus dem gleichen Land zuerst gemeinsam in Kleingruppen Ideen sammeln.	
13b	Je 3–4 TN erstellen zusammen ein Werbeplakat oder einen Radiospot für ein Produkt, das es bereits gibt, oder für ein neues, originelles Produkt, das sie sich zuerst ausdenken. Dafür stellen sie gemeinsam Überlegungen über die Charakteristika und Besonderheiten des Produkts, die Zielgruppen usw. an. Nehmen Sie ggf. die Radiospots mit einem Handy oder einem Aufnahmegerät auf. Die Gruppen präsentieren ihre Ergebnisse im Kurs. Die TN wählen die originellste Werbung. VARIANTE: Die TN entwerfen in Kleingruppen einen Werbespot für das Fernsehen und nehmen diesen mit einem Handy oder einer Kamera auf. Alternativ können die TN auch eine Produktpräsentation vor Journalisten erarbeiten oder für die „eigene" Firma, um zu überzeugen, dass das neue Produkt auf den Markt kommen soll.	Plakat, Handy oder Aufnahme- gerät Handy oder Kamera
WB	im Kurs. Thema: Substantive auf -er/-erin.	

Der Film: Menschliche Netzwerke

	Lösungen zur DVD	**Materialien**
14b	*Beschreibung 3*	
15a	*1D; 2A; 3C; 4B*	DVD: Film 2
15b	*1 Schlüssel, Ausweise; 2 zum Öffnen von Türen oder Schlössern; für die Automobilindustrie; 3 durch Körperbewegungen, Gesten*	DVD: Film 2

Sprachhandlungen: über Veränderungen in der Gesellschaft berichten
Lerninhalte: WS: Schule – Arbeit – Familie

	Erläuterungen zum Unterricht	Materialien
1a	Projizieren Sie die Fotos und fragen Sie die TN, welche Themen dargestellt sind (*Fotos zu den Themenbereichen Arbeit, Familie und Schule, bei denen jeweils die heutige Situation der Vergangenheit gegenübergestellt wird*). Lassen Sie die TN vermuten, aus welcher Zeit die Fotos der Vergangenheit stammen. Lesen Sie die angegebenen Wörter und klären Sie ggf. Vokabular. Je 6 TN arbeiten zusammen. Dabei entscheiden sich jeweils 2 TN für einen der Themenbereiche und notieren mit Hilfe der Stichwörter, welche Unterschiede es zwischen der Vergangenheit und der Gegenwart gibt, z. B. *früher haben Menschen oft in einer großen Familie zusammengelebt, heute gibt es meist Kleinfamilien oder Singles.*	Kopie auf Folie
	VARIANTE für sprachlich schwächere TN: Kopieren Sie die Fotos aus dem KB und zerschneiden Sie sie in die 6 Einzelfotos. Mischen Sie sie und geben sie je 6 TN ein Set. Jeder TN zieht ein Foto und macht sich einige Minuten lang Notizen dazu. Danach bilden alle TN mit demselben Foto eine Gruppe und vergleichen ihre Aufzeichnungen.	Kopien der Fotos
1b	Jedes Zweierteam berichtet nun den anderen beiden Teams von ihren Fotos und den Veränderungen, die sie zwischen der Vergangenheit und der Gegenwart herausgefunden haben.	
	VARIANTE für sprachlich schwächere TN (Fortführung): Bitten Sie die TN, sich einen Partner zu suchen, der das Foto aus dem gleichen Themenbereich, aber aus einer anderen Zeit hat. Die Paare erzählen sich, was sie mit ihrer Gruppe zu dem jeweiligen Foto erarbeitet haben. Projizieren Sie jetzt die Fotos und fragen Sie im Kurs, was die TN zu jedem Foto erzählen können.	Kopie auf Folie
2a	Die TN hören die Radiosendung und machen Notizen, über welche Themen die 3 Anrufer sprechen. **Lösung:** *Ernst Lüdke: Schule; Ausbildung – Isabel Eickhoff: Familie – Ursula Eickhoff: Familie, Kinder; Spiele, Freizeit*	CD: Track 1.19
2b	Die TN hören die Radiosendung in Abschnitten und notieren zu jedem Abschnitt 2–3 Informationen. Danach vergleichen sie ihre Notizen mit einem Partner und anschließend im Kurs. **Lösung: *Ernst Lüdke:*** *alle Schüler waren in einem Klassenzimmer; der Lehrer war sehr streng; Disziplin war sehr wichtig; fast alle Kinder sind nur maximal 8 Jahre in die Schule gegangen; Kinder sollten früh arbeiten und Geld verdienen – **Isabel Eickhoff:** sie lebt in einer modernen (Patchwork-)Familie; ihre Eltern sind geschieden; ihre Mutter hat wieder neu geheiratet, ihr Vater auch; sie hat dadurch 5 Geschwister; es ist immer viel los – **Ursula Eickhoff:** niemand hat heute Zeit, auch die Kinder nicht; die Kinder mussten früher viel zu Hause helfen, haben aber auch viel mit anderen Kindern gespielt; es gab früher keine elektronischen Spiele oder Geräte wie Handy, Fernseher, Computer; die Kinder haben sich Spiele ausgedacht oder draußen gespielt*	CD: Track 1.20–22
2c	Die TN überlegen in Kleingruppen (ggf. nach Herkunftsländern bzw. Kulturkreis), wie sich in den letzten 50 Jahren Arbeit, Familie, Freizeit oder Schule in ihrer Heimat verändert haben, und besprechen, was sie dabei gut finden und was schlecht. (Wenn die TN möchten, können sie auch noch andere Punkte, wie z. B. Wohnen, Kommunikation usw. miteinander vergleichen.) Lesen Sie mit den TN auch die Ausdrücke im Schüttelkasten. Die TN stellen ihre Ergebnisse nach Themen geordnet im Kurs vor und benutzen dabei die Ausdrücke aus dem Kasten.	
	ERWEITERUNG: Je 2–3 TN machen zusammen ein 3-Generationen-Projekt. Dafür überlegen sie sich Fragen zu einem der Themenbereiche (z. B. *Arbeit im Wandel der Zeit: Von wann bis wann musste man normalerweise arbeiten? Was hat man verdient? ...*). Danach befragen sie unterschiedliche Personen, die einer der 3 Generationen angehören, und stellen deren Antworten im Kurs vor.	

Sprachhandlungen: Texte über Wendepunkte im Leben verstehen; über Vergangenes berichten
Lerninhalte: WS: Ereignisse im Leben | GR: Präteritum

	Erläuterungen zum Unterricht	Materialien
3a	Projizieren Sie die die Mindmap *Wendepunkte im Leben*. Die TN lesen die Unterpunkte und suchen gemeinsam noch weitere Punkte, die zu großen oder plötzlichen Veränderungen im Leben führen können (z. B. *Reisen, Krankheiten, neue Bekanntschaften* usw.). Je 3–4 TN überlegen anschließend, in welche Geschehnisse man jeden Unterpunkt noch weiter untergliedern kann. Sammeln Sie im Kurs und halten Sie die Ergebnisse in der Mindmap fest.	Kopie auf Folie

AB3a	als Hausaufgabe oder im Kurs, wenn die TN noch mehr Input für KB3a brauchen. Sie können mit den in der Übung genannten Ereignissen die Mindmap ergänzen oder die Übung vor KB3a machen.
3b	Die TN lesen die Einleitung zu einem Zeitschriftenartikel. Sie überlegen, ob sie ähnliche (Lebens-) Geschichten kennen, und berichten davon im Kurs.
	ERWEITERUNG: Je 3 TN überlegen sich gemeinsam zu einem Wendepunkt aus KB3a (Mindmap), wie sich das Leben eines Menschen verändern könnte (z. B. *Eine Frau erbt. Sie arbeitet in einer Bäckerei. Jetzt macht sie ihr eigenes Café auf.*). Die Gruppen stellen ihre Geschichten im Kurs vor.
3c	Je 2 TN arbeiten zusammen. Jeder TN liest einen der beiden Texte und beantwortet die Fragen dazu. Danach berichtet er seinem Partner darüber. **Lösung:** *Markus Holubek: 1 Früher war er Fernsehredakteur. 2 Heute arbeitet er als Therapeut. 3 Er stürzte bei einem Skirennen und war gelähmt. 4 Mit Training, starkem Willen und viel Optimismus. –* ***Karl Ludwig Schweisfurth:*** *1 Früher besaß er eine große Fleisch- und Wurstwarenfabrik. 2 Heute betreibt er ökologische Landwirtschaft. 3 Seine Kinder wollten die Firma nicht übernehmen. 4 Er verkaufte sein Unternehmen und begann von vorn.*
3d	Die TN diskutieren im Kurs darüber, welche der beiden Personen sie interessanter finden und warum das so ist.

4a	Hängen Sie die Fotos der beiden in KB3 behandelten Personen auf. Weisen Sie die TN noch einmal darauf hin, dass es bei beiden Personen einen großen Wendepunkt im Leben gegeben hat. Bitten Sie die TN, kurz mit einigen Sätzen die aktuelle Situation der beiden Personen zu schildern, und fragen Sie dann, welche Tempusform sie dafür benutzt haben (*Präsens*). Fragen Sie anschließend, welche Tempusform im Text verwendet wird, um das Leben der beiden Personen vor der Wende zu schildern (*Präteritum*). Bitten Sie die TN, ihren Text noch einmal zu lesen und alle Verben, die nicht im Präsens stehen, zu markieren. Lesen Sie mit den TN den Grammatikkasten und erarbeiten Sie gemeinsam die Bildung des Präteritums von regelmäßigen und unregelmäßigen Verben. Weisen Sie auch auf die Mischformen (*denken – dachte, wissen – wusste* usw.) hin, deren Endung regelmäßig ist, während sich der Stamm aber wie bei den unregelmäßigen Verben verändert (Vokalwechsel + ggf. Veränderung der Konsonanten im Stamm). Je 2 TN sortieren die Verben in die richtige Gruppe ein. Weisen Sie darauf hin, dass man Verben am besten immer zusammen mit dem Präteritum und dem Perfekt bzw. Partizip II lernt, z. B. *denken – dachte – hat gedacht, fahren – fuhr – ist gefahren.*	Kopie der Fotos aus KB3b
4b	Fragen Sie die TN, welche andere Tempusform der Vergangenheit sie kennen (*Perfekt*), und wiederholen Sie ggf. die Bildung (haben *oder* sein + *Partizip II*). Fragen Sie die TN, ob sie sich vorstellen können, welche Form wann verwendet wird. Lesen Sie gemeinsam mit den TN die Regeln für den Gebrauch von Präteritum und von Perfekt. Die TN überprüfen ihre Vermutungen. Fragen Sie die TN, wie viele Vergangenheitsformen es in ihrer Sprache gibt und wie sie sich voneinander in der Verwendung unterscheiden. Gibt es Gemeinsamkeiten mit dem Deutschen oder mit anderen Sprachen? Wenn Sie eine sprachlich homogene Gruppe haben, können die TN auch mit anderen Sprachen, die sie kennen, vergleichen.	IAW: TB 3/1
	ERWEITERUNG: Je 3 TN arbeiten zusammen. Kopieren Sie für jede Gruppe die **Kopiervorlage** und zerschneiden Sie sie. Jeder TN bekommt eine Tabelle und ist der „Experte" für diese Zeitform. Nun beginnt TN 1 und vervollständigt die erste Zeile, z. B. *ich esse – ich aß – ich habe gegessen.* TN 2 und TN 3 kontrollieren jeweils die Formen, die sie selbst haben. Danach vervollständigt TN 2 die nächste Zeile usw. Die TN können auch stattdessen oder anschließend ein ▶ Trio erstellen und spielen.	KV
4c	Je 2 TN arbeiten zusammen. Jeder TN schreibt eine fiktive (und möglichst originelle) Überschrift für einen Zeitungsartikel auf ein Blatt Papier und tauscht diese dann mit dem Partner. Der Partner schreibt den passenden Zeitungsartikel zur Überschrift und verwendet dabei das Präteritum. Verweisen Sie die TN auf die Liste der unregelmäßigen Verben im Anhang des KB. Anschließend tauschen die TN ihre Texte noch einmal aus und korrigieren sich gegenseitig. Lassen Sie einige Artikel im Kurs vorlesen oder hängen Sie sie im Kursraum auf.	
	VARIANTE: Jeder TN schreibt eine Überschrift für einen Zeitungsartikel auf ein Blatt Papier und gibt das Blatt dann an den rechten Nachbarn weiter. Dieser schreibt einen Satz und gibt das Blatt wieder an den den rechten Nachbarn weiter, so lange bis alle Blätter durch den gesamten Kurs gewandert sind. Der letzte TN korrigiert die Geschichte (▶ Gruppengeschichte).	

Sprachhandlungen: über Zitate sprechen; eine Radiosendung verstehen; eine E-Mail mit Tipps schreiben
Lerninhalte: WS: Glück | GR: temporale Präpositionen: *vor, nach, während*;
Folgen ausdrücken: *deshalb, darum, deswegen, so … dass, sodass* | Aussprache: *ts* und *tst*

	Erläuterungen zum Unterricht	Materialien
5a	Fragen Sie die TN, was ihnen spontan zum Thema *Glück* einfällt, oder schreiben Sie „Glück ist …" an die Tafel und lassen Sie den Satz von den TN (mit einem Wort oder einem kurzen Satz) vervollständigen. Notieren Sie die Vorschläge in einem Wortigel an der Tafel. Die TN lesen dann die Zitate im KB und wählen das aus, das ihnen am besten gefällt. Danach suchen sie 2 Personen, die sich für ein anderes Zitat entschieden haben, und erklären sich gegenseitig, warum sie ihr Zitat gewählt haben.	
	ERWEITERUNG: Die TN überlegen gemeinsam, welche weiteren Zitate oder Sprüche über Glück sie aus dem Deutschen, ihrer Muttersprache oder aus anderen Sprachen kennen, und berichten darüber im Kurs. Die TN können auch Zitate oder Sprüche im Internet recherchieren. **Links:** http://sprichwoerter.woxikon.de; www.sprichwoerter.net; www.alle-sprichwoerter.de	
5b	Sammeln Sie mit den TN im Kurs Dinge, die glücklich machen, und schreiben Sie diese an die Tafel (z. B. *ein Spaziergang in der Natur, eine neue Liebe, interessante Reisen, ein guter Film, Schokolade* usw.). Jeder TN erstellt nun seine Top-5-Liste. Die TN vergleichen erst in Kleingruppen, dann im Kurs.	
	VARIANTE: Die TN sammeln zuerst in Kleingruppen Dinge, die glücklich machen. Jede Gruppe einigt sich auf 3 Favoriten und schreibt diese an die Tafel. Machen Sie mit den TN eine ▶ **Kursstatistik**.	
6a	Erklären Sie den TN, dass sie gleich einen Ausschnitt aus einer Radiosendung zum Thema *Neue Liebe, neues Glück* hören werden. Bitten Sie sie, dazu zuerst die Einführung zu lesen und kurz im Kurs zusammenzufassen (*eine Frau aus Deutschland lernt in Italien einen Mann kennen und zieht zu ihm nach Italien*). Anschließend lesen je 2 TN die Sätze 1–5, markieren zu jedem Satz die passende Stelle im Text und notieren dort die passende Satznummer. Vergleichen Sie im Kurs. Schreiben Sie die Ausdrücke mit den temporalen Präpositionen auf Zuruf an die Tafel. Die TN nennen die Präpositionen und den Kasus dazu. Lesen Sie mit den TN abschließend den Grammatikkasten. **Lösung:** *2 Ihr Mann war während dieser Zeit als Lehrer in Florenz tätig. 3 Während des Sommers bekommt sie häufig Besuch aus Deutschland …; 4 Nach ihrem Studium arbeitete sie …; 5 Während ihres Studiums lernte sie in Italien ihren Mann kennen.*	
6b–c	Lesen Sie mit den TN die Aussagen und klären Sie ggf. Vokabular. Die TN hören einen Ausschnitt der Radiosendung und notieren, in welcher Reihenfolge die Aussagen vorkommen. Die TN vergleichen ihre Lösungen im Kurs und hören die Radiosendung noch einmal zur Kontrolle. **Lösung:** *1D; 2A; 3E; 4C; 5B*	CD: Track 1.23
	ERWEITERUNG: Schreiben Sie die Aussagen auf jeweils ein DIN-A3-Blatt und legen Sie die Blätter im Kursraum aus. Machen Sie mit den TN einen ▶ **stummen Dialog**.	DIN-A3-Papier
6d	**Gut gesagt:** Die TN hören den Dialog und lesen die Sätze im Kasten. Fragen Sie die TN, welche Ausdrücke es für Verliebtsein in ihrer Sprache gibt. Je 3–4 TN erzählen, ob sie ähnliche Liebesgeschichten kennen. Sie sprechen auch darüber, was sie selbst für einen Partner aufgeben würden oder ob sie anders handeln würden. Jeweils ein Gruppensprecher fasst die Ergebnisse im Kurs zusammen.	CD: Track 1.24
	ERWEITERUNG: Kopieren Sie die **Kopiervorlage** für je 2 TN. Jedes Team wählt ein berühmtes Liebespaar und liest die Information dazu. (Bei Interesse können die TN zu „ihrem" Liebespaar auch im Internet recherchieren.) Die Teams schreiben jeweils einen kurzen Dialog zwischen den beiden Partnern des Liebespaares. Sie spielen den Dialog vor, die anderen raten, welches berühmte Paar das ist.	KV
7a	Die TN lesen die Sätze und ordnen sie den Bildern zu. Vergleichen Sie anschließend gemeinsam mit den Sätzen im Grammatikkasten, wie man eine Folge ausdrücken kann. Besprechen Sie mit den TN die unterschiedliche Satzstellung und die verschiedenen Konnektoren (*deshalb, darum* und *deswegen* verbinden 2 Hauptsätze, das Verb steht in Position 2. *so … dass* und *sodass* verbinden einen Haupt- und einen Nebensatz; dort steht das Verb am Ende. Wenn *so* in Verbindung mit einem Adjektiv oder Adverb im Hauptsatz steht, wird der Nebensatz nur mit *dass* eingeleitet.). Weisen Sie die TN auch darauf hin, dass sie *deshalb* schon kennen und *darum* und *deswegen* Synonyme davon sind. **Lösung:** *(im Uhrzeigersinn von rechts oben an) 5; 2; 1; 4; 3*	

7b	Die TN ergänzen die Sätze inhaltlich, wie sie selbst es empfinden, und achten darauf, die richtige Satzstellung zu verwenden. Anschließend vergleichen je 3–4 TN ihre Lösungen und sprechen über ihre Antworten. Gibt es Übereinstimmungen?	
	VARIANTE: Die TN ergänzen einen der Sätze mit einer Aussage, die inhaltlich nicht richtig ist. Die anderen TN der Kleingruppe versuchen, durch Fragen herauszufinden, welche Antwort falsch ist.	
8a	Die TN lesen die Mail von Ben und fassen zusammen, wofür er Ratschläge braucht. **Lösung:** *Er braucht Ratschläge dafür, wie er besser Spanisch lernen kann, wie er eine Arbeit finden kann oder ob er wieder zurück nach Deutschland gehen soll.*	
8b	Je 2 TN schreiben Ben eine Antwort und geben Tipps. Lassen Sie einige Antworten vorlesen oder hängen Sie alle im Kursraum auf. Die TN gehen herum und lesen die Antworten auf Bens Mail.	
	VARIANTE für sprachlich schwächere TN: Sammeln Sie mit den TN Tipps für Ben und schreiben Sie diese an die Tafel (z. B. *spanische Bücher lesen; oft ins Kino gehen; Marias Freunde fragen, ob sie eine Arbeit für ihn wissen* usw.). Weiter wie oben beschrieben.	
9a–b	Lesen Sie zuerst gemeinsam die Infobox. Sprechen Sie die Wörter daraus vor, damit die TN die Laute unterscheiden können. Die TN sprechen diese Wörter nach. Dann hören sie die Wörter von der CD und markieren, ob sie *ts* oder *tst* hören. Vergleichen Sie im Kurs. Dann hören die TN die Wörter noch einmal und sprechen nach. **Lösung:** *1 ts; 2 ts; 3 tst; 4 tst; 5 ts; 6 tst*	CD: Track 1.25
	ALTERNATIVE für sprachlich stärkere TN: Das Buch ist geschlossen. Die TN hören zuerst die Wörter von der CD und schreiben sie mit. Dann entscheiden sie, wo sie *ts* oder *tst* gehört haben. Weiter wie oben beschrieben.	CD: Track 1.25
9c	Lesen Sie den TN die beiden Sätze verschiedene Male vor und werden Sie dabei immer schneller. Die TN wiederholen die Sätze.	
	VARIANTE: Die TN stellen sich im Kreis auf. Der erste TN spricht den ersten Satz sehr langsam, der nächste ein bisschen schneller usw. Wenn ein TN den Satz nicht mehr schneller sprechen kann, beginnt er mit dem zweiten Satz.	

Sprachhandlungen/Strategie: Informationen über historische Ereignisse verstehen
Lerninhalte: WS: historische Ereignisse | Landeskunde: Die Wende: Deutsche Wiedervereinigung

	Erläuterungen zum Unterricht	**Materialien**
10a	Das Buch ist geschlossen. Projizieren Sie die 3 Karten ohne die Titel. Fragen Sie die TN, ob sie wissen, was auf diesen Karten dargestellt ist. Je 3–4 TN arbeiten zusammen und sehen sich jetzt im Buch die 3 Karten an. Sie versuchen gemeinsam, die Karten zu interpretieren, und besprechen dann im Kurs, was mit den Karten dargestellt wird.	Kopie auf Folie
	VARIANTE: Kopieren Sie die Karten. Geben Sie je 3–4 TN eine der 3 Karten. Die TN besprechen in ihrer Gruppe die Karte und erklären, was sie darauf sehen können. Danach suchen sie die Gruppen, die mit der anderen Karte gearbeitet haben, und tauschen die Ergebnisse aus (▶ **Wirbelgruppen**).	Kopien der Karten
10b	Malen Sie einen Zeitstrahl an die Tafel, der mit dem Jahr 1945 beginnt und 1990 endet. Fragen Sie die TN, ob ihnen wichtige Ereignisse der deutschen Geschichte bekannt sind und ob sie sie zeitlich einordnen können. Die TN berichten und machen einen Vermerk auf dem Zeitstrahl. Fragen Sie die TN auch, ob sie den Begriff *Die Wende* schon einmal gehört haben und ob sie ihn erklären können. Falls den TN nichts einfällt, können Sie markante Ereignisse (*Ende des 2. Weltkriegs, Bau der Mauer* usw.) selbst nennen und von den TN einordnen lassen. Die TN sehen dann die Fotos an, beschreiben und interpretieren sie und lesen die Informationen. Fragen Sie die TN, was sie selbst über die Ereignisse wissen.	

VARIANTE: Kopieren Sie die Fotos und die Informationstexte und geben Sie je 3–4 TN ein Set. Die TN beschreiben, was sie auf den einzelnen Fotos sehen, und besprechen, welcher Text zu welchem Foto passt. Danach zeichnen sie auf einem DIN-A3-Blatt einen Zeitstrahl und kleben die Fotos und Texte an der richtigen Stelle ein. Die TN können die Texte auch durch eigenes Wissen ergänzen.

ALTERNATIVE: Die TN sehen zuerst Film 3 an. Dort „erleben" sie den größten Augenblick der Wende „mit", den Fall der Mauer. Was wissen die TN über die Ereignisse? Sehen Sie gemeinsam den Zeitstrahl im KB an und bearbeiten Sie zuerst die dazu passenden Fotos und Texte. Gehen Sie dann auch in der Zeit zurück, um die „Vorgeschichte" zu beschreiben.

Links: www.1961-1989.de: Berichte und Informationen zur Berliner Mauer; www.youtube.com (→ Eingemauert! Die innerdeutsche Grenze): Computeranimation über die Mauer zwischen der BRD und der DDR

INFO: *Die Wende* bezeichnet die gesellschaftlichen Veränderungen, die zur deutschen Wiedervereinigung geführt haben. Immer mehr DDR-Bürger demonstrierten 1989 friedlich für mehr Freiheit und Demokratie in ihrem Land, bis am 9. November die Mauer fiel. Im Laufe der nächsten Monate verlor die Staatspartei SED ihren Einfluss. Im März 1990 gab es die ersten freien Parlamentswahlen, in denen sich die Mehrheit der DDR-Bürger für ein vereintes Deutschland aussprach. Am 3.10.1990 war es dann soweit: Seit der Wiedervereinigung gibt es ein Deutschland mit 16 Bundesländern und der Hauptstadt Berlin.

Kopien der Fotos und Texte, DIN-A3-Papier

DVD: Film 3

10c	Die TN lesen den Tipp im Kasten und fassen ihn mit eigenen Worten zusammen. Die TN lesen den Text. Da sie sich im KB10b schon intensiv mit den Bildern beschäftigt haben, haben sie den Tipp bereits angewendet. Sie überlegen im Kurs, zu welchem Datum der Text passt. **Lösung:** *9.11.1989*
10d	Die TN lesen die Fragen laut vor. Je 2 TN lesen den Text noch einmal und suchen die Antworten. Vergleichen Sie im Kurs. **Lösung:** *1 Er ist früh ins Bett gegangen. 2 Er wollte „Geschichte live" erleben. 3 Sie wollten sehen, ob die Grenze wirklich offen ist; sie jubelten, tranken Sekt und umarmten sich. 4 Er ist stolz, weil er selbst dabei war.*

IAW: TB 3/2

ERWEITERUNG: Fragen Sie die TN, wie alt sie 1989 waren und ob sie sich an den Tag des Mauerfalls erinnern können. Was haben sie an diesem Tag empfunden? Bitten Sie sehr junge TN, ihre Eltern und Großeltern nach diesem Tag zu befragen und dann im Kurs zu berichten.

Nach KB10 eignet sich Film 3 mit KB12–13.

DVD: Film 3

11	Bitten Sie die TN, in Kleingruppen oder einzeln über einen besonderen historischen Tag zu berichten. Der Tag kann im Land der TN eine wichtige Rolle spielen, muss aber nicht. Geben Sie den TN die Möglichkeit, im Internet zu recherchieren. Lesen Sie gemeinsam die Redemittel und fordern Sie die TN auf, diese bei der Vorstellung ihrer Ergebnisse in einer ▶ **Mini-Präsentation** zu verwenden.
AB11c	im Kurs. Je 2 TN planen das Sprachkursfest. Die Aufgabe entspricht dem Prüfungsformat des *Z B1*, des *ZD* und des *DTZ*.
WB	im Kurs. Thema: zusammengesetzte Substantive (I).

Der Film: Die Grenze ist offen

	Lösungen zur DVD	**Materialien**
12b	*Die Mauer ist weg: Die Bewohner von Ostberlin können ohne Hindernisse nach Westberlin und umgekehrt. – Berlin ist wieder Berlin: Berlin ist wieder eine ungeteilte Stadt, so wie früher. – Jeder darf ab sofort durch: Alle Menschen dürfen ohne Sondergenehmigung über die Grenze. – Deutschland weint vor Freude: Alle Deutschen sind glücklich. – Die Ersten sind schon da: Die ersten Personen sind schon nach Westberlin gekommen. – Wir reichen uns die Hände: Die Ostdeutschen und die Westdeutschen freuen sich, dass sie sich endlich treffen können.*	
13a	*Die Grenzsoldaten haben in der Nacht zum 10. November die Grenzübergänge wieder geschlossen. Die Frau möchte durch das Brandenburger Tor nach Westberlin gehen. Sie ist verzweifelt. Die Grenzsoldaten wissen nicht, wie sie auf die neue Situation reagieren sollen.*	*DVD: Film 3.1*

	Erläuterungen zum Unterricht	Materialien
1	Je 2 TN arbeiten zusammen. Erklären Sie den TN, dass sie 4 Stationen zu verschiedenen Themen bearbeiten sollen. Bei jeder Station gibt es ein Rollenspiel oder eine Diskussion, das/die die TN gemeinsam durchspielen sollen; zur Unterstützung werden den TN passende Redemittel präsentiert. Sie können die einzelnen Stationen auch groß kopieren, ausschneiden und auf den Tischen im Kursraum auslegen. Je 2 TN gehen dann von Tisch zu Tisch und bearbeiten die Stationen. Wenn Sie mehr als 8 TN im Kurs haben, kopieren Sie jede Station zweimal. Am Ende wählt jedes Team die Station, die ihm am besten gefallen hat, und spielt die Situation im Kurs vor.	ggf. Kopien der 4 Stationen
	VARIANTE für sprachlich schwächere TN: Je 2 TN wählen eine der Stationen aus und bereiten sie schriftlich vor. Dafür können sie zuerst gemeinsam passendes Vokabular zu jeder Situation suchen, z. B. für Station 1 überlegen, was man im Urlaub gerne macht und was einem wichtig ist (gutes Wetter, gutes Essen, wenig Tourismus ...), für Station 2, was einem bei einem Städteurlaub wichtig ist, was man unternehmen will usw. Danach können sie den ▶ **Dialog auswendig lernen** und spielen die Situation im Kurs vor.	
2	Fragen Sie die TN, welche (sprachlichen) Möglichkeiten sie kennen, um eine Geschichte für die Leser interessant und spannend zu gestalten. Sammeln Sie die Vorschläge an der Tafel. Lesen Sie dann gemeinsam die Tipps in der Infobox und vergleichen Sie mit den Ideen der TN. Lesen Sie mit den TN die vorgegebenen Sätze. Jeder TN wählt einen Anfangssatz und einen Schlusssatz aus und schreibt eine Geschichte dazu. Sprachlich schwächere TN können zuerst Stichpunkte notieren, um zu strukturieren, wie die Geschichte vom Anfang bis zum Ende verläuft. Sie können auch das Gerüst einer Geschichte gemeinsam als Beispiel im Kurs erstellen. Jeder TN liest seine Geschichte anschließend im Kurs vor, die TN wählen die Geschichte, die ihnen am besten gefällt.	
	VARIANTE für sprachlich schwächere Gruppen: Die TN schreiben die Geschichte in Kleingruppen. ALTERNATIVE: Die TN arbeiten allein oder in einer Gruppe von 2–4 TN. Projizieren Sie die **Kopiervorlage** oder kopieren Sie die **Kopiervorlage** für alle TN bzw. für jede Gruppe. Jeder TN oder jede Gruppe würfelt je einmal für jedes Thema und stellt so das ganz persönliche Gerüst für die eigene Geschichte zusammen.	KV (ggf. auf Folie), je 1 Würfel pro TN bzw. Gruppe
3	Fragen Sie die TN, ob sie in der Schule Gedichte gelernt haben und ob sie sich noch an eines erinnern können. Fragen Sie die TN auch, welche Arten von Gedichten ihnen bekannt sind, und notieren Sie einige Vorschläge an der Tafel (*Sonett, Haiku, Ballade* ...). Fragen Sie dann, ob die TN wissen, was ein *Elfchen* ist. Projizieren Sie die beiden Elfchen und lassen Sie sie von 2 TN vorlesen. Versuchen Sie, gemeinsam den Aufbau eines Elfchen zu beschreiben, und/oder lesen Sie mit den TN die vorgegebene Erklärung. Fragen Sie, welches Elfchen den TN besser gefällt. Die TN schreiben allein oder zu zweit ein Elfchen und hängen es dann im Kursraum auf. Alle TN gehen durch den Raum und lesen die Elfchen. Besprechen Sie im Kurs, für welche Themen sich die (meisten) TN entschieden haben. (Ggf. können Sie den TN, wenn sie unsicher sind, auch ein oder mehrere Themen zur Auswahl stellen, z. B. Natur, Reisen, Lernen usw.)	Kopie auf Folie
	VARIANTE: Die TN schreiben *Kurs-Elfchen*. Jeder TN schreibt nur das erste Wort und gibt das Papier dann an den nächsten TN weiter. Dieser schreibt die nächste Zeile mit den 3 Wörtern und gibt es wieder weiter usw. Die TN lesen die so entstandenen Elfchen im Kurs vor. Bei Interesse können Sie daraus einen Kurs-Gedichtband machen.	
4a	Lesen Sie die beiden Beispielsätze. Je 3–4 TN arbeiten zusammen. Ein TN nennt einen Buchstaben. (Der TN, der an der Reihe ist, kann auch leise das Alphabet aufsagen, bis ein anderer TN *Stopp* sagt.) Die anderen TN schreiben nun einen Satz, in dem möglichst viele Wörter mit diesem Buchstaben beginnen. Der TN, der die meisten Wörter in einem Satz gefunden hat, bekommt einen Punkt. Zählen Sie nach einigen Durchgängen die Punkte zusammen. Wer hat am meisten gefunden? Sie können als Auswertung auch nur einige der Sätze im Kurs vorlesen lassen.	

VARIANTE: Sagen Sie leise das Alphabet auf. Ein TN sagt *Stopp*. Sagen Sie laut den Buchstaben, bei dem Sie gerade angekommen sind. Jede Gruppe versucht, in einer bestimmten Zeit (z. B. 3 Minuten) einen Satz zu schreiben, in dem möglichst viele Wörter mit diesem Buchstaben beginnen. Verteilen Sie die Punkte, jedes Wort mit dem richtigen Buchstaben gibt einen Punkt. Notieren Sie die Punkte an der Tafel und spielen Sie mit einem anderen Buchstaben weiter. Zählen Sie nach ca. 5 Durchgängen die Punkte zusammen und geben Sie dem Siegerteam einen kleinen Preis.

Preis

| 4b | Lesen Sie mit den TN das Beispiel. Bitten Sie einen der TN, ein Wort (mit ca. 4–7) Buchstaben an die Tafel zu schreiben. Die anderen TN versuchen, wie im Beispiel einen Satz zu bilden, in dem jedes Wort mit einem Buchstaben des vorgegebenen Wortes anfängt. Der TN, dem das gelingt, ruft *Stopp* und liest seinen Satz vor. Ist der Satz richtig, schreibt er nun ein neues Wort an die Tafel. Usw. | |

| 5 | Projizieren Sie die Zeichnung. Bitten Sie die TN, möglichst genau zu beschreiben, was sie darauf erkennen können und um welche Situationen es sich handelt. Je 2 TN ergänzen anschließend die Sprechblasen, notieren sie mit Ziffer auf einem Blatt Papier und vergleichen ihre Ideen danach mit einem oder 2 anderen Teams. Wenn Sie das Bild einmal groß kopieren, können die TN ihre Ergebnisse im Kursraum rundherum aushängen. | *Kopie auf Folie*

 ggf. Kopie der Zeichnung |

Kopiervorlage zu Plattform 1, Aufgabe 2

	Wer?	Trifft wen?	Wann?	Wo?	Ein wichtiger Gegenstand
⚃	ein alter Mann	einen Zeitungs-verkäufer	an einem warmen Sommertag	am Strand	ein Buch
⚁	eine Prinzessin	einen einsamen Wanderer	um Mitternacht	im Wald	ein Ring
⚂	eine Opern-sängerin	einen alten Freund	im Jahr 1950	auf einer dunklen Straße	Streichhölzer
⚄	ein kleines Mädchen	einen Musiker	im Jahr 3000	in einer Piano-Bar	ein Taschen-tuch
⚅	ein Bäcker	einen Manager	in einer kalten Winternacht	in einem kleinen Dorf	ein Klavier
⚅	eine elegante Dame	einen Studenten	an Weihnachten	in Paris	ein Foto

Sprachhandlungen: über Berufe sprechen
Lerninhalte: WS: Berufe

	Erläuterungen zum Unterricht	Materialien
1a	Je 2 TN sammeln gemeinsam Berufe und notieren zu jedem Beruf eine typische Aktivität.	IAW: TB 4/1
	VARIANTE: Machen Sie mit den TN ein Wettspiel. Je 2 TN versuchen, in 3 Minuten die meisten Berufsbezeichnungen zu finden. Sie können auch die ▶ ABC-Methode verwenden, die TN versuchen dabei für jeden Buchstaben des Alphabets einen Beruf zu finden (sehr schwierige Buchstaben können weggelassen werden). Sammeln Sie danach alle Berufe an der Tafel. Je 3–4 TN wählen 5 Berufe aus und notieren für jeden eine typische Aktivität. Danach lesen sie die Aktivität im Kurs vor und die anderen TN raten, um welchen Beruf es sich handelt.	
AB1a	im Kurs oder als Hausaufgabe. Die TN erarbeiten weitere Berufe mit ihren typischen Tätigkeiten.	
1b	Projizieren Sie die Fotos. Die TN sehen die Fotos an und beschreiben, was sie sehen. Lesen Sie mit den TN die Ausdrücke im Kasten und klären Sie ggf. Vokabular. Die TN ordnen gemeinsam die Ausdrücke den Fotos zu (manche Ausdrücke passen mehrfach). Danach sprechen die TN in Kleingruppen über die Berufe, verwenden dabei die vorgegebenen Ausdrücke und ergänzen ggf. mit eigenen Ideen. Lassen Sie jeden Beruf von einem TN im Kurs vorstellen.	Kopie auf Folie
1c	Die TN lesen das Interview mit Frau Geiger. Sie überlegen im Kurs, in welchem Beruf sie jetzt arbeitet, und begründen ihre Entscheidung. **Lösung:** *Mechatronikerin (Liebe zur Technik)*	
	VARIANTE: Kopieren Sie das Interview und schneiden Sie Fragen und Antworten auseinander. Geben Sie je 3 TN ein Set. Die TN ordnen zuerst Fragen und Antworten zu. Weiter wie oben beschrieben.	Kopien des Interviews
AB1b	als Hausaufgabe. Die TN können die Interviews im Kurs in Zusammenhang mit KB3 machen.	
2a	Die TN hören das Interview mit Frau Geiger und notieren, in welcher Reihenfolge sie in den genannten Berufen gearbeitet hat. Vergleichen Sie im Kurs. **Lösung:** *4; 2; 1; 3*	CD: Track 1.26
2b	Je 4 TN arbeiten zusammen. Jeder wählt einen der 4 Berufe von Frau Geiger aus. Die TN hören das Interview noch einmal und machen Notizen zu „ihrem" Beruf. Anschließend berichten sie innerhalb ihrer Gruppe und ergänzen ihre Notizen zu den anderen Berufen. **Lösung: *Briefträgerin:*** *um halb 5 aufstehen und um halb 6 in der Postzentrale sein; gegen Mittag ist man fertig; die Bezahlung ist ok –* ***Kellnerin:*** *man verdient ganz gut, vor allem mit dem Trinkgeld; Kontakt mit Menschen; man arbeitet am Abend und in der Nacht –* ***Chemikerin:*** *in einer großen Firma; Kontrollen im Labor; aber meistens die gleiche Arbeit –* ***Mechatronikerin:*** *3 Jahre Ausbildung und Berufsschule*	CD: Track 1.26
	ERWEITERUNG: Die TN spielen Beruferaten. Ein TN beschreibt einen Beruf in 4–5 Sätzen, ähnlich wie in KB2b; die anderen raten, um welchen Beruf es sich handelt.	
3	Geben Sie den TN 5 Minuten Zeit, um sich Gedanken zu machen, was in ihrem Beruf wichtig ist und was man gut können muss. Arbeiten die TN (noch) nicht oder möchten sie nicht über ihren Beruf sprechen, können sie zu ihrem Wunsch-Beruf Notizen machen. Danach stellen die TN ihren (Wunsch-) Beruf im Kurs vor.	
	VARIANTE: Die TN erklären, was für die Arbeit wichtig ist und was man gut können muss, ohne den Beruf zu nennen. Die anderen TN raten. ALTERNATIVE: Die TN interviewen einen Partner wie in **AB1b** vorgesehen und ergänzen das Interview um die Fragen aus KB3. Im Anschluss stellen sie ihren Partner und seinen Beruf im Kurs vor. ERWEITERUNG: Die TN machen einen Test zur Berufsberatung. Kopieren Sie für jeden TN die **Kopiervorlage**. Die TN beantworten die Fragen und werten ihre Antworten aus. Machen Sie eine ▶ Kursstatistik. Welche Berufe werden Ihren TN geraten? Wie sieht die Realität aus?	KV
	Nach KB3 eignet sich Film 4 mit KB15–17.	DVD: Film 4

Sprachhandlungen: Gespräche bei der Arbeit führen; Irreales ausdrücken
Lerninhalte: WS: Arbeit | GR: Konjunktiv II der Modalverben; irreale Bedingungssätze mit Konjunktiv II

	Erläuterungen zum Unterricht	Materialien
4a	Projizieren Sie die 3 Fotos. Fragen Sie die TN, wo sich die Leute befinden (*bei der Arbeit, im Büro*). Die TN beschreiben, was sie auf den Fotos sehen können. Lesen Sie mit den TN die Ausdrücke. Die TN hören die Dialoge und ordnen die Ausdrücke dem passenden Foto zu. **Lösung:** *Foto 1: Wie geht's denn so? Ich brauche dringend eine Pause. – **Foto 2:** Ich bin so froh, dass Sie da sind. Was ist denn das Problem? – **Foto 3:** Ich muss noch etwas fertig machen. Ich mache gleich mal Schluss.* ALTERNATIVE für sprachlich stärkere TN: Je 2 TN schreiben kurze Dialoge zu den einzelnen Fotos und tragen sie im Kurs vor. Danach lesen sie die Ausdrücke, hören die Dialoge und ordnen sie den Fotos zu.	Kopie auf Folie CD: Track 1.27–29
4b	Die TN lesen die Gedanken und überlegen, zu welchen der Personen in den 3 Situationen sie am besten passen. Vergleichen Sie im Kurs. **Lösung:** *2 2Bo; 3 1Bo; 4 2Ba; 5 1P; 6 3K* Die TN markieren die Verben (Infinitiv + konjugiertes Verb). Sortieren Sie die Verbformen ggf. nach bekannt und neu. Wiederholen Sie gemeinsam mit den TN die Bildung der bereits bekannten Formen (*würde* + Infinitiv bei den meisten Verben, *hätte* von *haben*, *wäre* von *sein*). Erarbeiten Sie dann die neuen Konjunktiv-II-Formen der Modalverben, lesen Sie dazu auch den Grammatikkasten. Konjugieren Sie alle Modalverben gemeinsam. Weisen Sie darauf hin, dass *wollen* und *sollen* im Gegensatz zu den anderen Formen im Konjunktiv keinen Umlaut haben.	
5a	Lesen Sie mit den TN den Grammatikkasten. Analysieren Sie gemeinsam die Wortstellung der Konditionalsätze. Klären Sie die Bedeutung (*wenn* + Konjunktiv II: *die Bedingung ist nicht wahr; wenn ich einen neuen Computer hätte = ich habe keinen neuen Computer*). Weisen Sie auch daraufhin, dass sowohl im Haupt- als auch im Nebensatz Konjunktiv II steht. Die TN können auch mit ihrer Muttersprache bzw. anderen Sprachen vergleichen, mit welchen Verbformen dort ein irrealer Bedingungssatz gebildet wird. Je 2 TN arbeiten dann zusammen. Ein TN liest einen Satzanfang, der andere setzt den Satz beliebig fort, danach tauschen sie. VARIANTE: Schreiben Sie die Satzanfänge auf Kärtchen. Stellen Sie 3 Stühle nebeneinander. Ein TN setzt sich auf den Stuhl in der Mitte und liest ein Kärtchen vor. Die ersten beiden TN, die Ideen haben, wie man den Satz fortführen kann, setzen sich rechts und links auf den Stuhl und sagen ihre Variante. Der TN in der Mitte wählt den TN, dessen Satz ihm besser gefällt. Dieser TN setzt sich nun in die Mitte und liest das nächste Kärtchen vor. Usw. Bei großen Gruppen können Sie die Satzanfänge mehrmals verwenden oder Sie ergänzen die Kärtchen mit eigenen Ideen. VARIANTE für sprachlich stärkere TN: Alle TN stellen sich im Kreis auf. Lesen Sie den ersten Satzanfang vor und werfen Sie den Ball einem TN zu, der den Satz ergänzt und dann den Ball dem nächsten TN zuwirft. Dieser ergänzt denselben Satzanfang auf andere Weise. Die TN werfen sich den Ball so lange zu, bis einem TN keine Ergänzung mehr einfällt und er ausscheiden muss. Lesen Sie dann den zweiten Satzanfang vor usw. ERWEITERUNG: Alle TN stellen sich im Kreis auf. Der erste TN bildet einen Satzanfang mit *wenn*, der nächte TN beendet ihn und beginnt mit der gleichen Idee einen neuen Satz, den der nächste TN beendet usw. Beispiel: *TN1: Wenn ich sehr müde wäre, … TN2: …, würde ich einen Kaffee trinken. Wenn ich einen Kaffee trinken würde, … TN3: …,, würde ich Lust auf ein Stück Kuchen bekommen. Wenn ich Lust auf ein Stück Kuchen bekommen würde, … TN4: …, würde ich meine Oma besuchen.* Usw.	Kärtchen Ball
5b	Bitten Sie die TN, sich vorzustellen, sie hätten viel Zeit und Geld. Was würden sie dann machen? Jeder TN schreibt 3 Sätze auf je ein Kärtchen. Die TN lesen ihre Sätze laut vor und kleben sie auf ein Plakat. Die TN bewerten die Sätze mit Klebepunkten (3 für die beste Idee, 2 für die zweitbeste, 1 für die drittbeste). Geben Sie den TN mit den besten Ideen einen kleinen Preis.	Kärtchen, Plakat, Klebepunkte, Preis

Sprachhandlungen: sich entschuldigen; auf Entschuldigungen reagieren
Lerninhalte: WS: Redemittel für Entschuldigungen | Aussprache: Mehrere Konsonanten hintereinander

	Erläuterungen zum Unterricht	Materialien
6a	Projizieren Sie die beiden Fotos. Die TN beschreiben, was sie auf den Fotos sehen können, und spekulieren, welches Problem es in den beiden Situationen gibt (*beim Friseur: Frisur/Farbe misslungen; bei der Arbeit: bestellte Ware fehlt*).	Kopie auf Folie
	ERWEITERUNG: Je 2 TN wählen eine Situation aus und schreiben einen Dialog. Lassen Sie einige Dialoge im Kurs vorlesen oder vorspielen. Die TN können auch einen ▶ **Rechts-Links-Dialog** schreiben.	
6b	Die TN hören die beiden Gespräche und fassen zusammen, wie die Personen reagieren. Danach vergleichen sie mit ihren eigenen Ideen. **Lösung:** *Frau Schütz ist verärgert und sagt, dass die Haarfarbe so nicht bleiben kann. Die Friseurin bietet an, die Haare nachzutönen. Frau Schütz lässt sich die Haare noch einmal neu färben. – Herr Kreidel beschwert sich, dass die Ware noch nicht angekommen ist. Die Ware wird dringend gebraucht. Frau Hobel vermutet ein Problem mit dem Kurierdienst und verspricht, sich in einer halben Stunde noch einmal zu melden.*	CD: Track 1.30–31
7a	Die TN sehen das Diagramm an und lesen die Pannen am Arbeitsplatz laut vor. Klären Sie ggf. Vokabular. Erklären Sie den TN, dass mit dem Begriff *Gefühlte Wahrheiten* die ganz subjektive Empfindung des Einzelnen gemeint ist darüber, was richtig und für ihn persönlich zutreffend ist. Fragen Sie die TN, ob ihnen einige dieser Pannen auch schon passiert sind oder ob sie jemanden kennen, dem sie passiert sind. Welche Panne finden die TN am „peinlichsten", welche vielleicht nicht so schlimm? Lesen Sie den Redemittelkasten und bearbeiten Sie **Gut gesagt.** Die TN hören die Sätze und sprechen sie nach. Erklären Sie, dass *doch* in diesen Beispielen eine Modalpartikel ist, die semantisch keine Bedeutung hat, den Aussagen aber einen emotionaleren Charakter verleiht. Sprechen Sie den TN die Sätze einmal mit und einmal ohne *doch* vor. Wie empfinden die TN den Unterschied? Je 2 TN wählen eine Situation aus und schreiben ein Gespräch mit den vorgegebenen Ausdrücken. Achten Sie darauf, dass möglichst jede Situation bearbeitet wird. Die TN lernen das Gespräch auswendig (▶ **Dialoge auswendig lernen**) und spielen es im Kurs vor.	CD: Track 1.32
	ERWEITERUNG: Je 2 TN spielen ihre Situation pantomimisch im Kurs vor. Die anderen TN raten, was passiert. Sie können auch jedem „Pantomimen" einen „Interpreten" zur Seite stellen, der zeitgleich versuchen muss, sprachlich auszudrücken, was der andere TN durch Gestik und Mimik darstellt.	
7b	Die TN schreiben einen Text über eine Panne, die ihnen oder einer bekannten Person passiert ist, oder sie erfinden eine Geschichte über eine Panne. Lassen Sie einige Geschichten im Kurs vorlesen oder hängen Sie die Texte im Kursraum auf. Die TN gehen herum und wählen für sich die lustigste oder unangenehmste Geschichte. Empfinden alle gleich?	
	ERWEITERUNG: Verteilen Sie Zettel an die TN, auf denen entweder *Lüge* oder *Wahrheit* steht. Je nach Zettel schreiben die TN einen Text über eine Panne, die ihnen wirklich passiert ist, oder sie erfinden eine Geschichte. Jeder TN liest seine Geschichte vor, die anderen TN raten, ob das die Wahrheit oder eine Lüge ist.	
8a	Schreiben Sie *tschechisches Streichholzschächtelchen* an die Tafel und bitten Sie die TN, die beiden Wörter nachzusprechen. Erklären Sie, dass im Deutschen Verbindungen mit vielen Konsonanten sehr oft vorkommen, besonders bei zusammengesetzten Wörtern. Die TN hören die Wörter mit mehreren Konsonanten hintereinander und sprechen sie erst langsam und dann immer schneller nach.	CD: Track 1.33
	INFO: Als einziges (nicht abgeleitetes oder zusammengesetztes) Wort mit den meisten Konsonanten hintereinander (8) wird im Duden der *Borschtsch* (eine russische Suppe) genannt. Bei Zusammensetzungen dagegen finden sich viele Wörter mit 8 Konsonanten, wie z. B. *Weihnachtsschmuck, Herbstschwimmfest, angstschlotternd, Unterrichtsschritt* usw. Bei den meisten Wörtern mit so vielen Konsonanten nacheinander wird der zweite Wortbestandteil mit *sch* eingeleitet.	

8b	Je 3 TN suchen und notieren 5 Wörter, die mindestens 3 Konsonanten hintereinander besitzen. Dazu können sie auch ein Wörterbuch verwenden. Danach tauschen sie die Wörter mit einer anderen Gruppe aus. Die TN der anderen Gruppe haben einige Minuten Zeit zum Üben und lesen die Wörter dann im Kurs vor. Ggf. können die TN noch mit weiteren Gruppen tauschen.	Wörterbuch
	VARIANTE: Die Gruppe, die das Wort mit den meisten Konsonanten hintereinander findet, gewinnt. Sammeln Sie alle Wörter an der Tafel. Die TN stellen sich anschließend im Kreis auf und werfen sich einen Ball zu. Wer den Ball fängt, liest ein Wort laut vor. Usw. ERWEITERUNG: Notieren Sie von jeder Gruppe einige Wörter an der Tafel. Die TN erfinden in Kleingruppen eine Geschichte, in der möglichst alle Wörter vorkommen. Die nächste Gruppe übt die Geschichte erst und liest sie dann im Kurs vor.	Ball

Sprachhandlungen: Bewerbungstipps verstehen; über Bewerbungen sprechen
Lerninhalte: WS: Bewerbung | GR: Pronominaladverbien: *dafür, darauf* ...; Verben mit Präposition und Nebensatz | Landeskunde: Bewerbung in Deutschland

	Erläuterungen zum Unterricht	**Materialien**
9a	Schreiben Sie *Bewerbung* an die Tafel. Sammeln Sie mit den TN, was alles zu einer Bewerbung gehört (*Lebenslauf mit Foto, Bewerbungsschreiben, Zeugnisse, Arbeitsproben* ...).	
9b	Bitten Sie die TN, den nachfolgenden Text über Bewerbungen zu lesen und auf der Checkliste festzuhalten, was bei Bewerbungen wichtig ist. Die TN vergleichen erst mit einem Partner und dann im Kurs. Gibt es Unterschiede zwischen Deutschland und den Herkunftsländern der TN? **Lösung:** *aussagekräftiges Bewerbungsschreiben; Lebenslauf mit Foto; Foto vom Profi; Zeugnisse; relevante Bescheinigungen; für Online-Bewerbung alles in einem pdf-Dokument zusammenfassen*	
10a	Die TN lesen den Text von KB9b noch einmal und markieren die angegebenen Verben und die dazugehörigen Präpositionen. Anschließend tragen sie die Präpositionen neben den Verben ein. **Lösung:** *sich unterscheiden von; gehören zu; suchen nach; sich interessieren für; warten auf; teilnehmen an; sich vorbereiten auf*	
10b	Beschriften Sie 4 Blätter mit jeweils einem der folgenden Sätze: *Sina arbeitet mit ihrem Computer. Sie arbeitet sehr gern damit. Sina arbeitet mit ihrer Kollegin. Sie arbeitet sehr gern mit ihr.* Bitten Sie die TN zu überlegen, welche 2 jeweils zusammengehören und worin der Unterschied besteht (*bei den ersten 2 Sätzen arbeitet Sina mit einem Ding, bei den anderen beiden mit einer Person*). Formulieren Sie gemeinsam die Regeln daraus (*folgt auf die Präposition eine Person, ersetzt man die Person durch ein Pronomen; folgt ein Ding, verwendet man da(r)- + Präposition*). Lesen Sie mit den TN den Grammatikkasten und vollziehen Sie gemeinsam die Regeln nach. Weisen Sie auch auf die Infobox hin. Je 2 TN lesen die 5 Sätze und markieren wie im Kasten, worauf sich die Pronomen und Pronominaladverbien beziehen. **Lösung:** *1 Mein Freund Marc; 2 eine andere Stelle; 3 ein Problem; 4 die Chefin; 5 eine Stelle* Wiederholen Sie ggf. auf dieselbe Weise wie oben die Frage bei Verben mit Präpositionen (aus A2 bekannt). Beschriften Sie 2 Blätter mit den folgenden Sätzen: *Womit arbeitet Sina? Mit wem arbeitet Sina?* Die TN ordnen die Fragen den anderen beiden Satzpaaren zu und formulieren gemeinsam die Regeln (*folgt auf die Präposition eine Person, stellt man die Frage mit der Präposition und je nach Kasus der Präposition* wen *oder* wem; *folgt ein Ding, verwendet man* wo(r)- + Präposition). In sprachlich stärkeren Kursen können Sie die Blätter mit den Fragen oben dazu nehmen und von Anfang an mit 2 mal 3 Sätzen arbeiten.	
10c	Je 2 TN arbeiten zusammen. Die TN ergänzen die Fragen und stellen sie dem Partner, dieser beantwortet die Fragen mit einem Pronominaladverb.	IAW: TB 4/2
	VARIANTE: Die TN machen einen ▶ **Kursspaziergang** und stellen unterschiedlichen TN jeweils eine Frage. Der andere TN antwortet mit dem Pronominaladverb.	

11a Je 2 TN formulieren anhand der Vorgaben korrekte Sätze. Ggf. erarbeiten sie die Verben mit Präpositionen vorab im Kurs. Vergleichen Sie im Kurs.

Lösung: *2 Denken Sie bei Bewerbungen daran, alle Unterlagen in einem Dokument zu schicken! 3 Ich warte seit vier Wochen darauf, dass die Firma sich bei mir meldet. 4 Meine Freundin kümmert sich darum, eine Stelle im Ausland zu bekommen. 5 Ich ärgere mich darüber, dass ich noch keine gute Stelle gefunden habe.*

Betrachten Sie mit den TN die Satzstellung. Wiederholen Sie gemeinsam die Bedingungen für einen Infinitivsatz (*die Subjekte in den beiden Satzteilen müssen gleich sein; im Gegensatz dazu können bei dass-Sätzen die Subjekte gleich oder unterschiedlich sein, das Verb kommt an das Ende des Nebensatzes*). Lesen Sie auch gemeinsam den Grammatikkasten und zeigen Sie den Unterschied (*folgt auf ein Verb mit Präposition ein Nebensatz, so steht statt der Präposition das dazugehörige Pronominaladverb*).

11b Die TN bilden aus den Vorgaben im Schüttelkasten 4 eigene Sätze mit Pronominaladverb und Nebensatz. Anschließend tauschen sie die Sätze mit einem anderen TN aus. Die TN korrigieren gegenseitig die Sätze.

ERWEITERUNG für sprachlich stärkere TN: Je 2 TN stellen sich abwechselnd Fragen mit den Verben im Schüttelkasten und *wo(r)*-. Der Partner antwortet mit *da(r)*- + Nebensatz (z. B. *Worüber ärgerst du dich oft? Ich ärgere mich oft darüber, dass die Politiker viel versprechen und wenig halten.*)

ERWEITERUNG für sprachlich schwächere TN: Je 4 TN spielen zusammen ▶ **Paare finden** zum Thema *Verben mit festen Präpositionen*. Kopieren Sie die Kärtchen der **Kopiervorlage** auf Karton und geben Sie jeder Gruppe ein Set. Jedes Verb bildet mit der passenden Präposition ein Paar. Danach geben Sie jeder Gruppe die Kärtchen des zweiten Teils der **Kopiervorlage**. Die TN überlegen in der Gruppe, welche 3 Karten jeweils zusammenpassen, und ergänzen gemeinsam die Sätze. Machen Sie ggf. zusammen ein Beispiel. Vergleichen Sie anschließend im Kurs. | *KV auf Karton*

Sprachhandlungen: am Telefon nach Informationen fragen; Informationen geben
Lerninhalte: WS: Arbeitssuche; Stellenanzeigen | Landeskunde: Bewerbung in Deutschland

---

	Erläuterungen zum Unterricht	**Materialien**
12a	Schreiben Sie *Arbeit* und *Job* an die Tafel. Fragen Sie die TN, ob sie den Unterschied zwischen einer Arbeit und einem Job kennen (*ein Job ist typisch für Studenten oder andere Leute, die sich etwas dazuverdienen möchten; im Gegensatz zu einer (festen) Arbeit ist er meist zeitlich befristet und erfordert oft keine besonderen beruflichen Qualifikationen*). Die TN erzählen im Kurs, in welchen Jobs sie bisher schon gearbeitet haben und wie ihre Erfahrungen dabei waren.	
12b	Die TN hören das Gespräch und notieren, wann, wo und warum Marco gerne jobben möchte. **Lösung:** *Marco möchte neben dem Studium Geld verdienen, er muss einen Teil seiner Miete selbst zahlen. Er möchte 3 mal in der Woche nachmittags oder am Wochenende arbeiten, vielleicht in einem Büro oder einem Hotel.*	CD: Track 1.34
12c	Schreiben Sie *Jobsuche* in einem Wortigel an die Tafel. Fragen Sie die TN, welche Möglichkeiten sie kennen, um einen Job zu finden (*Internet, Schwarzes Brett, in Geschäften fragen, Freunde fragen ...*). Notieren Sie die Vorschläge an der Tafel.	
13a	Lassen Sie die 3 Stellenanzeigen von je einem TN im Kurs vorlesen und klären Sie ggf. Vokabular. Bitten Sie die TN, die wichtigsten Punkte zu unterstreichen. Die TN hören das Telefongespräch und markieren, welche der 3 Anzeigen dazu passt, von wann bis wann man arbeiten muss und wie viel man in der Stunde verdient. **Lösung:** *Computerschule Big (Wir suchen Sie!); Arbeitszeit: 20 Stunden pro Woche, vormittags oder nachmittags, immer am Freitagnachmittag; Stundenlohn: 12 Euro*	CD: Track 1.35
13b	Die TN lesen zuerst die Ausdrücke im Kasten. Dann hören sie den Dialog noch einmal und markieren, welche der vorgegebenen Ausdrücke sie hören. **Lösung:** *Interessent: Ich habe gelesen, dass Sie ... suchen. Ist das noch aktuell? – Ich würde gern wissen, ... – Können Sie mir auch sagen, ...? – Firma: Ja, die Stelle ist noch nicht besetzt. – Haben Sie denn schon einmal in diesem Bereich gearbeitet? – Ich würde vorschlagen, Sie kommen persönlich bei uns vorbei.*	CD: Track 1.35
	VARIANTE für sprachlich schwächere TN: Bilden Sie 2 Gruppen. Gruppe 1 konzentriert sich nur auf die Aussagen des Interessenten, Gruppe 2 markiert nur die Aussagen der Firma.	

13c	Je 4 TN arbeiten zusammen. Jede Gruppe wählt eine der 3 Anzeigen von KB13a. 3 TN der Gruppe spielen Interessenten und bereiten sich auf die Rolle vor, indem sie mindestens 3 Redemittel aus KB13b markieren, die sie verwenden wollen. Der vierte TN spielt die Firma.
13d	Die Gruppe spielt die 3 Gespräche. Welcher Bewerber ist am geeignetsten? Jede Gruppe überlegt anschließend, was positiv oder negativ aufgefallen ist. Lassen Sie ggf. auch im Kurs vergleichen: Jede „Firma" stellt ihren besten Bewerber vor und begründet ihre Wahl.

Sprachhandlungen/Strategie: einen Text strukturieren; Tipps austauschen
Lerninhalte: Landeskunde: Vorstellungsgespräch in Deutschland

	Erläuterungen zum Unterricht	**Materialien**
14a	Schreiben Sie *Das Vorstellungsgespräch* an die Tafel und fragen Sie die TN, ob sie wissen, was das bedeutet. Bitten Sie die TN, Ideen zu formulieren, und notieren Sie die Vorschläge an der Tafel. Projizieren Sie die 4 Bilder. Die TN sehen die Bilder an und versuchen herauszufinden, was die Personen falsch machen. **Lösung:** *Die erste Person ärgert sich sichtlich über eine Frage des Chefs und wird wütend. Die zweite Person ist für ein Vorstellungsgespräch in einer Bank sehr locker und lässig gekleidet. Die dritte Person hängt zu entspannt auf dem Stuhl. Die vierte Person ist abgehetzt und kommt zu spät.* ERWEITERUNG: Die TN überlegen im Kurs, wie die Personen es richtig machen würden.	Kopie auf Folie
14b	Fragen Sie die TN, welche Möglichkeiten sie kennen, um längere Texte zu strukturieren (*wichtige Stellen markieren, Mindmap erstellen* usw.). Lesen Sie dazu mit den TN den Tipp. Erklären Sie den TN, dass sie den Text nun so bearbeiten werden. Die TN lesen den Text und markieren inhaltliche Abschnitte. **Lösung:** *Abschnitt 2, Zeile 5–8: ... Busverspätungen; Abschnitt 3, Zeile 8–11: ... konservativere Outfit; Abschnitt 4, Zeile 12–13: ... Aufmerksamkeit signalisieren; Abschnitt 5, Zeile 13–15: ... freundlich bleiben; Abschnitt 6, Zeile 15–19: ... klar und deutlich zu sprechen; Abschnitt 7, Zeile 19–21: ... wichtige Punkte vergessen.*	
14c	Je 2 TN arbeiten zusammen und notieren zu jedem Abschnitt eine Überschrift. Lassen Sie einige Überschriften im Kurs vorlesen. Die TN überlegen, zu welchem Bild von KB14a die Überschrift und der Abschnitt passen. **Lösung:** *Abschnitt 2, Zeile 5–8: man soll sich vorher über die Firma, die Anfahrt usw. informieren; Abschnitt 3, Zeile 8–11: zur Firma passende Kleidung; Abschnitt 4, Zeile 12–13: angemessene Körpersprache; Abschnitt 5, Zeile 13–15: höfliches Benehmen; Abschnitt 6, Zeile 15–19: was macht man bei Nervosität; Abschnitt 7, Zeile 19–21: Interesse zeigen durch Notizen* Fragen Sie die TN dann ggf., wie Vorstellungsgespräche in ihrem Land ablaufen und was dabei wichtig ist.	
14d	Je 3–4 TN recherchieren im Internet, was sonst noch wichtig für ein erfolgreiches Vorstellungsgespräch ist, und erstellen ein Plakat mit Tipps. Bei heterogenen Gruppen können TN aus den gleichen Ländern oder Kulturkreisen zusammenarbeiten und ein Plakat mit Regeln für Vorstellungsgespräche in ihrem Land erstellen. Hängen Sie die Plakate im Kursraum auf. Die TN gehen durch den Raum und vergleichen die verschiedenen Plakate. Diskutieren Sie mit den TN im Kurs: Welche Tipps sind besonders wichtig? Welche Vorschläge sind am besten? Vergleichen Sie ggf. die Regeln für Vorstellungsgespräche in Deutschland und in anderen Ländern.	Plakate
WB	im Kurs. Thema: zusammengesetzte Substantive (II).	

Der Film: Mannheimer Popakademie

	Lösungen zur DVD	**Materialien**
15	*singen, tanzen, ein Instrument spielen, Englisch sprechen, gute Lieder schreiben (interessante Texte, tolle Musik) ...*	
16a	*live auf der Bühne spielen; im Studio arbeiten; sich mit Verträgen auseinandersetzen; CDs produzieren und veröffentlichen*	DVD: Film 4
16b	*4; 1; 5; 2; 3; 6*	DVD: Film 4

Umweltfreundlich?

Sprachhandlungen: über umweltfreundliches Verhalten sprechen
Lerninhalte: WS: Umwelt und Umweltschutz

	Erläuterungen zum Unterricht	**Materialien**
1a	Schreiben Sie *Umweltfreundlich* in einer Mindmap an die Tafel. Fragen Sie die TN, was ihnen zu diesem Thema einfällt, und notieren Sie alle Assoziationen in der Mindmap. Lesen Sie die Ausdrücke aus dem Schüttelkasten. Die TN vergleichen mit ihren Ideen. Wurden die Begriffe genannt? Lassen sie sich anderen Vorschlägen zuordnen? Die TN hören das Gespräch und achten darauf, wo sich die Personen befinden und über welche Themen sie sprechen. **Lösung:** *Die Personen befinden sich im Supermarkt. Sie sprechen über umweltbewusstes Einkaufen. Dazu gehören Themen wie Verpackung, Transportwege, Müll, gutes Wasser trinken, die Umwelt schützen, Recycling, Lebensmittel aus der Region kaufen, Energie sparen usw.*	CD: Track 1.36
AB1b	im Kurs zur Vorbereitung von KB1b. Die TN überlegen, welche Produkte sie wo einkaufen.	
1b	Sammeln Sie im Kurs, was beim Einkaufen von Produkten wichtig sein kann. Schreiben Sie auch die Vorschläge von KB1b an die Tafel (*Preis, Qualität, Marke, Herkunft, Bio*). Notieren Sie weitere Vorschläge der TN. Je 3–5 TN sprechen über die einzelnen Punkte und erklären, welche Punkte ihnen (nicht) wichtig sind und warum. Bilden Sie ggf. ▶ **Wirbelgruppen**. Je ein Gruppensprecher fasst die Ergebnisse der Diskussion im Kurs zusammen. Diskutieren Sie einzelne Punkte, die die TN besonders interessant finden, im Kurs.	
	ALTERNATIVE: Die TN erstellen individuell eine Statistik, was für sie beim Einkaufen am wichtigsten, am zweitwichtigsten usw. ist. Anschließend vergleichen und besprechen sie ihre Ergebnisse mit einem Partner. Erstellen Sie danach mit den TN eine ▶ **Kursstatistik** mit Klebepunkten (3 Punkte für den wichtigsten Punkt, 2 für den zweitwichtigsten und 1 für den drittwichtigsten). Diskutieren Sie das Ergebnis im Kurs.	Klebepunkte
2a	Projizieren Sie die Fotos und fragen Sie die TN, was diese Fotos mit dem Thema *Umwelt* zu tun haben. Die TN lesen die Texte und überlegen, welche Zahlen stimmen könnten. Danach besprechen sie mit einem Partner oder in einer Kleingruppe, was sie für richtig halten.	Kopie auf Folie
2b	Die TN vergleichen ihre Ergebnisse mit den Lösungen auf S. 159. Danach diskutieren sie im Kurs darüber, was sie besonders überrascht hat. **Lösung:** *1b; 2b; 3c; 4a; 5c*	
	ERWEITERUNG: Die TN recherchieren im Internet, welche Zahlen es für ihr Land / ihre Länder zu den Themen *Trinkwasser, Fleischkonsum, gefahrene Kilometer, Müll* und *Papierverbrauch* gibt. Vergleichen Sie die Ergebnisse im Kurs und überlegen Sie gemeinsam, woran die Unterschiede zwischen den einzelnen Ländern liegen könnten. ALTERNATIVE: Die TN recherchieren im Internet die Zahlen für Österreich und die Schweiz. Dann bearbeiten je 2 TN **AB2a** und erhalten relevante landeskundliche Informationen, um die Zahlen für D-A-CH interpretieren zu können. Die TN diskutieren anschließend darüber im Kurs.	
AB2a	im Kurs. Je 2 TN spielen ein Wechselspiel zum Thema *Landeskunde in Zahlen (D-A-C-H)*. Die Übung kann auch nach KB3 gemacht werden.	
3	Malen Sie eine Skala von 10 bis 0 an die Tafel. Erklären Sie den TN, dass 10 *Ich lebe sehr umweltfreundlich* und 0 *Ich lebe gar nicht umweltfreundlich* bedeutet. Fordern Sie die TN auf, sich selbst einzuschätzen und ein Kreuz mit ihrem Namen an der passenden Stelle zu machen (▶ **Landschaften stellen**). Die TN erläutern, was sie für die Umwelt (nicht) tun und warum sie sich so eingeschätzt haben. Überlegen Sie auch gemeinsam, was zu umweltfreundlichem Verhalten dazugehört. Bitten Sie die TN, im Internet nach dem Begriff *ökologischer Fußabdruck* zu suchen und auf einer der Seiten ihren ökologischen Fußabdruck zu berechnen. Die TN vergleichen ihre Erfahrungen im Kurs. Zu welchen Themen gab es Fragen? Wie fanden die TN die Fragen? Halten sie sie für repräsentativ? Welche Fragen würden sie besser finden? Welche Fragen fehlen?	

ALTERNATIVE: Wenn Sie das Thema *Ökologischer Fußabdruck* weniger ausführlich behandeln wollen, können die TN stattdessen nur den Test in **AB3** machen und über die Ergebnisse sprechen.
Links: z. B. www.footprint-deutschland.de; www.footprintrechner.at; www.wwf.ch (→ Aktiv werden → Besser leben: Footprint-Rechner)

Sprachhandlungen: etwas vergleichen und begründen; über Umweltschutz diskutieren
Lerninhalte: WS: Umwelt und Umweltschutz | GR: Nebensatz mit *da*; Komparativ und Superlativ vor Substantiven

---

	Erläuterungen zum Unterricht	Materialien
4a	Projizieren Sie die Zeichnungen. Fragen Sie die TN, was die Zeichnungen darstellen (*eine Badewanne und eine Dusche; eine Plastiktüte und eine Papiertüte; eine Spülmaschine und jemand, der von Hand spült; ein Buch und ein E-Book / elektronischer Reader*). Je 4 TN überlegen, welche der beiden vorgegebenen Möglichkeiten wahrscheinlich besser für die Umwelt ist und warum. Die Gruppen vergleichen ihre Meinungen im Kurs.	Kopie auf Folie
4b	Je 4 TN arbeiten zusammen. Jeder TN wählt einen Text und markiert die wichtigsten Informationen. **Lösung:** *Baden – Duschen: Dusche 50 Liter Wasser, Baden 150 Liter Wasser; Energie für ein heißes Bad = 120 Stunden fernsehen; Plastiktüte – Papiertüte: Plastiktüten aus Erdöl; Papiertüten mit Chemikalien behandelt; Stofftasche am besten; Plastiktüte besser als Papiertüte, da man sie öfter verwenden kann; Geschirrspüler – von Hand spülen: Geschirrspüler besser; effizienter als früher; nur einschalten, wenn voll; verbraucht viel weniger Wasser als von Hand; Buch – E-Book: E-Book besser, wenn man das Gerät länger als 3 Jahre benutzt und mehr als 10 Bücher pro Jahr liest*	
4c	Lesen Sie mit den TN die Sätze im Redemittelkasten zum Thema *etwas begründen*. Analysieren Sie gemeinsam mit den TN die unterschiedlichen Satzstrukturen (*Hauptsatz + Nebensatz: weil und da sind gleich, sie leiten einen Nebensatz ein, das Verb steht am Ende. Vgl. auch den Grammatikkasten. Hauptsatz + Hauptsatz: denn ist auf Position 0, es folgt das Subjekt und dann das Verb; die anderen Konnektoren stehen auf Position 1, dann folgt das Verb und dann das Subjekt*). Jeder TN fasst für seine Gruppe den Text frei zusammen und informiert darüber, was besser für die Umwelt ist und warum. Dabei verwenden die TN die vorgegebenen Strukturen. Lassen Sie die Ergebnisse (*Was ist besser?*) auch im Kurs berichten. Wer hat in KB4a richtig vermutet?	
	ERWEITERUNG für sprachlich stärkere TN: Schreiben Sie Nonsens-Aussagen auf Kärtchen, z. B. *Vögel mit bunten Federn sind besonders musikalisch* oder *Pflanzen wachsen besser, wenn man Schokolade in die Erde steckt* usw. Je 2–3 TN bereiten in 5 Minuten einen Mini-Vortrag vor, in dem sie ihre Theorie begründen sollen. Dabei benutzen sie die unterschiedlichen Strukturen, um etwas zu begründen. Die TN wählen den originellsten Vortrag. Die TN können auch selbst Nonsens-Aussagen entwerfen und ihre These dann vertreten oder sie geben die Aussagen an andere Gruppen weiter, die diese dann vertreten müssen.	Kärtchen
5a	Je 2 TN lesen die Sätze und besprechen, ob die Aussagen richtig oder falsch sind. Ggf. lesen sie im entsprechenden Abschnitt von KB4b nach. Vergleichen Sie im Kurs. **Lösung:** *1f; 2r; 3r; 4f; 5f; 6r*	
5b	Die TN markieren alle Komparative und Superlative, die in den Sätzen von KB5a vorkommen. Sie lesen die Regel und kreuzen die Sätze an, die dazu passen. Vergleichen Sie im Kurs. Wiederholen Sie ggf. die Bildung von Komparativ und Superlativ (vgl. auch **AB4a–b**) und die Adjektivdeklination. **Lösung:** *effizientere; am umweltfreundlichsten; bessere; die umweltfreundlichste – 3; 5; 6*	
6a	Lesen Sie mit den TN den Grammatikkasten und zeigen Sie an den Beispielen (und ggf. an Beispielen mit dem unbestimmten Artikel aus KB5a) noch einmal die Regel aus KB5b. Weisen Sie darauf hin, dass *mehr* und *weniger* keine Endung bekommen. Die TN ergänzen die Adjektive in den Sätzen 1–5 mit dem Komparativ oder Superlativ der Wörter aus dem Schüttelkasten. Vergleichen Sie im Kurs, da es mehrere Lösungen gibt. **Lösung:** *2 modernsten/besten/umweltfreundlichsten; 3 bessere/umweltfreundlichere; 4 schönsten/modernsten/meisten/besten – mehr/schönere/modernere/bessere; 5 beste/gesündeste*	IAW: TB 5/1

ALTERNATVE/ERWEITERUNG für sprachlich stärkere Gruppen: Je 2 TN schreiben eigene Sätze mit Lücken wie in der Aufgabe und geben sie an ein anderes Team weiter. Dieses Team ergänzt die Sätze und gibt sie wieder an Team 1 zurück. Team 1 korrigiert.

ERWEITERUNG: Je 3–4 TN spielen zusammen. Kopieren Sie die Karten der **Kopiervorlage** für jede Gruppe (ggf. auf Karton) und schneiden Sie sie aus. Die TN mischen die Karten und verteilen sie. Ein TN spielt eine Karte aus und muss sich für ein Adjektiv entscheiden; mit dem Adjektiv bildet er den Superlativ. Er spielt z. B. die Karte *Fahrrad – 3 Jahre – alt/neu* und sagt *Ich habe das neueste Fahrrad.* Jetzt müssen alle Karten zum Thema *Fahrrad* dazu gelegt werden und die Spieler kommentieren, z. B.: *Stimmt, ich habe ein älteres Fahrrad.* oder *Nein, mein Fahrrad ist 2 Jahre alt, ich habe das neueste Fahrrad.* Der Spieler mit dem neuesten Fahrrad gewinnt den Punkt und nimmt die *Fahrrad*-Karten an sich. Wer nach einer vorher bestimmten Spielzeit die meisten Karten hat, hat gewonnen.

(Material: KV, ggf. auf Karton)

6b	Sammeln Sie im Kurs verschiedene Themenkreise, bei denen man etwas für die Umwelt tun kann (*zu Hause, im Verkehr, bei der Arbeit, beim Einkaufen, in der Schule/Uni, im Urlaub* usw.). Schreiben Sie jedes Oberthema auf ein DIN-A3-Papier. Die TN bearbeiten in Kleingruppen jeweils ein Thema und schreiben ihre Ideen auf das Blatt. Danach gehen sie durch den Kursraum, lesen die Ideen der anderen Gruppen und ergänzen sie durch eigene Ideen. Die Kleingruppen stellen jeweils ein Thema im Kurs vor.	DIN-A3-Papier

7	Je 4 TN bereiten sich auf eine Diskussion zum Thema *Wie wichtig ist Umweltschutz? Wie wichtig ist das Verhalten des Einzelnen?* vor. Dazu lesen je 2 TN entweder die Pro- oder die Contra-Argumente im Schüttelkasten und sammeln weitere Ideen zu ihrer Position. Anschließend diskutieren sie in der 4er-Gruppe und benutzen dazu die Redemittel im Kasten.	

VARIANTE: Je 4 TN machen zusammen eine ▶ **Redemittel-Diskussion**. Dazu schreibt sich jeder TN 2 Pro- und 2 Contra-Redemittel auf jeweils ein Kärtchen. Die Kärtchen dürfen erst abgelegt werden, wenn die Redemittel verwendet wurden. Ein Sprecher fasst im Kurs die wichtigsten Punkte der Diskussion zusammen.

VARIANTE für sprachlich schwächere Gruppen: Die TN bearbeiten vor der Diskussion **AB7a–b**, um das Diskutieren und die Redemittel einzuüben.

ALTERNATIVE: Wenn Sie weniger Zeit auf die Diskussion verwenden wollen, können **AB7a–b** auch alternativ zum KB eingesetzt werden.

(Material: Kärtchen)

Sprachhandlungen: einem längeren Text Informationen entnehmen; eine Geschichte schreiben
Lerninhalte: WS: Papier: Geschichte und Verwendung | GR: *aus* + Material; n-Deklination |
Aussprache: Sprechrhythmus in langen Sätzen

	Erläuterungen zum Unterricht	**Materialien**
8a	Das Buch ist geschlossen. Bilden Sie Gruppen mit je 3–4 TN. Bitten Sie die TN, in 2 Minuten so viele Gegenstände wie möglich aufzuschreiben, die aus Papier hergestellt werden. Die Gruppe, die die meisten korrekten Gegenstände findet, hat gewonnen. Vergleichen Sie mit den Vorschlägen von KB8a und lesen Sie den Grammatikkasten. Lassen Sie ggf. andere Beispiele mit *sein* + *aus* + Substantiv bilden bzw. bearbeiten Sie **AB8b** im Kurs.	
	ERWEITERUNG: Die TN arbeiten in Kleingruppen. Vergeben Sie an jede Gruppe ein *Material* als Thema, z. B. *Papier, Holz, Metall, Stoff, Plastik* usw. Jede Gruppe sucht nun 8 Gegenstände, die aus diesem Material bestehen. Spielen Sie anschließend im Kurs. Eine Gruppe liest ihr Material vor, die anderen TN nennen alle Dinge, die ihnen einfallen und die aus diesem Material sind. Für jeden erratenen Begriff gibt es einen Punkt. Dann liest die nächste Gruppe ihr Material vor usw. Wer am Ende die meisten Punkte hat, hat gewonnen.	
AB8b	im Kurs. Die TN erarbeiten weitere *Materialien* (*Metall, Wolle, Leder* ...).	
8b	Die TN lesen einzeln den Text und formulieren 5 Fragen, die sich aus dem Text beantworten lassen und ihnen wichtig erscheinen. Lesen Sie ggf. mit dem Kurs das Beispiel.	

VARIANTE für schwächere TN: Je 2 TN lesen den Text gemeinsam und formulieren die Fragen.
ALTERNATIVE für sprachlich stärkere Gruppen: Die TN lesen zuerst nur die Einleitung des Textes.
Bilden Sie danach 2 Gruppen. Gruppe 1 überlegt gemeinsam, was sie über die *Geschichte des Papiers*
weiß, Gruppe 2 notiert, was ihr zum Thema *Papier als Massenware (Papierverbrauch)* einfällt.
Anschließend lesen die TN den Text der anderen Gruppe (Gruppe 1: *Papier als Massenware*; Gruppe 2:
Geschichte des Papiers). Die TN suchen sich nun einen Partner, der den anderen Text gelesen hat, und
geben diesem möglichst genau den gelesenen Text wieder. Anschließend diskutieren die beiden TN
miteinander, welche Punkte sie in der Textvorbereitungsphase in ihrer Gruppe besprochen haben und
welche Informationen neu für sie waren. Abschließend formuliert jeder TN 5 Fragen zum gesamten Text.

8c Je 2 TN tauschen ihre Fragen und suchen die Antworten im Text.

VARIANTE für schwächere TN: Je 2 Paare tauschen ihre Fragen und suchen die Antworten.
ALTERNATIVE: Wenn Sie in KB8b mit der Alternative gearbeitet haben, stellt jeder TN seinem Partner
die 5 Fragen, die dieser beantworten soll.

9a Die TN überfliegen den Text von KB8b noch einmal. Sie suchen die in KB9a angegebenen Wörter,
unterstreichen sie und markieren die Endungen.
Lösung: *Nachbarn; Jungen; Kollegen; Experten*

9b Lesen Sie mit den TN die 3 Überschriften der Tabelle. Je 2 TN ordnen die Wörter aus KB9a und die
Wörter im Schüttelkasten in die Übersicht ein. Erklären Sie, dass es sich bei diesen Substantiven um
Substantive aus der Gruppe der n-Deklination handelt. Diese maskulinen Substantive haben außer im
Nominativ Singular immer die Endung *-(e)n*. Weisen Sie die TN darauf hin, dass einige der Wörter in
mehrere Spalten passen. Geben Sie den Tipp, für die Zugehörigkeit zur n-Deklination die Regel
maskuline Substantive mit Endung -e als Grundregel zu betrachten; der Hinweis darauf, dass es sich
oft um Tiere, Berufe usw. handelt, kann dann noch eine weitere Unterstützung sein.
Lösung: *1 der Junge, der Löwe, der Name, der Affe, der Kunde, (der Pädagoge); 2 der Mensch, der Elefant, (der Journalist),
der Bär, (der Praktikant), der Löwe, (der Student), der Affe, der Herr, der Bauer, (der Fotograf), (der Pädagoge); 3 der Diplomat,
der Journalist, der Praktikant, der Automat, der Student, der Fotograf, der Pädagoge, der Konsument*

IAW: TB 5/2

9c Je 5 TN arbeiten zusammen. Jeder schreibt einen ersten Satz, der eine Geschichte einleiten soll. In
diesem Satz muss ein Wort aus KB9b verwendet werden. Danach werden die Sätze weitergegeben, der
nächste TN schreibt den nächsten Satz mit einem anderen Wort aus KB9b usw. Beenden Sie, wenn
jeder 5 Sätze geschrieben hat (▶ **Gruppengeschichte**). Hängen Sie die Geschichten auf. Die TN
gehen durch den Raum und lesen die Geschichten. Sie können auch Klebepunkte an die Geschichten
verteilen, die ihnen am besten gefallen. Welche Geschichte ist am lustigsten?

ggf. Klebepunkte

10a Fragen Sie die TN, was man machen kann, damit lange Sätze beim Sprechen oder Vorlesen nicht
monoton klingen. Schreiben Sie die Vorschläge an die Tafel. Die TN lesen die Infobox zum Thema
Pausen. Bitten Sie die TN, die Vorschläge zusammenzufassen und mit ihren eigenen Ideen zu vergleichen. Die TN hören dann die einzelnen Abschnitte bis hin zum ganzen Satz von der CD und sprechen
nach. Fragen Sie auch, was die Pfeile bedeuten (*die Stimme hebt oder senkt sich*). Je 2 TN lesen sich
im Anschluss die Sätze mit Betonungen und Pausen gegenseitig vor.

CD: Track 1.37

10b Die TN hören die Abschnitte bis hin zum ganzen Satz und markieren wie in KB10a, wo sich die
Stimme des Sprechers hebt und wo sie sich senkt. Danach hören sie noch einmal und sprechen nach.

CD: Track 1.38

ERWEITERUNG: Die TN schreiben möglichst lange (Nonsens-)Sätze. Geben Sie ggf. ein Thema vor.
Jeder TN schreibt ein Wort oder eine Wortgruppe auf ein Blatt Papier und gibt dieses dann an seinen
Nachbarn weiter. Dieser schreibt ein Wort dazu und gibt das Blatt wieder weiter. Ist ein Satz nicht
mehr erweiterbar, wird er beendet. Mischen Sie die Blätter mit den langen Sätzen und teilen Sie sie
wieder an die TN aus. Jeder TN übt seinen Satz mit den passenden Betonungen und Pausen ein und
liest ihn dann im Kurs vor. Die TN können auch in Gruppen zu je 4–5 TN arbeiten.

Sprachhandlungen: über das Wetter sprechen
Lerninhalte: WS: Wetter | Landeskunde: Wetter in D-A-CH

	Erläuterungen zum Unterricht	Materialien
11a	Fordern Sie die TN auf, das aktuelle Wetter möglichst genau zu beschreiben. Wie war es gestern? Wie soll es morgen werden? Fragen Sie die TN, welches Wetter sie besonders gern mögen, welches eher nicht und warum das so ist. Bitten Sie die TN, auch vom Wetter in ihrem Land zu erzählen. Sind die Jahreszeiten wie in Deutschland?	
	VARIANTE für sprachlich schwächere Gruppen: Als Vorentlastung können Sie zuerst das Vokabular zum Thema *Wetter* gemeinsam wiederholen. Schreiben Sie *Wetter* in einem Wortigel an die Tafel. Fragen Sie die TN, welche Ausdrücke sie kennen, um das Wetter zu beschreiben, und sammeln Sie das Vokabular. ERWEITERUNG: Sie können auch mit der **Kopiervorlage** das Vokabular zum Thema *Wetter* wiederholen. Kopieren Sie die **Kopiervorlage** mit den Wetterkarten so oft, dass jeder TN eine Wetterkarte bekommen kann. Verteilen Sie auch an jeden TN eine Legende mit den Vokabelhilfen. Erklären Sie den TN, dass sie sich mit allen TN, die die gleiche Wetterkarte haben, zu einer Gruppe zusammenfinden sollen. Die TN gehen durch den Raum und beschreiben sich gegenseitig das Wetter auf ihrer Wetterkarte. Dabei können sie die Legende mit dem Vokabular verwenden. Die Aktivität endet, wenn sich alle Gruppen gefunden haben. Ein Gruppensprecher oder alle TN der Gruppe gemeinsam fasst/fassen das Wetter dann noch einmal im Kurs zusammen.	KV
11b	Projizieren Sie die 4 Fotos. Lesen Sie mit den TN den Schüttelkasten und klären Sie ggf. das Vokabular. Je 2–3 TN ordnen zusammen die Wörter den Fotos zu und beschreiben dann das Wetter auf den Fotos. Vergleichen Sie im Kurs. Überlegen Sie danach gemeinsam, was man bei dem Wetter jeweils gut machen kann, z. B. *bei Schnee und Eis kann man auf dem Sofa sitzen und heißen Tee trinken*. **Gut gesagt:** Sprechen Sie den TN den Satz *Was für ein Wetter heute!* einmal mit fröhlichem Tonfall und einmal mit genervtem Tonfall vor. Fragen Sie jeweils, was der Satz bedeutet, ob das Wetter gut oder schlecht ist (mit der ersten Betonung ist das Wetter besonders schön, mit der zweiten besonders schlecht). Spielen Sie den TN dazu auch die beiden Dialoge vor. Fragen Sie die TN, ob in ihren Heimatländern viel über das Wetter gesprochen wird und ob es, wie in den deutschsprachigen Ländern, ein typisches Thema für Smalltalk ist. Gibt es in den einzelnen Sprachen typische, lustige, originelle Ausdrücke zum Thema *Wetter*?	Kopie auf Folie CD: Track 1.39
	VARIANTE: Schreiben Sie für jede Gruppe die Ausdrücke für das Wetter auf Kärtchen. Die TN ordnen die Kärtchen den passenden Bildern zu und beschreiben dann das Wetter.	Kärtchen
11c	Die TN hören die Wettervorhersagen und überlegen, welche Vorhersagen zu welchen Fotos passen. Vergleichen Sie im Kurs. **Lösung:** *C; D; B; A*	CD: Track 1.40–43
11d	Die TN hören die Vorhersagen noch einmal und ergänzen die fehlenden Informationen unter den Fotos. Vergleichen Sie im Kurs. **Lösung:** *A 8–10 Grad, 95 %; B 14 Grad, später bis 20 Grad, leichter Wind; C 32 Grad, starke Gewitter; D minus 4 bis minus 1 Grad, ab Mittwoch*	CD: Track 1.40–43
12	Die TN suchen zu den angegebenen Wörtern mindestens 3 andere Wörter, die der gleichen Wortfamilie angehören; dies können Substantive, Adjektive, Verben, Komposita u. a. sein. Dazu können sie auch das Wörterbuch benutzen.	Wörterbuch
	ALTERNATIVE für sprachlich stärkere TN: Bilden Sie Gruppen mit je 4–5 TN. Das Buch ist geschlossen. Lesen Sie das erste Wort der Aufgabe (*der Regen*) vor. Geben Sie den Gruppen ca. 3 Minuten Zeit, Wörter aus der gleichen Wortfamilie aufzuschreiben. Für jedes korrekte Wort erhält die Gruppe einen Punkt. Lesen Sie dann das zweite Wort der Aufgabe vor. Usw. Die Gruppe mit den meisten Punkten am Ende hat gewonnen. **Lösung:** *1 die Regenjacke, der Regenbogen; 2 die Sonnenbrille, die Sonnencreme, der Sonnenschein, sonnig, der Sonnenaufgang; 3 stürmisch, stürmen, die Sturmwarnung, der Schneesturm; 4 schneien, der Schneeschuh, der Schneemann, der Schneeregen; 5 wolkig, die Gewitterwolke, die Regenwolke ...*	
AB12	im Kurs. Die TN erarbeiten in Teams 3 Wortfamilien: *die Sprache*, *der Sport* und *die Reise*.	

Sprachhandlungen: einen Text verstehen und dazu einen Kommentar schreiben
Lerninhalte: Landeskunde: Engagement für die Umwelt

	Erläuterungen zum Unterricht	Materialien
13a	Je 2 TN arbeiten zusammen. Jeder der TN liest einen der beiden Texte und sucht die Antworten auf die gestellten Fragen. Anschließend fasst er mit Hilfe der Antworten für seinen Partner den Text zusammen. **Lösung:** *Text A: Sie pflanzen an allen möglichen öffentlichen Plätzen Blumen oder vergraben Blumenzwiebeln. Sie möchten die Städte verschönern. Sie findet das super. – Text B: Weil die Kröten in dieser Jahreszeit zu ihren Teichen wandern. Manche zeigen Verständnis, andere nicht. Sie sammeln die Tiere in Eimern und bringen sie über die Straße.*	
	VARIANTE für sprachlich schwächere TN: Je 2 TN lesen den Text zusammen, beantworten gemeinsam die Fragen und tauschen sich dann mit einem anderen Paar aus.	
13b	Jeder TN überlegt für sich, welche der beiden Aktionen er interessanter findet, und schreibt einen Kommentar mit seiner persönlichen Meinung zu diesem Text auf ein Kärtchen oder einen Zettel.	Kärtchen
13c	Hängen oder legen Sie die Kommentare im Kursraum auf. Die TN gehen durch den Raum, lesen die einzelnen Kommentare und antworten auf einen oder mehreren davon auf einem anderen Kärtchen oder Zettel, das/den sie dazuhängen. Die TN können auch noch einmal auf die Kommentare der anderen TN reagieren.	Kärtchen
13d	Je 3–5 TN überlegen gemeinsam, ob sie ähnliche Aktionen kennen, in denen Menschen gemeinsam etwas für die Umwelt getan haben. Sie machen Notizen und fassen ihre Ergebnisse im Kurs zusammen.	
	ERWEITERUNG: Je 3–4 TN recherchieren gemeinsam im Internet, welche verschiedenen Umweltprojekte, wie z. B. Säuberungsaktionen, Tierschutz, Bäume pflanzen usw., es gibt. Sie wählen eines davon aus, erstellen ein Plakat mit den wichtigsten Informationen darüber und stellen das Projekt im Kurs vor. **Links:** z. B. www.wwf.de; www.greenpeace.de; www.nabu.de oder „Umweltprojekte" in eine Suchmaschine eingeben	Plakate
	Nach KB13 eignet sich Film 5 mit KB14–16.	DVD: Film 5
WB	im Kurs. Thema: Substantive mit -*ung*.	

Der Film: Einsatz in den Schweizer Bergen

	Lösungen zur DVD	Materialien
14a	*(Berg)Bauer, Waldarbeiter*	
14b	*Tätigkeiten: Kühe melken, auf dem Feld arbeiten, pflanzen, ernten, die Tiere füttern … – Geld und Lohn: wenig Verdienst, man muss etwas dazu verdienen … – Arbeitszeiten: früh aufstehen, bis spät am Abend arbeiten, bei jedem Wetter arbeiten …*	
15a	*Umschreibung 3*	DVD: Film 5.1
15b	*Als Bergbauer hat man viel Arbeit und wenig Geld. Immer weniger junge Schweizer wollen die Höfe übernehmen.*	
15c	*3*	DVD: Film 5.2

Sprachhandlungen: über Vorhersagen und Zukunftsdeutung sprechen
Lerninhalte: WS: Zukunftsprognosen

	Erläuterungen zum Unterricht	Materialien
1a	Projizieren Sie die Fotos ohne Titel. Bitten Sie die TN, das Thema zu nennen (*die Zukunft und Möglichkeiten, die Zukunft vorherzusagen*). Lesen Sie mit den TN die Vorgaben im Schüttelkasten und klären Sie ggf. Vokabular. Die TN beschreiben die Fotos und erklären, wie diese Arten der Vorhersage funktionieren. Fragen Sie die TN, was sie davon kennen bzw. auch in ihrem Land üblich ist.	Kopie auf Folie
	VARIANTE: Je 6 TN bilden eine Gruppe. Geben Sie jedem der TN eines der 6 Fotos, die anderen TN dürfen das Foto nicht sehen. Jeder TN beschreibt nun, was er auf seinem Foto sieht bzw. welche Vorhersage dabei erklärt wird, und berichtet, was er darüber weiß und wie die Methode funktioniert.	Kopien der Fotos
1b	Die TN lesen die Texte und markieren alle Informationen, die neu für sie sind. Danach diskutieren je 3–4 TN diese Punkte gemeinsam.	
	VARIANTE: Je 6 TN arbeiten zusammen. Kopieren und zerschneiden Sie die Texte für jede Gruppe und geben Sie jedem TN einen Text. Die TN lesen ihren Text und fassen ihn anschließend für die anderen TN zusammen. Danach diskutiert die Gruppe, was für jeden einzelnen neu und/oder besonders interessant war (▶ **Kooperatives Lesen**).	Kopien der Texte
AB 1b–c	im Kurs oder als Hausaufgabe. Die TN lernen die Sternzeichen kennen.	
2a	Die TN hören die Gespräche 1–3 und notieren, über welche Art von Zukunftsdeutung die Personen sprechen. **Lösung:** *Gespräch 1: Bleigießen; Gespräch 2: aus der Hand lesen; Gespräch 3: Horoskop*	CD: Track 1.44–46
2b	Erklären Sie den TN, dass sie die Gespräche gleich noch einmal hören werden und sich diesmal darauf konzentrieren sollen, warum die Personen diese Arten der Zukunftsdeutung machen und ob sie daran glauben. Lesen Sie auch gemeinsam die Begründungen (… *macht es aus Spaß* usw.), mit denen die TN die Aussagen der Personen in den Gesprächen beurteilen sollen. Die TN vergleichen nach dem Hören erst mit einem Partner und dann im Kurs. **Lösung:** *Gespräch 1: Mann: ist neugierig/interessiert; Frau: macht es aus Spaß, ist skeptisch – **Gespräch 2:** Mann: ist skeptisch; Frau: jemand hat es empfohlen, ist neugierig/interessiert – **Gespräch 3:** Mann: ist skeptisch; Frau: ist neugierig/interessiert, macht es aus Spaß*	CD: Track 1.44–46
	VARIANTE für sprachlich schwächere Gruppen: Die TN hören die Gespräche noch zwei Mal. Beim ersten Hören sollen sie nur verstehen, ob die Personen an diese Art, die Zukunft vorherzusagen, glauben oder nicht. Bilden Sie für das zweite Hören 2 Gruppen. Gruppe 1 konzentriert sich nur auf die Aussagen der Männer, Gruppe 2 auf die Aussagen der Frauen. Nach dem Hören vergleichen die TN ihre Ergebnisse erst innerhalb der eigenen Gruppe und dann im Kurs.	CD: Track 1.44–46
2c	Je 3–4 TN arbeiten zusammen und sprechen über die verschiedenen Möglichkeiten der Zukunftsdeutung. Sammeln Sie vorab im Kurs weitere Möglichkeiten (*Orakel, Karten legen, Hellseher/Wahrsager* …). Was haben die TN schon einmal ausprobiert? Wie war ihre Erfahrung damit? Was würden sie gerne noch ausprobieren? Glauben sie daran oder nicht? Ggf. gibt es auch interessante Unterschiede nach der Herkunft der TN, über die die Gruppen sprechen können.	
	ERWEITERUNG: Jeder TN wählt eine Person seiner Gruppe aus und schreibt in 3 Sätzen, was er an den Beiträgen dieser Person besonders interessant gefunden hat. Diese Sätze werden anschließend im Kurs vorgelesen. Die TN können die Texte auch ohne Namen vorlesen, der Kurs muss dann raten, um welche Person es sich handelt. Hinweis: Bei Gruppen, die sich nicht für das Thema *Zukunft vorhersagen* interessieren, können Sie auch auf eher rationale Kontexte wie die Wettervorhersage oder Wirtschaftsprognosen eingehen. Hat der Kurs aber besonderes Interesse an dem Thema, könnten Sie auch einige Möglichkeiten der Zukunftsdeutung gemeinsam ausprobieren, z. B. Bleigießen, Kaffeesatzlesen oder das Gummibärchen-Orakel im Internet. Die Vorhersagen können die TN wie im Horoskop auch im Präsens formulieren (das Futur I wird erst in KB3 eingeführt). **Link:** www.gummibaerchen-orakel.ch (→ Orakel)	

Sprachhandlungen: über Pläne und Vorsätze sprechen
Lerninhalte: GR: Futur I

Erläuterungen zum Unterricht	Materialien
3a Schreiben Sie *sich etwas vornehmen / Gute Vorsätze* groß an die Tafel. Fragen Sie die TN, ob sie wissen, was diese Ausdrücke bedeuten, und erklären Sie sie ggf. Fragen Sie die TN, wann und zu welchen Anlässen man sich in ihren Ländern etwas vornimmt (*wenn ein neues Jahr beginnt, nach einem Geburtstag* usw.).	
3b Lesen Sie die Überschrift laut vor. Sammeln Sie mit den TN an der Tafel, welche typischen Vorsätze es für das neue Jahr gibt (*mit dem Rauchen aufhören, mehr Sport treiben, eine neue Sprache lernen, mehr lesen, weniger fernsehen, abnehmen, eine neue Arbeit suchen, mehr Zeit für Freunde und Familie* usw.). Die TN lesen die Texte und fassen im Kurs zusammen, was die beiden Personen in den 2 Texten in der nächsten Zeit machen möchten. **Lösung:** *Isabella: früher auf die Prüfungen vorbereiten, in der Bibliothek lernen, eine Freundin besuchen – Angelo: jemandem helfen, der Tochter etwas Süßes mitbringen*	
3c Die TN lesen die Texte noch einmal und ergänzen den passenden Namen vor den Vorsätzen. **Lösung:** *1 Isabella; 2 Angelo; 3 Isabella; 4 Isabella und Angelo* Lesen Sie mit den TN den Grammatikkasten. Machen Sie deutlich, dass das Futur I mit der konjugierten Form von *werden* und dem Infinitiv eines Verbs gebildet wird. Machen Sie die TN auch auf die Satzklammer aufmerksam (das konjugierte Verb *werden* steht im Aussagesatz auf Position 2, der Infinitiv steht am Ende). Ggf. können Sie die TN fragen, wo ihnen im Deutschen die Satzklammer noch bekannt ist (*bei Sätzen mit Modalverben, im Perfekt, bei Sätzen mit trennbaren Verben* usw.).	
3d Je 4–5 TN arbeiten in einer Gruppe zusammen. Jeder TN hat 4 Zettel. Die TN notieren auf jedem Zettel ihren Namen und dazu einen Vorsatz. 2 Vorsätze sollen der Wahrheit entsprechen, die anderen beiden sind frei erfunden. Die Gruppe sammelt die Zettel ein, mischt sie und verteilt sie erneut unter den TN. Jeder TN liest nun einen Vorsatz vor und die Gruppe diskutiert, ob der Vorsatz wahr oder falsch ist. Am Ende fasst die Gruppe noch einmal zusammen, welche 2 realen Vorsätze jeder der TN hat.	Zettel
4 Lesen Sie mit den TN die Infobox. Besprechen Sie gemeinsam, welche Möglichkeiten es gibt, über Pläne und Vorsätze in der Zukunft zu sprechen. Gehen Sie auch darauf ein, dass vor allem in der gesprochenen Sprache und für die nähere Zukunft auf das Futur I zugunsten dieser alternativen Formen verzichtet wird. Lassen Sie zu jeder der Möglichkeiten, über die Zukunft zu sprechen, ein Beispiel bilden und schreiben Sie es an die Tafel (z. B.: *Morgen mache ich eine große Überraschungsparty für meinen Freund. – Ich will/möchte nächstes Jahr nach Frankreich fahren. – Ich habe vor, einen Tanzkurs zu besuchen. – Ich werde mehr für meine Freunde da sein.*). Mischen Sie die Gruppen aus KB3d neu. Die TN befragen sich nun in ihrer Gruppe, welche Pläne und Vorsätze sie für die nächste Zeit haben. Die Gruppe notiert von jedem TN den Vorsatz, der ihm für sich am wichtigsten erscheint. Gibt es Übereinstimmungen? Ein Gruppensprecher berichtet kurz im Kurs. ERWEITERUNG: Die TN befragen sich gegenseitig in der Gruppe, warum sie diesen Vorsatz haben und was sie tun wollen, damit der Vorsatz gelingt.	IAW: TB 6/1

Sprachhandlungen: genauere Angaben zu Personen machen
Lerninhalte: GR: Relativsätze: Relativpronomen im Dativ

Erläuterungen zum Unterricht	Materialien
5a Projizieren Sie die Zeichnungen. Fragen Sie die TN, welche Situation hier dargestellt wird (*ein junger Mann ist neu in der Firma, seine Chefin erklärt ihm, was er alles machen soll*). Bitten Sie die TN, kurz zu beschreiben, was in den 4 kleinen Bildern zu sehen ist. Die TN lesen die Aufträge und suchen die passende Zeichnung dazu. **Lösung:** *A3; B4; C4; D2; E1*	Kopie auf Folie

5b Wiederholen Sie ggf. mit den TN die Relativsätze mit Relativpronomen im Nominativ und im Akkusativ. Verbinden Sie jeweils 2 Beispielsätze gemeinsam im Kurs, z. B. *Das ist Herr Ebert. Er hat immer seinen Hund dabei. Das ist Herr Ebert, der immer seinen Hund dabei hat. – Das ist Herr Ebert. Ich treffe ihn oft am Kopierer. Das ist Herr Ebert, den ich oft am Kopierer treffe.* Lesen Sie mit den TN die Grammatik-kästen. Sehen Sie sich zuerst die Bildung des Relativpronomens im Dativ an und weisen Sie darauf hin, dass es sich nur im Plural von den Artikeln im Dativ unterscheidet (*den – denen*). Lesen Sie gemeinsam den Beispielsatz und besprechen Sie mit den TN, wie das Personalpronomen ersetzt wird. Je 2 TN bilden gemeinsam Relativsätze aus den unterstrichenen Sätzen in KB5a. Vergleichen Sie anschließend im Kurs.

Lösung: *2 denen er eine Pizza bringt; 3 dem er frisches Wasser gibt; 4 dem er den neuen Bildschirm anschließt; 5 der er mit der Post hilft*

5c Je 3–4 TN arbeiten zusammen. Der erste TN würfelt 2 Mal und bildet aus der „erwürfelten" Person und dem Verb einen Relativsatz. Die anderen TN überprüfen, ob der Satz korrekt ist, und vergeben einen Punkt. Danach kommt der nächste TN an die Reihe. Spielen Sie ungefähr 3–4 Runden, der Spieler mit den meisten Punkten hat gewonnen. | *pro Gruppe ein Würfel*

ALTERNATIVE: Je 3 Spieler erstellen zusammen eine ▶ Collage zum Thema *Relativpronomen im Dativ*. Dazu schneiden sie Personen aus Zeitschriften aus (es können Prominente oder auch ganz normale Menschen sein), kleben diese auf ein DIN-A3-Papier und schreiben mit den vorgegebenen Verben Relativsätze. Bitten Sie die TN, die Relativpronomen besonders hervorzuheben. Hängen Sie die Ergebnisse im Kursraum auf.
In sprachlich stärkeren Gruppen können Sie zuvor noch weitere Verben mit Dativobjekt, die bisher bekannt sind, sammeln und die Aufgabe damit erweitern, z. B. *anbieten, bringen, erklären, erzählen, gehören, gratulieren, versprechen*. | *Collage*

Sprachhandlungen: einen längeren Zeitungstext verstehen; über die eigene Stadt schreiben
Lerninhalte: WS: Stadtplanung | GR: Relativsätze mit Präposition | Aussprache: *ss* oder *ß* |
Landeskunde: Hamburg heute und 2030

Erläuterungen zum Unterricht	**Materialien**
6a Schreiben Sie *Hamburg* an die Tafel und fragen Sie die TN, ob sie die Stadt kennen bzw. schon einmal dort waren und was ihnen dazu einfällt (*Hafen, Elbe, Fischmarkt, Elbphilharmonie …*). Notieren Sie die Vorschläge an der Tafel. Die TN hören das Gespräch und machen mit einem fröhlichen oder einem traurigen Gesicht deutlich, was Bente und Jan in Hamburg (nicht) gefällt. Anschließend vergleichen sie ihre Lösungen erst mit einem Partner und dann im Kurs. **Lösung:** **Bente:** *positiv: Schule/Studium, Freizeitangebot; negativ: Wohnsituation* – **Jan:** *positiv: Schule/Studium, Freizeitangebot; negativ: Wohnsituation, Preise*	CD: Track 1.47
6b Schreiben Sie *Hamburg 2030 – Zukunft findet Stadt* an die Tafel. Weisen Sie die TN darauf hin, dass es sich hier um ein Wortspiel (*Zukunft findet statt*) handelt, und klären Sie gemeinsam die Bedeutung. Die TN lesen den Text und markieren die Ideen der Stadtplaner. Danach diskutieren je 3–4 TN darüber, wie sie die Ideen finden. Jeweils ein Gruppensprecher fasst die Ergebnisse im Kurs zusammen. **Lösung:** *neue Wohnformen für ältere Menschen, viele Erholungsmöglichkeiten, kurze Wege, Angebot für Chinesisch, dichtes Radwegnetz, Elbphilharmonie als eines der bekanntesten Konzerthäuser der Welt, superschnelle Zugverbindung zwischen Berlin und Hamburg und dem Ruhrgebiet, Olympische Spiele 2032*	
6c Die TN lesen den Text noch einmal und ergänzen die fehlenden Wörter. Sie vergleichen erst mit einem Partner und dann im Kurs. **Lösung:** *1 43; 2 Ganztagsschulen; 3 älteren; 4 Chinesisch; 5 Radwege; 6 Zugverbindung; 7 Olympischen Spiele* ERWEITERUNG: Je 2 TN schreiben 3 weitere Sätze mit Lücken, z. B. *2030 soll die Elbphilharmonie eines der bekanntesten _____ der Welt sein.* Die TN tauschen die Sätze jeweils mit einem anderen Team, füllen die Lücken aus und geben die Sätze zurück. Das erste Team korrigiert.	

7a Die TN lesen den Online-Artikel noch einmal. Sie suchen die Relativsätze im Text, unterstreichen sie und ergänzen sie dann im Grammatikkasten. Fragen Sie die TN, welchen Unterschied es zwischen den bisher bekannten Relativsätzen und diesen gibt (*diese Relativsätze haben eine Präposition vor dem Relativpronomen*). Bitten Sie die TN, die Präpositionen farbig zu markieren. Fragen Sie die TN, in welchem Kasus das Relativpronomen stehen muss (*das Relativpronomen steht in dem Kasus, der von der Präposition gefordert wird*) und wonach das Relativpronomen sich noch richtet (*nach Genus und Numerus des Bezugswortes, das ersetzt wird*). Wiederholen Sie ggf. im Kurs, welche Präpositionen welchen Kasus verlangen, und gehen Sie auf die Problematik der Wechselpräpositionen ein. Markieren Sie mit den TN die Verben und die dazugehörigen Präpositionen der 4 Sätze (*wohnen mit, gehen in, planen für, präsentieren auf*) und analysieren Sie gemeinsam, welcher Kasus auf die Präposition folgt. Die TN nennen auch das Bezugswort, das ersetzt wird. Überprüfen Sie daraufhin die Relativpronomen in den Sätzen.
Lösung: *... mit denen sie im Zentrum wohnt. ... in die ihre Kinder gehen ...; ... für die man neue Wohnformen plant ...; ... auf der die Fachleute die Ziele präsentierten.*

7b Bitten Sie die TN, zuerst die Verben in den Relativsätzen zu unterstreichen. Dann überlegen sie mit einem Partner, welche Präposition hier passt und welcher Kasus darauf folgt, und vervollständigen die Sätze. Vergleichen Sie im Kurs und vollziehen Sie ggf. die Überlegungen noch einmal nach (*1 wohnen in; Wechselpräposition in, hier Frage wohnen wo? → mit Dativ; Bezugswort ist Stadt; Lösung ist in der*). Sie können auch zuerst ein Beispiel in diesen Schritten machen.
Lösung: *1 in der; 2 mit denen; 3 für die; 4 über die; 5 in der; 6 für die*

IAW: TB 6/2

ERWEITERUNG: Kopieren Sie die **Kopiervorlage** für je 2 TN und schneiden Sie sie in der Mitte auseinander. Die TN fragen sich gegenseitig nach den Bewohnern eines Hauses und formulieren für die Antwort Relativsätze mit Präpositionen.

KV

7c Die TN sprechen als Einstieg über ihre Heimatstädte oder ihren Kursort. Wie finden sie hier die Wohnsituation, Freizeitangebote, Preise usw.?
Die TN schreiben einen Text, in dem sie darstellen, wie sie sich ihre Heimatstadt im Jahr 2030 idealerweise vorstellen. Dabei können sie auf die vorgeschlagenen Punkte (Verkehrssituation, Wohnraum, Bildung usw.) eingehen und diese noch durch eigene Ideen ergänzen. Anschließend finden sich je 3–4 TN aus – wenn möglich – unterschiedlichen Städten zusammen und informieren sich gegenseitig über ihre Texte. Die Gruppe spricht darüber, welche verschiedenen Wünsche für die Städte vorkommen und welche sich in den verschiedenen Texten wiederholen. Welche Wünsche kommen besonders oft vor? Ein Gruppensprecher fasst die wichtigsten Ergebnisse und Wünsche im Kurs zusammen. Nehmen Sie die Texte mit nach Hause und korrigieren Sie sie. 1–2 besonders gelungene Texte können Sie im Kurs vorlesen oder Sie hängen alle Texte auf und geben den TN Zeit, durch den Raum zu gehen und einige Texte zu lesen.

ALTERNATIVE: Je 3–4 TN versuchen, die perfekte Stadt 2030 zu entwerfen. Dafür entwickeln sie ein Konzept und fertigen eine Skizze an. Danach stellt jede Gruppe ihre perfekte Stadt der Zukunft im Kurs vor. Machen Sie eine ▶ **Ausstellung**. Die TN stimmen ab und wählen das beste Konzept.

Nach KB7 eignet sich Film 6 mit KB11–13.

DVD: Film 6

8a Lesen Sie mit den TN die Regeln für *ss* und *ß* (scharfes S oder Eszett). Machen Sie die Regeln an einigen Beispielen deutlich, z. B. *Kuss* (kurzer Vokal), *Fuß* (langer Vokal), *heiß* (Diphthong). Die TN hören die Wörter und setzen die passenden Buchstaben ein.
Lösung: *1 ss; 2 ß; 3 ss; 4 ß; 5 ß; 6 ss; 7 ss; 8 ß; 9 ß; 10 ss*
Lesen Sie mit den TN die Infobox und erklären Sie, dass man in der Schweiz kein *ß* verwendet, sondern immer *ss* schreibt. Auch bei Schreibung in Großbuchstaben, z. B. in Kreuzworträtseln, wird das *ß* durch *SS* ersetzt.

CD: Track 1.48

VARIANTE: Legen Sie 2 DIN-A3-Blätter auf den Boden. Auf dem einen Blatt steht *ss* und auf dem anderen *ß*. Die TN hören die Wörter und begeben sich je nach Schreibung zum passenden Blatt. Die TN können sich auch auf jeweils ein Blatt die beiden Varianten schreiben und das passende Blatt beim Hören hochhalten.

DIN-A3-Papier

8b	Die TN hören die Wörter noch einmal und sprechen im Chor nach. Danach stellen sie sich im Kreis auf, werfen sich einen Ball zu und lesen abwechselnd die Wörter vor.	CD: Track 1.48 Ball
8c	Je 2 TN arbeiten zusammen. Ein TN bildet aus den Wörtern von A 2 Sätze, der Partner macht das gleiche mit den Wörtern von B. Anschließend diktieren sich die TN gegenseitig ihre Sätze und korrigieren sie zur Kontrolle.	
	ERWEITERUNG: Bilden Sie 2 Gruppen. Gruppe 1 versucht in ca. 5 Minuten so viele Wörter mit *ss* wie möglich zu finden, Gruppe 2 mit *ß*. Dabei dürfen die Gruppen das Wörterbuch verwenden. Die Gruppe, die die meisten Wörter findet, bekommt einen kleinen Preis. Beide Gruppen können ggf. noch eine Geschichte erfinden, in der möglichst viele der gefundenen Wörter vorkommen.	Wörterbuch Preis

Sprachhandlungen: ein Lied verstehen; über Lieder sprechen
Lerninhalte: Landeskunde: „Leb' deine Träume" – ein Lied der deutschen Band *Luxuslärm*

	Erläuterungen zum Unterricht	**Materialien**
9a	Schreiben Sie *Träume* an die Tafel und fragen Sie die TN, welche Träume sie haben. Sammeln Sie an der Tafel. Fragen Sie die TN auch, welche ihrer Träume (oder welche der anderen TN) sie (nicht) für realisierbar halten und warum. Erklären Sie den TN, dass sie gleich ein Lied mit dem Titel „Leb' deine Träume" hören werden. Lesen Sie die Aussagen mit den TN und klären Sie ggf. das Vokabular. Je 3 TN überlegen gemeinsam, welche Aussagen ihrer Meinung nach zum Titel des Liedes passen und welche nicht. Die TN vergleichen im Kurs und begründen ihre Meinung. **Lösung:** *passende Aussagen: Hör nicht auf das, was die anderen sagen! Nur du kannst deinem Leben einen Sinn geben! Hab keine Angst! Du kannst mehr, als du denkst. Nur du weißt, was dir gefällt. Du schaffst das!*	
9b	Die TN hören das Lied und markieren anhand der Sterne (ein Stern für *nicht so gut* bis vier Sterne für *sehr gut*), wie ihnen die Melodie und der Rhythmus, die Stimme der Sängerin und das Thema des Liedes gefallen. Vergleichen Sie im Kurs und erstellen Sie mit den TN eine Durchschnittswertung.	CD: Track 1.49
9c	Die TN ergänzen den Refrain. Weisen Sie die TN darauf hin, dass sie sich auch am Reim orientieren können (*Welt ... gefällt*). Vergleichen Sie im Kurs und erklären Sie ggf. das Vokabular. Fragen Sie die TN, wie ihnen der Refrain gefällt und ob sie mit dem Inhalt einverstanden sind. **Lösung:** *was dir gefällt; Sieger sein; nie wieder klein*	
	VARIANTE für sprachlich schwächere Gruppen: Je 2 TN ergänzen zusammen den Refrain. Dann hören sie das Lied zur Kontrolle. Diskutieren Sie im Kurs über den Inhalt des Refrains.	CD: Track 1.49
9d	Die TN hören den ersten Teil des Liedes noch einmal und lesen mit. Sie ordnen die 4 Sätze aus dem Lied den Bildern zu. Vergleichen Sie im Kurs und klären Sie ggf. die Bedeutung der Sätze. **Lösung:** *3; 1; 4; 2*	CD: Track 1.50
	Lesen und hören Sie mit den TN **Gut gesagt**. Suchen Sie gemeinsam Situationen, in denen man diese Sätze sagen könnte. Suchen Sie auch gemeinsam mit den TN die Stelle im abgedruckten Liedtext, wo jemandem Mut gemacht werden soll (*Ende von Abschnitt 3 / Abschnitt 4*) und diese Sätze passen würden.	CD: Track 1.51
	ERWEITERUNG: Die TN schreiben kleine Szenen, in denen die Sätze aus *Gut gesagt* vorkommen, z. B. eine Person macht sich Sorgen, weil sie glaubt, dass sie die Deutschprüfung nicht schaffen wird, oder eine Person traut sich nicht, jemanden anderen anzusprechen und auf einen Kaffee einzuladen, usw. Sie lernen sie auswendig und spielen sie frei im Kurs vor (▶ **Tipps zum freien Sprechen**).	
9e	Die TN hören die zweite Strophe noch einmal. Danach ordnen je 2 TN die Aussagen A–D den Abschnitten des Liedes zu. Vergleichen Sie im Kurs und erklären Sie ggf. das Vokabular. Hören Sie das Lied noch ein letztes Mal zusammen und singen Sie mit den TN, wenn sie möchten, mit. **Lösung:** *2B; 3D; 4A*	CD: Track 1.52
9f	Die TN überlegen, wie diese Ausdrücke in ihrer Sprache heißen. Vergleichen Sie im Kurs und sammeln Sie ggf. an der Tafel. TN mit gleichen Sprachen können zusammen ein Plakat mit den Ausdrücken erstellen und im Kurs erläutern, was die Ausdrücke bedeuten.	Plakate

10a	Je 2 TN lesen gemeinsam den Steckbrief der Band *Luxuslärm* und ergänzen die Lücken mit den Angaben aus dem Schüttelkasten. Vergleichen Sie im Kurs. **Lösung:** *David Müller, Bass; „So laut ich kann"; 2006 gegründet; 2008: Gewinner*
	ERWEITERUNG: Die TN suchen Informationen über eine andere Band (z. B. ihre Lieblingsband) und erstellen einen ähnlichen Steckbrief. (Es können auch jeweils 2 TN zusammenarbeiten.) Dann stellen die TN ihre Band anhand des Steckbriefes im Kurs vor. Bei Interesse können sie auch einen Musikausschnitt vorspielen (vgl. auch **Kopiervorlage** unter 10b).
10b	Die TN suchen in Kleingruppen die genannten Musiktitel im Internet (z. B. bei Youtube), hören sie an und notieren den Sänger oder die Band. Hören Sie die Musik ggf. gemeinsam im Kurs, vor allem wenn die TN außerhalb des Unterrichts recherchiert haben. Die TN wählen den Titel, der ihnen am besten gefällt. Erstellen Sie an der Tafel die Kurs-Charts. Welcher Titel bekam im Kurs Platz 1, welcher Platz 2 usw.? **Lösung:** *„Dieser Weg": Xavier Nandoo; „Von allein": Culcha Candela; „Der Mond": Rocko Schamoni; „Amerika": Rammstein; „In meinem Leben": Nena; „Einmal um die Welt": Cro* Lesen Sie mit den TN den Tipp unter KB9d und motivieren Sie sie, deutsche Lieder und den Text dazu zu suchen und in den Kurs mitzubringen. Wenn die TN möchten, können Sie die Lieder auch gemeinsam im Kurs singen.
	Hinweis: Viele Liedtexte kann man unter www.songtexte.com (→ Songtexte) unter dem Titel des Liedes finden oder man kann den Titel des Liedes + Lyrics in eine Suchmaschine eingeben. ERWEITERUNG: Die TN stellen ein deutsches Lied, das ihnen besonders gut gefällt, im Kurs vor. Als Vorbereitung darauf können sie die **Kopiervorlage** verwenden.	KV
AB10b	im Kurs. Je 2 TN sprechen zusammen über die beiden vorgegebenen Fotos. Die Aufgabe entspricht dem Prüfungsformat des *DTZ*.
WB	im Kurs. Thema: Substantive mit *-heit* und *-keit*.

Der Film: Retortenstadt vom Reißbrett: Hafencity Hamburg

	Lösungen zur DVD	**Materialien**
11	*Lage: Norddeutschland, an der Elbe, nicht weit entfernt von der Nordsee; ca. 1,7 Millionen Einwohner; Sehenswürdigkeiten: z. B. der Hafen, der Michel, das Rathaus, der Fischmarkt, der alte Elbtunnel; Wetter: es regnet oft und ist windig*	
12b	*1a; 2b; 3a*	DVD: Film 6

	Erläuterungen zum Unterricht	Materialien
1	Je 3–5 TN spielen zusammen das Wiederholungsspiel. Jeder Spieler stellt seine Spielfigur auf ein beliebiges grünes Feld. Der TN, der als Nächstes Geburtstag hat, beginnt und darf würfeln. Er zieht die gewürfelte Zahl im Uhrzeigersinn und bildet dann einen Satz mit dem Thema, das das grüne Feld vorgibt; der Satz muss auch zur gewürfelten Zahl in einem der roten Felder passen (Satz mit Komparativ, Superlativ, Relativsatz usw.). Die anderen TN überprüfen, ob der Satz korrekt ist. Bei korrekten Sätzen darf der Spieler einen Punkt notieren. Die TN spielen so lange, bis jeder TN 10-mal gewürfelt hat. Der TN mit den meisten Punkten hat gewonnen.	je TN eine Spielfigur, je Gruppe ein Würfel
	VARIANTE für sprachlich schwächere TN: Je 2 TN spielen das Spiel gemeinsam. Sie können die Sätze auch aufschreiben, sodass sie besser kontrolliert werden können.	
2a	Erklären Sie den TN, dass sie jetzt ein Quiz zusammen machen werden, bei denen sie die korrekte Lösung unter 3 Alternativen finden sollen. Fragen Sie die TN, ob es diese Art von Quiz in ihren Ländern gibt und welche Quiz-Shows sie sonst noch kennen (z. B. auch welche gerade in ihrem Land im Fernsehen gezeigt werden). Je 4 TN machen gemeinsam das Landeskunde-Quiz. Einer der TN spielt den Quizmaster und liest die Fragen und möglichen Antworten vor. Die anderen TN notieren auf einem Zettel ihre Antworten (z. B. 1B, 2A usw.).	
	VARIANTE: Je 2 TN spielen als Team zusammen, sodass 2 Gruppen gegeneinander spielen. ERWEITERUNG: Wenn Sie sich ausführlicher mit dem Thema *Landeskunde D-A-CH* beschäftigen möchten, können Sie den folgenden Einstieg wählen: Fragen Sie die TN, wer schon einmal in Deutschland, Österreich oder der Schweiz war und ob sie dort irgendetwas besonders Interessantes oder Kurioses erlebt haben. Bilden Sie 3 Gruppen. (Sie können die Gruppen mit Fotos von Deutschland, Österreich und der Schweiz bilden. Alle TN mit Fotos des gleichen Landes arbeiten zusammen.) Geben Sie jeder Gruppe ein DIN-A3-Papier, auf dem entweder *Deutschland, Österreich* oder *die Schweiz* in der Mitte steht. Die Gruppen haben ca. 5 Minuten Zeit, um alles zu notieren, was ihnen zu diesem Land einfällt. Geben Sie die Blätter dann an die nächste Gruppe weiter, die neue Informationen dazu schreibt. Nach weiteren 5 Minuten wird das Blatt dann an die letzte Gruppe weitergegeben. Hängen Sie die 3 Blätter im Kursraum aus. Lesen Sie sie vor und lassen Sie sie ggf. von den TN kommentieren.	ggf. Fotos von D-A-CH DIN-A3-Papier
2b	Jede Gruppe teilt die 8 Texte unter sich auf, jeder TN liest 2 Texte. Sie können die Texte auch für jede Gruppe kopieren, ausschneiden und verteilen, sodass jeder TN 2 Texte erhält. Die TN fassen die erhaltene Information aus den Texten für die Gruppe zusammen, überlegen, auf welche Quizkarte sie sich bezieht und welche Lösung die richtige ist. Alle TN kontrollieren ihre Lösungen. Der TN mit den meisten richtigen Lösungen gewinnt. **Lösung:** *1C: Text 4; 2B: Text 5; 3C: Text 7; 4C: Text 8; 5B: Text 3; 6A: Text 2; 7A: Text 6; 8C: Text 1*	ggf. Kopien der Texte
3a	Je 4 TN erstellen 5 Quizkarten zu Kuriosem aus Deutschland, Österreich oder der Schweiz, wie in KB2a mit je einer Frage und mehreren Antwortmöglichkeiten dazu. Sie können dafür auch die Leer-Kärtchen der **Kopiervorlage** kopieren.	KV
	VARIANTE: Wenn die TN die Länder nicht gut kennen und ihnen daher nicht so viel Kurioses einfällt, können sie auch auf Faktenwissen zurückgreifen. Ggf. können sie dafür im Internet recherchieren oder die Sammlung aus der Alternative zu KB2a zur Inspiration verwenden. Sie können auch die Quizfragen der **Kopiervorlage** verwenden oder als Ergänzung benutzen und bei Interesse den Inhalt nachrecherchieren. **Lösung der KV:** *1B; 2C; 3C; 4A; 5B; 6C; 7B; 8B; 9B* **Links:** www.tatsachen-ueber-deutschland.de; www.oesterreich.com; www.swissworld.org	KV
3b	Die TN tauschen ihre Fragen mit einem anderen Team aus und beantworten sie gegenseitig. Die TN verteilen Punkte für jede richtige Antwort. Wer weiß am besten über D-A-CH Bescheid?	

Kopiervorlage zu Plattform 2, Aufgabe 3a

1 In welchem Land findet man die Stadt mit dem Namen „Großklein"?

  A In Deutschland.
  B In Österreich.
  C In der Schweiz.

2 Wie heißt das größte Schloss in Österreich?

  A Hellbrunn.
  B Neuschwanstein.
  C Schönbrunn.

3 Wo leben in Europa die meisten Menschen, die über hundert Jahre alt sind?

  A In Deutschland.
  B In Österreich.
  C In der Schweiz.

4 Wie heißt der höchste Berg der Schweiz?

  A Dufourspitze.
  B Liskamm.
  C Matterhorn.

5 Welche Stadt hat die meisten Brücken?

  A Genf.
  B Hamburg.
  C Wien.

6 Was waren 2013 die beliebtesten Vornamen in Deutschland?

  A Anna und Jonas.
  B Maja und David.
  C Mia und Ben.

7 Welche Hauptstadt ist am kleinsten?

  A Berlin.
  B Bern.
  C Wien.

8 Welche Stadt in der Schweiz hat die meisten Sonnenstunden?

  A Lausanne.
  B Locarno.
  C Luzern.

9 Wie heißt der längste Fluss Deutschlands?

  A Main.
  B Rhein.
  C Weser.

_____
_____
_____

A _____
B _____
C _____

_____
_____
_____

A _____
B _____
C _____

_____
_____
_____

A _____
B _____
C _____

Beziehungskisten

Sprachhandlungen: über Klischees sprechen
Lerninhalte: WS: Frauen und Männer

	Erläuterungen zum Unterricht	Materialien
1a	Projizieren Sie die Cartoons. Bitten Sie die TN zu beschreiben, was sie darauf sehen können und welche Klischees über Frauen und Männer darauf dargestellt werden (*Frauen haben viele Schuhe; Männer lieben es zu grillen; Frauen können nicht einparken; den Männern ist das Auto am wichtigsten; Frauen reden endlos, Männer hören nicht zu bzw. hören nur das, was sie hören wollen ...*). Fordern Sie die TN auf, weitere Klischees über Männer und Frauen zu formulieren, und halten Sie die Vorschläge an der Tafel fest.	Kopie auf Folie
	VARIANTE: Bilden Sie eine Frauen- und eine Männergruppe. Jede Gruppe formuliert entweder Klischees über die andere Gruppe oder zu beiden Geschlechtern. Vergleichen Sie die Vorschläge im Kurs. Gibt es Unterschiede in den Vorstellungen der beiden Gruppen?	
AB1a	im Kurs vor KB1b. Die dort erwähnten Eigenschaften können in die Diskussion in KB1b mit einbezogen werden.	
1b	Die TN diskutieren im Kurs über die Klischees, die an der Tafel stehen.	
	VARIANTE: Bilden Sie eine Männer- und eine Frauengruppe. Bei einer großen Kursgruppe können Sie auch Untergruppen bilden. Die Gruppen diskutieren miteinander, was sie von den verschiedenen Klischees halten und ob diese der Wahrheit entsprechen. Kombinieren Sie nach ca. 10 Minuten die Gruppen neu, sodass jetzt jeweils 2–3 Männer und Frauen in einer Gruppe zusammen sind, um die einzelnen Klischees zu diskutieren. Räumen Sie anschließend noch etwa 10 Minuten ein, um die wichtigsten Ergebnisse der Diskussionen im Kurs zu besprechen. ALTERNATIVE: Schreiben Sie ca. 10 Klischees auf Kärtchen und machen Sie mit den TN ein ▶ **Speed-Dating**. Dazu gehen die TN durch den Kursraum und suchen sich einen Partner, wenn Sie z. B. in die Hände klatschen, gegen eine Dose schlagen oder ein anderes abgesprochenes Geräusch machen. Lesen Sie das erste Klischee vor. Die beiden TN, die sich gegenüberstehen, diskutieren nun eine vorher festgelegte Zeit (2 oder 3 Minuten) darüber. Danach bewegen sich die TN weiter durch den Raum, sodass jeder TN beim nächsten Klatschen o. Ä. einen neuen Gesprächspartner bekommt. Die TN diskutieren nun mit dem neuen Partner das zweite Klischee usw.	Kärtchen
	Nach KB1 eignet sich Film 7 mit KB13–15.	DVD: Film 7
2a	Schreiben Sie *Traummann/Traumfrau* an die Tafel. Fragen Sie die TN, welche prominenten Personen ihnen dazu spontan einfallen und was diese zu Traummännern oder Traumfrauen macht. Bitten Sie die TN zu überlegen, welche Wünsche Männer und Frauen sonst noch an ihre Partner haben. Lesen Sie mit den TN die Vorschläge für den Traumpartner in der Tabelle und bitten Sie die TN, von 1–6 zu nummerieren, was ihnen persönlich wichtig ist.	
	ERWEITERUNG: Die TN gestalten in Kleingruppen eine Zeichnung oder ▶ **Collage** mit ihrem Traummann oder ihrer Traumfrau und beschriften sie mit Aussagen wie z. B. *ein sinnlicher Mund, starke Schultern, ein freundliches Lächeln* usw. Anschließend stellen sich die TN ihre Traummänner/-frauen gegenseitig vor und diskutieren darüber, was wichtig ist und was nicht.	Collage
2b	Die TN hören das Gespräch über die Studie im Radio und ergänzen in der Tabelle, in welcher Reihenfolge die einzelnen Eigenschaften Männern bzw. Frauen bei ihrem Partner wichtig sind. **Lösung:** *Männer: 1; 4; 5; 3; 2; 6 – Frauen: 1; 5; 6; 3; 4; 2*	CD: Track 2.2
2c	Je 3–4 TN sprechen miteinander und vergleichen ihre eigenen Einschätzungen mit der Studie. Die TN erläutern auch, warum sie sich so entschieden haben, und überlegen, wie das Ergebnis der Studie begründet sein könnte. Anschließend vergleichen die Gruppen im Kurs. Sie können mit den TN auch eine ▶ **Kursstatistik** machen.	
AB2a	im Kurs, ggf. auch vor der Erweiterung zu KB2a, oder als Hausaufgabe. Die TN lernen weitere Adjektive zu *Aussehen* und *Charakter* kennen.	

Sprachhandlungen: einen Forumsbericht verstehen; zeitliche Abfolgen verstehen und ausdrücken; einen Chat verstehen
Lerninhalte: WS: Familie | GR: Plusquamperfekt; temporale Nebensätze: *bevor, nachdem*

	Erläuterungen zum Unterricht	**Materialien**
3a	Bringen Sie, wenn es Ihnen möglich ist, eine Patchworkarbeit (Decke, Kissen o. Ä.) mit und zeigen Sie sie den TN. Sie können auch das Foto des Bosna-Quilts aus dem KB B1 Kap. 9, Aufgabe 1 projizieren bzw. gemeinsam mit den TN im KB ansehen. Fragen Sie die TN, ob sie wissen, wie diese Handarbeitstechnik bezeichnet wird (*Patchwork = mehrere, unterschiedliche Teile/Materialien werden zu einem neuen Ganzen zusammengesetzt*). Fordern Sie die TN auf zu überlegen, wie diese Handarbeitstechnik auf ein Familienmodell übertragen werden könnte und was mit einer Patchwork-Familie gemeint ist. Je 3–4 TN überlegen, welche Vorteile und welche Nachteile eine Patchwork-Familie haben kann, und vergleichen ihre Ideen anschließend im Kurs. **Lösung:** *Eine Patchwork-Familie besteht meist aus Partnern, die aus früheren Partnerschaften jeweils eigene Kinder in die neue Partnerschaft mitbringen. Dazu kommen später oft noch gemeinsame Kinder. Vorteile: z. B. die Elternteile teilen sich die Erziehung und Verantwortung, es gibt neue, zusätzliche Bezugspersonen; Nachteile: z. B. neue Geschwister kommen nicht miteinander klar, alte und neue Partner konkurrieren miteinander usw.*	Patchworkdecke, -kissen o. Ä. bzw. Kopie auf Folie
3b	Die TN lesen Ninas Bericht und notieren neben dem Foto, wie die einzelnen Personen in Ninas Patchwork-Familie heißen. Sie vergleichen erst mit einem Partner und dann im Kurs. Besprechen Sie im Kurs, welches Problem es in Ninas Familie gab. **Lösung:** *Es gab nur noch Streit in der Familie. Schreibzeilen von oben nach unten: Tom, Nina, Sascha, Elisa, Sarah* ERWEITERUNG: Die TN wählen eine Person aus der Familie und schreiben aus ihrer Sicht einen ▶ inneren Monolog über die Probleme in der Familie.	
3c	Lesen Sie mit den TN A, B und C und achten Sie darauf, dass die TN die Zeitangaben richtig verstanden haben. Je 2 TN lesen die Informationen im Schüttelkasten und ordnen zu, was gerade passiert (A), was vor einem halben Jahr war (B) und was noch früher passiert ist (C). Vergleichen Sie im Kurs. **Lösung:** *A; C; C; B; A; B; C; B* ERWEITERUNG: Die TN lesen den Text noch einmal und unterstreichen die Sätze, auf die sich die Kurzformen im Schüttelkasten beziehen. Sie sortieren die Verbformen nach den Zeitangaben A, B, C. Besprechen Sie dann gemeinsam die Zeitformen. VARIANTE: Je 3–4 TN arbeiten zusammen. Schreiben Sie die Informationen auf Papierstreifen und geben Sie jeder Gruppe ein Set. Geben Sie jeder Gruppe auch 3 DIN-A3-Blätter, auf denen jeweils eine der 3 Überschriften (Sätze A, B, C) stehen. Die TN kleben die Papierstreifen auf das passende Blatt und vergleichen mit den anderen Gruppen. Anschließend suchen sie die Sätze im Original und schreiben sie unter die passenden Papierstreifen. Hängen Sie eine Variante im Kursraum auf.	Papierstreifen, DIN-A3-Papier, Kleber
3d	Projizieren Sie den Grammatikkasten. Bitten Sie die TN, Ninas Bericht noch einmal zu überfliegen und die passenden Verben zu den letzten beiden Sätzen zu suchen, im Text zu markieren und in die Tabelle zu übertragen. Lesen Sie gemeinsam mit den TN den kompletten Grammatikkasten und besprechen Sie die Tempusformen. Formulieren Sie die Bildung des Plusquamperfekts an der Tafel (*hatte/war* + Partizip II) und weisen Sie auf die Ähnlichkeit zum Perfekt (Bildung mit Hilfsverb *haben* oder *sein*, Satzstellung) hin. **Lösung:** *hatte; war*	Kopie auf Folie
3e	Je 2 TN schreiben mit den Informationen aus dem Schüttelkasten die Sätze zu Ende und benutzen dabei das Plusquamperfekt. Vergleichen Sie im Kurs. **Lösung:** *1 Vorher hatte sie sich von ihrem Mann getrennt. 2 Vorher hatten sie ohne Partner gelebt. 3 Vorher hatte sie bei ihrer Mutter gewohnt. 4 Vorher hatten sie oft gestritten.* ERWEITERUNG: Die TN schreiben in Kleingruppen ca. 10–15 Sätze im Präteritum auf Kärtchen, z. B. *Paul war sehr müde* oder *Greta machte den Führerschein*. Danach tauschen sie die Kärtchen mit einer anderen Gruppe. Jede Gruppe legt die neuen Kärtchen verdeckt auf einen Stapel in die Mitte. Der erste TN zieht eine Karte und liest den Satz vor (z. B. *Paul war sehr müde*). Die anderen TN versuchen so schnell wie möglich einen Satz mit *vorher* + Plusquamperfekt zu bilden (z. B. *Vorher hatte er lange gearbeitet*). Der TN, der zuerst einen korrekten Satz bildet, bekommt die Karte. Der Spieler mit den meisten Karten am Ende gewinnt.	Kärtchen

4a Die TN lesen Elisas Chat mit ihrer Freundin Jasmin aus dem Urlaub. Sammeln Sie anschließend im Kurs, was ihr im Urlaub gut gefallen hat und was nicht. Notieren Sie die positiven und negativen Punkte an der Tafel. Überlegen Sie mit den TN, welche dieser Probleme innerhalb der Familie sie selbst auch kennen bzw. woran sie sich aus ihrer Kindheit und Jugend erinnern können.
Lösung: *gut: der Abend; neue Freunde – schlecht: mit Sarah ein Zimmer teilen; auf Sascha aufpassen; Geschirr abspülen; Dusche putzen*

4b Lesen Sie mit den TN den Grammatikkasten und analysieren Sie gemeinsam die Strukturen. Weisen Sie darauf hin, dass *bevor* und *nachdem* temporale Nebensätze einleiten. Erklären Sie, dass bei *nachdem*-Sätzen Haupt- und Nebensatz immer zeitversetzt sind, d. h. der Nebensatz liegt eine Zeitstufe vor dem Hauptsatz. Die TN schreiben die Satzanfänge zu Ende und benutzen dabei die korrekte Zeitform.

HINWEIS: Auch Sätze mit *bevor* sind zeitversetzt möglich, aber nicht obligatorisch: *Elisa diskutierte lange mit den Eltern, bevor sie in Urlaub fuhren* oder *Elisa hatte lange mit den Eltern diskutiert, bevor sie in Urlaub fuhren.*

4c Die TN tauschen die Sätze mit einem Partner und kontrollieren, ob sie richtig ergänzt wurden. Anschließend können sie die Sätze des Partners kurz kommentieren. Haben die TN ähnliche Sätze geschrieben? Was meinen sie zu den Aussagen des Partners? Bitten Sie einige TN, jeweils einen Satz des Partners vorzulesen, und schreiben Sie die Sätze an die Tafel.

Sprachhandlungen: über Konflikte sprechen; zeitliche Abfolgen ausdrücken
Lerninhalte: WS: Konflikte | GR: temporale Nebensätze: *seit/seitdem*, *während*, *bis*

	Erläuterungen zum Unterricht	Materialien
5a	Projizieren Sie die 3 Fotos. Bitten Sie die TN zu beschreiben, was sie auf den Fotos sehen können und welche Konfliktsituationen zwischen Mann und Frau darauf abgebildet sind. Fragen Sie die TN, ob sie andere typische Situationen kennen, bei denen es zwischen Männern und Frauen oft zu Streit kommt. Sammeln Sie die Vorschläge an der Tafel.	Kopie auf Folie
	ALTERNATIVE: Bilden Sie eine Männer- und eine Frauengruppe. Die Männergruppe notiert in ca. 10 Minuten, was sie oft an Frauen stört, und umgekehrt. Diskutieren Sie danach im Kurs. ERWEITERUNG: Die TN wählen gemeinsam einen Partnerkonflikt (aus der Sammlung an der Tafel) aus und schreiben einen ▶ **Rechts-Links-Dialog**.	
5b	Die TN hören die Dialoge und notieren, welches Foto von KB5a zu welchem Dialog passt. **Lösung:** *A2; B3; C1*	CD: Track 2.3–5
5c	Je 2 TN verbinden die Satzteile. Sie können die Satzteile auch auf Papierstreifen schreiben oder ein ▶ **Domino** damit gestalten und die TN in Kleingruppen arbeiten lassen. Anschließend hören die TN die Dialoge noch einmal und kontrollieren ihre Ergebnisse. **Lösung:** *1D; 2C; 3E; 4B; 5F; 6A*	ggf. Papier- streifen CD: Track 2.3–5
5d	Lesen Sie mit den TN den Grammatikkasten. Erklären Sie die Bedeutung der Konnektoren anhand der Symbole (*seit/seitdem*: Zeitspanne ab einem bestimmten Zeitpunkt; *bis*: Zeitspanne bis zu einem bestimmten Zeitpunkt; *während*: Zeitspanne gleichzeitig mit Geschehen im Hauptsatz). Markieren Sie das Verb im Nebensatz, um die Endstellung zu betonen. Weisen Sie auch auf die Stellung des Verbs im Hauptsatz hin, je nachdem ob der Nebensatz dem Hauptsatz vorangeht oder nicht. Je 2 TN verbinden jeweils die beiden Sätze zu Hauptsatz und Nebensatz, indem sie die Konnektoren *seit*, *während* und *bis* verwenden. Die TN vergleichen erst mit einem anderen Paar, dann im Kurs. **Lösung:** *1 Eric und Britta streiten sich oft, seit sie vor einem Jahr zusammengezogen sind. 2 Eric muss oft lange warten, bis Britta aufhört zu telefonieren. 3 Pia entspannt sich am besten, während sie liest. 4 Während Domenico sich mit seinen Freunden unterhält, vergisst er den Stress im Job. 5 Sara verdient mehr Geld, seit sie eine neue Stelle hat. 6 Tim will sparen, bis sie genug Geld für ein eigenes Haus haben.* Erklären Sie den TN, dass *seit*, *während* und *bis* sowohl Konnektoren als auch Präpositionen sein können. Lesen Sie dazu die Infobox. Formulieren Sie gemeinsam Beispielsätze für *während* und *bis*, z. B.: *Während der Pause trinke ich einen Kaffee. Während ich Pause mache, schreibe ich oft SMS.; Bis nächsten Monat muss das Projekt fertig sein. Bis das Projekt fertig ist, muss ich auch samstags arbeiten.*	

6	Je 4 TN arbeiten zusammen. Jeder TN schreibt 5 Satzanfänge mit den Konnektoren *seit/seitdem*, *während*, *bis* sowie *nachdem* und *bevor* auf jeweils eine Karte. Die Karten werden gemischt und verdeckt auf einen Stapel in die Mitte gelegt. Die TN ziehen abwechselnd eine Karte, lesen den Satzanfang und ergänzen ihn frei. Die anderen TN überprüfen, ob der Satz korrekt gebildet ist.	Kärtchen IAW: TB 7/1
	VARIANTE für sprachlich schwächere TN: Je 3 TN spielen zusammen. Kopieren Sie das ▶ **Domino**-Spiel der **Kopiervorlage** auf Karton, schneiden Sie es aus und geben Sie jeder Gruppe ein Set. Die TN legen die Karten passend zusammen und formulieren die korrekten Sätze.	KV

Sprachhandlungen: einen Kommentar zum Thema *Streiten* schreiben; Konfliktgespräche führen
Lerninhalte: WS: Konflikte | Aussprache: Intonation bei Modalpartikeln

	Erläuterungen zum Unterricht	**Materialien**
7a	Lesen Sie im Kurs die Überschriften zum Thema *Streiten*. Die TN lesen die Forumsbeiträge und ordnen jedem Text eine der Überschriften zu. Dann diskutieren sie im Kurs, mit welchen Argumenten sie (nicht) einverstanden sind. Die Diskussion kann auch mit den Aussagen aus **AB7c** fortgeführt werden. **Lösung:** *D; F; B*	
	ALTERNATIVE: Kopieren Sie die Forumseinträge groß und kleben Sie sie auf jeweils ein DIN-A3-Blatt (bei großen Gruppen können Sie jeden Eintrag mehrmals kopieren und aufkleben). Die TN machen einen ▶ **stummen Dialog**. Lassen Sie nach ca. 15 Minuten die wichtigsten Kommentare zusammenfassen und sprechen Sie im Kurs darüber.	Kopien der Forumsbeiträge, DIN-A3-Papier
AB 7b–c	im Kurs. Die TN wiederholen in AB7b, ggf. vorab als Hausaufgabe, Redemittel, um ihre Meinung zu sagen. Dann diskutieren je 2 TN über 3 Aussagen zum Thema *Streiten*.	
7b	Jeder TN schreibt einen Text, der seine Meinung zum Thema *Streiten* wiedergibt. Je 2 TN tauschen anschließend ihre Texte aus, lesen den Text des Partners und geben ihm eine passende Überschrift. Der Partner begründet, ob er die Überschrift zu seinem Text passend findet oder nicht und warum.	
	ERWEITERUNG: Je 4 TN arbeiten zusammen (achten Sie darauf, dass die TN nicht schon im ersten Teil zusammengearbeitet haben). Jeder TN liest erst die von ihm gegebene Überschrift des Textes vor und fasst dann für die Gruppe den Inhalt des Textes zusammen. Die Gruppe diskutiert über den Inhalt und sagt ihre Meinung dazu. Abschließend gibt ein Gruppensprecher jeweils eine kurze Zusammenfassung der Diskussion im Kurs wieder.	
8a	Je 2 TN lesen die Sätze und überlegen, welche der Formulierungen eher diplomatisch und welche eher undiplomatisch sind. Vergleichen Sie im Kurs. **Lösung:** *1–; 2+; 3+; 4–; 5+; 6–; 7–; 8–; 9+; 10+*	
8b	Je 2 TN wählen eine der beiden vorgegebenen Situationen. Sie klären gemeinsam, wie die Situation ablaufen könnte, und überlegen passende Redemittel und Vokabular. Danach spielen sie die Szene einmal undiplomatisch und einmal diplomatisch. Lassen Sie einige Beispiele im Kurs vorspielen.	IAW: TB 7/2
	ERWEITERUNG: Die TN bereiten Rollenspiele beim Eheberater vor. Dafür überlegen sich je 2 TN, welche fiktiven Probleme es in ihrer Partnerschaft gibt. Die TN spielen die Szene im Kurs vor, ein TN aus einer anderen Gruppe spielt den Eheberater. Bitten Sie die TN, darauf zu achten, am Anfang des Rollenspiels vor allem eher undiplomatische Formulierungen zu verwenden, am Ende (nach der Vermittlung des „Eheberaters") eher diplomatische Formulierungen, damit die Konflikte gelöst werden können.	
9	Lesen Sie mit den TN die Infobox und klären Sie ggf. das Vokabular. Die TN hören die Sätze und ergänzen die richtige Modalpartikel. Anschließend hören die TN die Sätze noch einmal und sprechen nach. **Lösung:** *1 mal; 2 ja; 3 denn; 4 wohl; 5 aber*	CD: Track 2.6
	VARIANTE für sprachlich stärkere TN: Schreiben Sie die Modalpartikel und die Erläuterungen dazu (Bedeutung) auf jeweils ein Kärtchen und geben Sie je 3–4 TN ein Set. Die TN ordnen die passende Bedeutung den Modalpartikeln zu und korrigieren mit der Infobox. Anschließend überlegen die TN in ihrer Gruppe, welche Modalpartikel jeweils in Äußerung B am besten passt. Die TN hören die Sätze und korrigieren. Danach hören sie die Sätze noch einmal und sprechen nach.	Kärtchen CD: Track 2.6

Sprachhandlungen: kurzen Texten Informationen zuordnen; Prominente vorstellen
Lerninhalte: Landeskunde: Berühmte Paare

	Erläuterungen zum Unterricht	Materialien
10a	Fragen Sie die TN, welche berühmten Paare sie kennen. Weisen Sie die TN darauf hin, dass diese authentische Personen aus Film und Fernsehen, aus Politik, Sport, den Königshäusern usw., aber auch historische oder fiktive Personen sein können, z. B. *Penelope Cruz und Javier Bardem, Steffi Graf und André Agassi, Prinz William und Kate Middleton, Cäsar und Cleopatra, Popeye und Olivia, Romeo und Julia*. Halten Sie die Vorschläge an der Tafel fest. Sie benötigen sie auch noch für KB10d.	
	VARIANTE: Wenn Sie denken, dass es den TN schwerfällt, berühmte Paare zu benennen, können Sie sich selbst Paare ausdenken und jede Person auf ein Kärtchen schreiben. Die TN kombinieren jeweils 2 Karten und bilden so berühmte Paare.	Kärtchen
	ERWEITERUNG: Schreiben Sie Kärtchen wie in der Variante (achten Sie darauf, so viele Kärtchen wie TN zu beschriften). Geben Sie jedem TN ein Kärtchen. Die TN versuchen nun durch Fragen ihren Partner oder ihre Partnerin zu finden (z. B. *Wo lebst du? Bist du verheiratet? Hast du Kinder?* Usw.).	Kärtchen
10b	Je 3 TN arbeiten zusammen. Jeder der TN liest einen der 3 Texte über berühmte Paare, fasst den Inhalt für die beiden anderen TN zusammen und berichtet, was er über „sein" Paar erfahren hat.	
	INFO: Wenn die TN Interesse an Clara und Robert Schumann haben, können Sie ihnen den Film „Geliebte Clara" empfehlen. **Links:** Trailer: www.youtube.de (nach „geliebte Clara" suchen)	
10c	Die TN lesen die Sätze und überlegen (mit einem Partner), zu welchem der Paare die Informationen passen. Vergleichen Sie im Kurs. **Lösung:** *1C; 2A; 3B; 4A; 5B; 6C*	
	ERWEITERUNG: Fragen Sie die TN, welches der 3 Paare sie am interessantesten finden und warum. Die TN, die sich für das gleiche Paar entschieden haben, arbeiten in einer Gruppe zusammen und überlegen sich Fragen, die sie gerne an die beiden Personen stellen würden. Die Gruppe gibt ihren Fragenkatalog an eine andere Gruppe weiter und diese versucht, durch Recherchen im Internet auf möglichst viele Fragen eine Antwort zu finden.	
10d	Die TN wählen eines der in KB10a vorgeschlagenen Paare, recherchieren im Internet und schreiben (ggf. als Hausaufgabe) einen Text, ohne die Namen der beiden Personen zu nennen. Die TN lesen ihre Texte im Kurs oder in einer Kleingruppe vor. Die anderen TN raten, um welches Paar es sich handelt.	

Sprachhandlungen: über Fabeln sprechen; einen Text lebendig vorlesen
Lerninhalte: WS: Tiere | Landeskunde: Fabeln

	Erläuterungen zum Unterricht	Materialien
11a	Projizieren Sie die 3 Bilder. Bitten Sie die TN, mit einem Partner zu beschreiben, was auf den Bildern geschieht, und die Geschichte nachzuerzählen. Erklären Sie den TN, dass diese Art von Geschichten, wie hier eine dargestellt ist, Fabeln heißen.	Kopie auf Folie
	INFO: Typisch an Fabeln ist, dass Tiere darin sprechen und handeln wie Menschen und eine Moral („Lebensweisheit") vermittelt wird. Berühmte Fabeldichter sind z. B. Aesop, Phaedrus, Jean de La Fontaine oder Gotthold Ephraim Lessing.	
11b	Die TN lesen die erste Geschichte und versuchen herauszufinden, was der Sinn der Geschichte ist. Erklären Sie, dass die Moral bzw. die „Lebensweisheit", die in einer Fabel steckt, oft ein Sprichwort ist. Fragen Sie die TN, ob sie wissen, was Sprichwörter sind und ob sie deutsche Sprichwörter kennen. **Gut gesagt:** Lesen und hören Sie mit den TN die Sprichwörter im Kasten. Bitten Sie die TN zu überlegen, welches zur ersten Fabel passt (*Wenn zwei sich streiten, freut sich der Dritte.*). Klären Sie auch die Bedeutung der anderen Sprichwörter (*Wer zuletzt lacht, lacht am besten.* bedeutet, dass sich erst am Ende zeigt, wer wirklich einen Vorteil hat. *Der Klügere gibt nach.* bedeutet, dass bei einem Streit, bei dem alle recht haben wollen, oft der Vernünftigere nicht auf seinem Recht besteht.).	CD: Track 2.7

	ERWEITERUNG für sprachlich stärkere TN: Je 2–3 TN schreiben eine Situation zum zweiten oder dritten Sprichwort. **Links:** http://sprichwoerter.woxikon.de; www.sprichwoerter.net; www.sprichwort-plattform.org	
11c	Die TN lesen die zweite Fabel. Je 2 TN zeichnen 2–3 Bilder dazu. Je 2 Teams vergleichen ihre Zeichnungen und diskutieren, was die Geschichte aussagen will (*man soll nicht auf Schmeichler hören, das kann einem Nachteile bringen*). Vergleichen Sie anschließend im Kurs.	
	ERWEITERUNG oder ALTERNATIVE: Teilen Sie die TN in 4 Gruppen ein und geben Sie jeder Gruppe eine Fabel der **Kopiervorlage**. Die TN lesen die Fabel und versuchen, den Inhalt in Bilder (auch mehrere, ähnlich wie ein Comic) zu fassen. Anschließend tauschen die Gruppen ihre Bilder mit einer anderen Gruppe und diese versucht, nach den Zeichnungen eine Fabel zu schreiben. Vergleichen Sie im Kurs die neuen Texte mit den Originalen. Gibt es viele Unterschiede oder sind die Texte ähnlich? Was ist die Moral? Können Sie gemeinsam sogar ein passendes Sprichwort finden?	KV
AB11	im Kurs oder als Hausaufgabe. Die TN lernen weitere Tiere kennen.	
11d	Fragen Sie die TN, ob sie noch andere Fabeln oder Tiergeschichten, vielleicht auch aus ihrem Heimatland, kennen, und lassen Sie einige Geschichten im Kurs erzählen.	
12a	Die TN hören die erste Fabel zum ersten Mal. Fragen Sie die TN, ob sie finden, dass die Geschichte gut gelesen ist und, wenn ja, warum. Danach hören die TN die Geschichte noch ein zweites Mal. Bitten Sie die TN, darauf zu achten, wo im Text Pausen gemacht werden und welche Wörter und Satzteile besonders betont werden. Die TN markieren die Pausen und die betonten Elemente im Text.	CD: Track 2.8
12b	Je 2 TN arbeiten zusammen und lesen sich gegenseitig die erste Fabel vor. Dabei achtet der Partner darauf, dass die Pausen eingehalten und die Wörter und Satzteile an der richtigen Stelle betont werden.	
12c	Lesen Sie mit den TN die Tipps für gutes Vorlesen im Kasten. Fragen Sie die TN, ob ihnen noch weitere Tipps einfallen, die helfen, das Vorlesen besonders spannend zu gestalten. Je 2 TN üben dann das lebendige Vorlesen mit der zweiten Fabel (▶ **Tipps zum Vorlesen**).	
	ALTERNATIVE: Die TN nehmen die Fabeln der **Kopiervorlage** zu KB11, um gutes Vorlesen zu üben.	KV zu KB11
WB	im Kurs. Thema: Adjektive mit *-ig* und *-lich*.	

Der Film: Frauen als Erfolgsrezept

	Lösungen zur DVD	**Materialien**
13	*gute Produkte, motivierte Mitarbeiter, konkurrenzfähige Preise, gutes Marketing, innovative Ideen …*	
14a	*In der Firma arbeiten außer dem Chef nur Frauen.*	DVD: Film 7
14b	*1C; 2B; 3A*	DVD: Film 7
14c	*1 Frauen machen die gleiche Arbeit genauso gut, daher sollen sie genauso verdienen. 2 Jeder kann die Arbeit machen. 3 Frauen gehen anders miteinander um als Männer. Der Chef kennt die Männerperspektive besser und muss die Frauenperspektive manchmal erst kennenlernen.*	
14d	*Teilzeitarbeit; flexible Arbeitszeiten; von zu Hause aus arbeiten; Betriebskindergarten …*	

Sprachhandlungen: über Gesundheit sprechen; einen Test mit Fragen zur Gesundheit verstehen
Lerninhalte: WS: Gesundheit

	Erläuterungen zum Unterricht	Materialien
1a	Schreiben Sie *Körper und Gesundheit* an die Tafel. Fragen Sie die TN, welche Unterpunkte man zu diesem Thema formulieren könnte. (Wenn den TN nicht viel einfällt, können Sie folgende Unterpunkte vorgeben: *Körperpflege, Ernährung, Vorsorge, Entspannung, Erste Hilfe*). Die TN nennen die Dinge, die ihnen spontan dazu einfallen. Notieren Sie die Vorschläge an der Tafel. Sie können die Unterpunkte auch auf jeweils ein DIN-A3-Blatt schreiben und die Blätter im Kursraum auslegen. Die TN gehen durch den Kursraum und schreiben auf die Blätter, was ihnen zu den jeweiligen Themen einfällt. Vergleichen Sie die Ergebnisse im Kurs. Erklären Sie den TN, dass Sie mit ihnen einen Test mit 8 Fragen zum Thema *Körper und Gesundheit* durchführen möchten. Spielen Sie den TN die Situationen zu Frage 1 und die Aussagen zu Frage 2 vor und bitten Sie sie, die für sie richtige Lösung zu markieren. Danach lösen die TN die Fragen 3–8 selbstständig. Bei sprachlich schwächeren Gruppen können Sie zuerst die Fragen und die möglichen Antworten gemeinsam lesen und schwierige Vokabeln klären. **Lösung:** *Die Auswertung des Tests finden Sie auf Seite 159.*	DIN-A3-Papier CD: Track 2.9–10
	VARIANTE: Je 3–5 TN arbeiten zusammen. Kopieren Sie die Fotos, schneiden Sie sie aus und geben Sie jeder Gruppe ein Set. Die TN beschreiben die Fotos, überlegen, was diese Bilder mit *Körper und Gesundheit* zu tun haben, und fassen zusammen, was sie über dieses Thema wissen. Anschließend machen die TN den Test.	Kopien der Fotos
1b	Die TN lesen die Auswertung auf Seite 159 und vergleichen mit ihren Lösungen. Fragen Sie die TN, was sie nicht erwartet hätten und was sie besonders erstaunt hat. Sie können auch eine Kursumfrage machen und an der Tafel festhalten, wie viele richtige und wie viele falsche Lösungen es zu jeder Frage gegeben hat. Besprechen Sie die Auswertung im Kurs. Warum waren einige Ergebnisse klar? Was war neu? Bitten Sie die TN, mit ihrem Heimatland zu vergleichen. Sprechen Sie in interkulturellen Gruppen darüber, wie mit den verschiedenen gesundheitlichen Themen in ihren Ländern umgegangen wird.	
2	Schreiben Sie SICH WOHLFÜHLEN von oben nach unten an die Tafel. Erklären Sie ggf. was dieser Ausdruck bedeutet. Bitten Sie die TN, abwechselnd an die Tafel zu kommen und zu einem Buchstaben etwas zu schreiben, das sie brauchen, um sich wohlzufühlen oder auf das sie nicht verzichten möchten. Der Buchstabe kann dabei am Anfang, in der Mitte oder am Ende des Wortes stehen. Bei sprachlich schwächeren Gruppen können Sie auch 2–3 Beispiele vorgeben (z. B. *Schokolade, ausschlafen, Yoga-Kurs* usw.). Anschließend sprechen die TN in Kleingruppen über das Thema.	
	Nach KB2 eignet sich Film 8 mit KB15–17.	DVD: Film 8

Sprachhandlungen: Hilfe anbieten und annehmen/ablehnen; jemanden warnen
Lerninhalte: WS: Krankenhaus | GR: *nicht/kein* und *nur + brauchen + zu*

	Erläuterungen zum Unterricht	Materialien
3a	Projizieren Sie das Bild. Fragen Sie die TN, um welche Situation es sich hier handelt. Bitten Sie die TN, das Bild mit möglichst vielen, ihnen bekannten Wörtern zu beschriften, und vergleichen Sie danach die Ergebnisse im Kurs. Ergänzen Sie ggf. weiteres Vokabular. **Lösung:** *Fieberthermometer, Bett, Fernsehapparat, Bild, Hausschuhe, Blumen, Krankenschwester, Spritze …*	Kopie auf Folie
3b	Die TN hören die beiden Gespräche im Krankenzimmer und beantworten die Fragen. **Lösung:** *Patient 1 hat schlechte Laune, weil er sich noch schwach und müde fühlt und noch 2 Tage bleiben muss. Er braucht Hilfe, um sich die Haare zu waschen und sich die Hose anzuziehen, weil er sich den Arm gebrochen hat. Patient 2 fühlt sich gut, aber ihm ist langweilig. Er möchte, dass seine Besucherin ihm Zeitschriften, ein Buch und seinen Laptop bringt.*	CD: Track 2.11–12
3c	Lesen Sie mit den TN die Ausdrücke und klären Sie ggf. das Vokabular. Anschließend hören die TN das Gespräch noch einmal und kreuzen an, welche Ausdrücke sie gehört haben. Bei sprachlich schwächeren Gruppen können Sie die TN so aufteilen, dass sich jeder auf nur eine der 3 Spalten konzentriert. **Lösung:** *Gespräch 1: 1; 5; 6; 11; 13; 14 – Gespräch 2: 2; 3; 8; 10; 12*	CD: Track 2.11–12

VARIANTE: Je 2–3 TN arbeiten zusammen. Schreiben Sie alle Ausdrücke auf Kärtchen und geben Sie jeder Gruppe ein Set. Die TN ordnen die Redemittel nach den Themen *Hilfe anbieten*, *Hilfe annehmen/ablehnen* und *jemanden warnen* und vergleichen anschließend mit dem Kursbuch. Danach weiter wie oben beschrieben.

Kärtchen

| AB3a | im Kurs oder als Hausaufgabe. Die TN lernen weitere Redemittel für das Gespräch Arzt – Patient kennen. |

4a Fragen Sie die TN, welche Modalverben sie kennen, und schreiben Sie sie an die Tafel. Lesen Sie mit den TN den Grammatikkasten und fordern Sie sie auf zu überlegen, mit welchem der genannten Modalverben man die Struktur *nicht/kein + brauchen + zu* bzw. *nur + brauchen + zu* umschreiben könnte. Vergleichen Sie gemeinsam die unterschiedliche Konstruktion (Modalverben ohne *zu*; *brauchen* mit *zu*). Weisen Sie darauf hin, dass man in der gesprochenen Sprache *zu* oft weglässt (vgl. Infobox zu **AB4**).
Lösung: *müssen: Das musst du nicht machen. Er muss kein Fieber messen. Sie müssen mich nur rufen.*

INFO: An dieser Stelle kann man ggf. auf die Problematik der Modalverben *dürfen* und *müssen* und deren Verneinung eingehen, die oft Schwierigkeiten bereitet: *dürfen* (Erlaubnis), *nicht dürfen* (Verbot); *müssen* (Obligation), *nicht müssen* (etwas ist nicht obligatorisch, es kann gemacht werden, muss aber nicht). Schreiben Sie Beispielsätze an die Tafel, z. B. *Im Park darf man Ball spielen, aber man darf keine Blumen pflücken. Im Büro muss man ordentlich gekleidet sein, aber Männer müssen keine Krawatte tragen.* (Sie können natürlich eine Krawatte tragen, es ist aber nicht obligatorisch.) Wenn die TN Englisch beherrschen, können Sie auch noch auf den Unterschied zwischen *du musst nicht* und *you mustn't* hinweisen.

4b Die TN lesen die vorgegebenen Aussagen und formulieren ggf. zu zweit die Antworten mit der Struktur *nicht/kein* bzw. *nur + brauchen + zu*. Vergleichen Sie im Kurs.
Lösung: *1 Du brauchst nur ins Café zu gehen. 2 Du brauchst nichts zu essen. 3 Du brauchst nur die Schwester zu rufen. 4 Du brauchst nur eine Tablette zu nehmen. 5 Du brauchst keine Angst zu haben.*

4c Je 2 TN wählen eine der beiden vorgegebenen Situationen aus und machen ein Rollenspiel. Dafür machen sie sich vorher Notizen und überlegen, welche der Redemittel aus KB3c sie verwenden möchten. Sprachlich schwächere Kurse können den Dialog auch mit dem Partner ausformulieren und den ▶ **Dialog auswendig lernen**.

VARIANTE: Die TN machen mit ihrem Partner / ihrer Partnerin ein Redemittel-Rollenspiel (siehe ▶ **Redemittel-Diskussion**). Dazu schreiben sie die Redemittel aus KB3c, die sie verwenden möchten, auf jeweils ein Kärtchen. Wenn die TN den Satz in der Diskussion verwendet haben, darf die jeweilige Karte abgelegt werden. Das Rollenspiel ist erst beendet, wenn die TN keine Karten mehr haben. ERWEITERUNG für sprachlich stärkere Gruppen: Je 2 TN denken sich eine weitere Konfliktsituation im Krankenhaus aus und spielen sie im Kurs vor.

Kärtchen

Sprachhandlungen: über Gewohnheiten sprechen; einen Infotext verstehen
Lerninhalte: WS: Krankenhaus | GR: Reflexivpronomen im Akk./Dat.: *Ich wasche mich. Ich wasche mir die Haare.* | Landeskunde: Regeln im Krankenhaus

| **Erläuterungen zum Unterricht** | **Materialien** |

5a Projizieren Sie die 3 Bilder und bitten Sie die TN zu beschreiben, was sie sehen. Die TN können auch spekulieren, was der Patient bzw. der Besuch in den einzelnen Situationen sagen könnte. Bitten Sie einige TN, die 3 Sätze laut vorzulesen, und überlegen Sie gemeinsam, zu welcher Situation sie passen.
Lösung: *A2; B3; C1*
Fordern Sie die TN auf, die Reflexivpronomen in den Sätzen zu markieren, und lassen Sie die TN bestimmen, um welchen Kasus es sich dabei handelt. Bitten Sie die TN, sich Satz 1 und Satz 2 noch einmal genau anzusehen. Welchen Unterschied gibt es außer dem Reflexivpronomen noch? (*in Satz 1 kommt ein Reflexivpronomen im Dativ und ein Akkusativobjekt vor, in Satz 2 nur das Reflexivpronomen, das hier im Akkusativ steht*) Lesen Sie mit den TN die beiden Beispielsätze im Grammatikkasten. Erklären Sie den TN, dass bei Reflexivsätzen, die ein Akkusativobjekt beinhalten, das Reflexivpronomen im Dativ steht. Hat der Reflexivsatz kein Akkusativobjekt, steht das Reflexivpronomen im Akkusativ.

Kopie auf Folie

5b

Je 2 TN bilden aus den Vorgaben Fragen in der Du-Form. Vergleichen Sie danach im Kurs.

Lösung: *1 Kämmst du dir die Haare gleich nach dem Aufstehen? 2 Putzt du dir die Zähne vor oder nach dem Frühstück? 3 Ziehst du dir zuerst den linken oder den rechten Schuh an? 4 Duschst du dich am Morgen oder am Abend? 5 Wäschst du dir jeden Tag die Haare?*

Je 2 TN stellen sich nun gegenseitig die Fragen und notieren die Antworten des Partners. Wenn Sie möchten, können Sie eine Auswertung im Kurs machen: *Wie viele TN ziehen sich zuerst den rechten Schuh an? Wie viele zuerst den linken?* Usw. Halten Sie die Ergebnisse an der Tafel fest.

IAW: TB 8/1

6a

Fragen Sie die TN, ob sie schon einmal im Krankenhaus waren und welche Erfahrungen sie dabei gemacht haben. Was war dort wichtig für sie (als Patient, als Besucher)?

Lesen Sie mit den TN die angegebenen Themen. Je 2 TN überlegen sich zu jedem Thema mindestens eine Frage.

VARIANTE: Sammeln Sie die Fragen gemeinsam im Kurs und halten Sie sie an der Tafel fest.

6b

Die TN einigen sich, wer für welche Fragen zuständig ist, und suchen die Antworten im Infoblatt. Danach präsentieren sie sie ihrem Partner.

VARIANTE: Verteilen Sie die gesammelten Fragen auf die TN. Die TN suchen die Antworten im Lesetext und stellen die Antworten im Kurs vor.

6c

Die TN sprechen im Kurs über die einzelnen Punkte und diskutieren, welche Gemeinsamkeiten und Unterschiede es zu Krankenhäusern und Kliniken in ihren Ländern gibt.

ERWEITERUNG: Bitten Sie die TN, in Kleingruppen ein Infoblatt für das „perfekte" Krankenhaus zu entwerfen. Fordern Sie die TN auf, dem Krankenhaus auch einen passenden Namen zu geben und das Infoblatt mit Fotos und/oder Zeichnungen zu verschönern. Anschließend stellen die Gruppen „ihr" Krankenhaus im Kurs vor. Die TN können das Krankenhaus wählen, das ihnen am besten gefällt.

Sprachhandlungen: einem Zeitungsartikel Informationen entnehmen; über Musik und Gefühle sprechen

Lerninhalte: WS: Musik | GR: zweiteilige Konnektoren: *sowohl … als auch / nicht nur …, sondern auch; entweder … oder; weder … noch; zwar … aber; einerseits, … andererseits* | Aussprache: Satzmelodie bei Aussagen, Fragen und Aufforderungen

---

Erläuterungen zum Unterricht	**Materialien**

7a

Sammeln Sie im Kurs verschiedene Stilrichtungen für Musik (*Klassik, Jazz, Pop, Salsa, Folk, Volksmusik …*) und schreiben Sie die Vorschläge an die Tafel. Fragen Sie die TN, in welchen Situationen oder Stimmungen sie oft Musik hören, und notieren Sie auch das an der Tafel (*beim Aufräumen, wenn ich melancholisch bin, wenn Freunde zu Besuch sind …*). Überlegen Sie nun gemeinsam mit den TN, welche Art von Musik sie in welcher Situation gern hören und warum diese Musik ihrer Meinung nach dazu besonders gut passt, z. B. *Beim Aufräumen höre ich gern Rockmusik, weil es dann viel schneller geht.*

VARIANTE: Teilen Sie den Kurs in 2 Gruppen. Geben Sie jeder Gruppe Kärtchen in unterschiedlichen Farben. Die eine Gruppe sammelt Musikrichtungen, die andere Situationen, in denen man oft Musik hört. Legen Sie anschließend alle Karten verdeckt auf den Tisch. Die TN ziehen abwechselnd eine Karte von jeweils einer Farbe und begründen, ob sie diese Musik in dieser Situation gern hören würden oder nicht und warum das so ist.

Kärtchen in 2 Farben

7b

Lesen Sie mit den TN die Überschriften. Danach lesen die TN den Zeitungsartikel über Musik und markieren, welche der vorgeschlagenen Themen darin behandelt werden. Sie vergleichen zuerst mit einem Partner, dann im Kurs.

Lösung: *Musik und Emotionen; Musik zu bestimmten Anlässen; Musik und Gehirn; Filmmusik; Musik und Erinnerung*

VARIANTE für sprachlich stärkere TN: Je 2 TN arbeiten zusammen. Geben Sie den TN eine Kopie des Textes ohne die vorgegebenen Überschriften. Die TN lesen den Text und finden Überschriften zu den einzelnen Abschnitten. Danach vergleichen sie mit den Überschriften im KB.

ERWEITERUNG: Je 3 TN schreiben eine Zusammenfassung des Textes in 3 Sätzen. Sie vergleichen zuerst mit einer anderen Gruppe und dann im Kurs.

Kopien des Textes

7c Die TN lesen den Text noch einmal und kreuzen die Aussagen an, die so im Text zu finden sind.
Lösung: *1; 3; 5*

ERWEITERUNG: Wenn die TN besonderes Interesse an dem Thema *Was Musik mit uns macht* haben, können Sie folgendes Projekt mit ihnen durchführen: Je 3 TN suchen einen Werbespot aus. Sie spielen ihn dem Kurs erst ohne Musik, dann mit 3 verschiedenen Musikstilen vor. Diskutieren Sie im Kurs. Wie wirkt der Werbespot ohne Musik? Was ändert sich durch die unterschiedliche Musikrichtung? Überlegen Sie im Kurs, welche Musik am besten passt und warum. Welche Musik hatte der Spot wirklich? Was will er mit dieser Musik vermitteln?

8a Erklären Sie den TN, dass es Konnektoren gibt, die aus 2 Teilen bestehen. Lesen Sie mit den TN die Konnektoren im Grammatikkasten und die Erklärung dazu. Die TN überfliegen den Text noch einmal und markieren alle zweiteiligen Konnektoren. Weisen Sie darauf hin, dass zweiteilige Konnektoren sowohl Satzteile als auch ganze Sätze verbinden können, und machen Sie ggf. Beispiele (aus dem Text bzw. eigene zur Gegenüberstellung). Zeigen Sie damit ggf. auch die Möglichkeiten der Kommasetzung.

VARIANTE: Schreiben Sie die zweiteiligen Konnektoren und die Definitionen auf jeweils ein Kärtchen und geben Sie je 2–3 TN ein Set. Die TN ordnen mit Hilfe des Textes aus KB7b die Definitionen den Konnektoren zu. Ggf. suchen und markieren sie die zweiteiligen Konnektoren zuvor. Abschließend vergleichen die TN mit dem Grammatikkasten. | Kärtchen

8b Bitten Sie die TN, in den Satzanfängen jeweils den ersten Teil des Konnektors zu unterstreichen. Je 2 TN bilden dann aus den Vorgaben korrekte Sätze. Die TN lesen die Sätze vor. Vergleichen Sie im Kurs. Überlegen Sie gemeinsam mit den TN, wo die Konnektoren Satzteile (Satz 1, 2, 3) und wo sie ganze Sätze (4, 5, 6) verbinden, und vergleichen Sie die Stellung des Verbs. Weisen Sie ggf. auch noch einmal auf die Kommasetzung hin.
Lösung: *2C Wenn ich arbeite, kann ich weder Radio noch CDs hören. 3A Am Wochenende gehe ich entweder ins Kino oder auf ein Konzert. 4E Tom geht zwar gern auf Konzerte, aber oft bleibt er lieber zu Hause. 5B In meiner Freizeit treffe ich einerseits gerne Freunde, andererseits bin ich auch gern mal alleine. 6D Ich höre nicht nur gern Musik, sondern ich spiele auch selber ein Instrument: Gitarre.* | IAW: TB 8/2

VARIANTE: Schreiben Sie die einzelnen Satzteile auf Kärtchen und geben Sie je 3–4 TN ein Set. Die TN bilden aus allen Kärtchen 6 korrekte Sätze. | Kärtchen

8c Je 3–4 TN spielen zusammen. Die TN würfeln abwechselnd und formulieren einen Satz mit den Vorgaben, die unter der Augenzahl des Würfels stehen. Das Spiel ist beendet, wenn ein TN zu allen 6 zweiteiligen Konnektoren einen Satz gebildet hat. Um besser die Übersicht zu behalten, können die TN für sich in jeweils einer Farbe einen Punkt machen bzw. die Augenzahl aufschreiben, wenn sie einen Satz gebildet haben. | 1 Würfel pro Gruppe

ERWEITERUNG: Je 4–5 TN spielen zusammen *Schnapp*. Kopieren Sie die **Kopiervorlage**, getrennt nach Satzanfängen (linke Spalte) und -enden (rechte Spalte), auf Karton in 2 verschiedenen Farben, schneiden Sie die Kärtchen aus und geben Sie jeder Gruppe ein Set. Die Kärtchen mit den Satzanfängen werden unter den Spielern verteilt, die Satzenden werden aufgedeckt auf dem Tisch verteilt. Die TN lesen nun reihum ihre Kärtchen mit den Satzanfängen vor, die anderen Spieler versuchen so schnell wie möglich die passende Karte auf dem Tisch zu entdecken. Sie schlagen mit der Hand auf die Karte und rufen „Schnapp". Wenn der Satz richtig ist, dürfen die TN ihn behalten. Es gewinnt der TN mit den meisten korrekten Sätzen. | KV auf Karton in 2 Farben

AB8a im Kurs oder als Hausaufgabe. Die TN lernen weitere Musikinstrumente kennen.

9 Bitten Sie die TN, spontan (ca. 5) Lieder aufzuschreiben, die ihnen zuerst einfallen. Fragen Sie die TN, was sie mit diesen Liedern verbinden und warum sie ihnen wohl als Erstes eingefallen sind. Welche Lieder mögen sie, welche nicht? Warum? Welche Lieder wecken Erinnerungen und welche? Die TN können danach auch über andere Lieder sprechen, mit denen sie etwas verbinden.
Gut gesagt: Hören Sie mit den TN die Mini-Dialoge mit den Redewendungen aus dem *Gut-gesagt*-Kasten und überlegen Sie gemeinsam, was die Redewendungen ausdrücken. Hören Sie noch einmal und lesen Sie dann gemeinsam die Erklärungen im Kasten. Haben die TN die Bedeutung richtig herausgefunden? Fragen Sie die TN, ob man auch in ihrer Sprache Redewendungen zum Thema *Musik* kennt. Dazu können Sie auch **AB9b** verwenden. | CD: Track 2.13

AB9a	im Kurs. Je 2 TN üben, ein Gespräch über Musik zu führen. Diese Aufgabe entspricht dem Prüfungsformat von *ZD* und *DTZ*.	
10a	Die TN hören den Dialog und versuchen zu erkennen, ob die Satzmelodie an den markierten Stellen steigend, sinkend oder gleichbleibend ist. Lesen Sie mit den TN die Infobox zur Satzmelodie. Die TN überprüfen ihre Lösungen anhand der Regeln. Danach hören sie die Sätze zur Kontrolle ggf. noch einmal. **Lösung:** *1 fallend; 2 steigend, steigend; 3 gleichbleibend, fallend; 4 fallend, steigend; 5 gleichbleibend, fallend; 6 gleichbleibend, fallend*	CD: Track 2.14
10b	Die TN stellen sich im Kreis auf und hören die Sätze noch einmal. Sie achten auf die Satzmelodie und interpretieren sie durch die passenden Körperbewegungen, bei steigender Satzmelodie heben die TN die Arme, bei gleichbleibender Satzmelodie bleiben sie einfach stehen und bei fallender Satzmelodie gehen sie in die Knie.	CD: Track 2.14
AB10	b (Partnerarbeit) im Kurs, a ggf. zur Vorbereitung als Hausaufgabe.	AB-CD: Track 2.7

Sprachhandlungen: eine Diskussion im Radio verstehen; über Gedächtnis sprechen
Lerninhalte: WS: Lernen

	Erläuterungen zum Unterricht	**Materialien**
11a	Erklären Sie den TN, dass Sie ein kleines Experiment zum Thema *Gedächtnis* mit ihnen machen möchten. Geben Sie den TN 5 Minuten Zeit, um die 6 Fragen zu lesen und, wo sie sich erinnern können, die Antwort zu notieren.	
11b	Je 4–5 TN arbeiten zusammen. Die TN sprechen über die einzelnen Fragen und Antworten und überlegen, warum sie sich an einige Antworten sehr gut, an andere vielleicht überhaupt nicht erinnern können. Sammeln Sie im Kurs, was die TN über die Funktion des Gehirns und seine Gedächtnisleistung wissen, und spekulieren sie, warum man sich einige Sachen besser merken kann als andere.	
AB11	b (Partnerarbeit) im Kurs, a ggf. zur Vorbereitung als Hausaufgabe.	
12a	Die TN lesen den Text einer Homepage, auf der eine Radiodiskussion angekündigt wird, und geben im Kurs wieder, was laut Text beim Lernen wichtig ist. **Lösung:** *Beim Lernen ist wichtig, dass man motiviert und emotional involviert ist.*	
12b–c	Lesen Sie mit den TN die Aussagen und klären Sie ggf. Vokabular. Die TN hören die Radiosendung und notieren, welche der 3 teilhabenden Personen das sagt. Anschließend hören sie die Diskussion noch einmal und kontrollieren, ob ihre Antworten korrekt sind. **Lösung:** *1S; 2S; 3D; 4S; 5D; 6M* Fragen Sie die TN, was ihre Meinung zu der Radiosendung ist. Mit welchen Aussagen sind sie einverstanden? Mit welchen nicht? Warum?	CD: Track 2.15
AB12	b (Partnerarbeit) im Kurs, a ggf. zur Vorbereitung als Hausaufgabe.	
13a	Geben Sie den TN einige Minuten Zeit, um zu überlegen, welche Wörter ihnen beim Deutschlernen besonders schwergefallen sind bzw. welche sie sich nicht gut merken konnten oder können. Die TN erstellen eine Liste mit ca. 7–10 deutschen Wörtern, ggf. können sie dazu das Kursbuch oder ein Wörterbuch benutzen. Lesen Sie mit den TN den Tipp im Kasten. Bitten Sie die TN sich eine kurze, ungewöhnliche Geschichte auszudenken, in der alle diese Wörter vorkommen. Anschließend lesen die TN ihre Geschichten im Kurs vor. Sprechen Sie mit den TN im Kurs darüber, ob sie glauben, dass sie die Vokabeln jetzt leichter behalten können und warum das so sein könnte. VARIANTE: Die TN können auch in Kleingruppen eine Geschichte schreiben. Jeder TN gibt dann ungefähr 3 Wörter vor, die ihm schwerfallen. ERWEITERUNG: Machen Sie ungefähr eine Woche später einen Test mit den TN. Bitten Sie sie, die Wörter, die ihnen schwergefallen sind und die sie in die Geschichte eingebaut haben, auf ein Blatt Papier zu schreiben. Wie viele Wörter sind den TN eingefallen? Diskutieren Sie mit den TN im Kurs, ob die Lernmethode funktioniert hat oder nicht und warum das vielleicht so ist.	Wörterbuch

13b	Je 3–4 TN überlegen gemeinsam, welche anderen Lerntipps sie kennen, und fassen diese in einer Liste zusammen. Sie können den einzelnen Gruppen auch bestimmte Schwerpunkte vorgeben, z. B. Lerntipps zum Grammatiklernen, Lerntipps zum Vokabellernen, Lerntipps für eine gute Aussprache, Visualisierungstechniken, Lesetechniken, Tipps zum Schreiben von Texten, Konzentrationstechniken usw. Wenn sie möchten, können die TN auch im Internet nach Lernstrategien suchen. Bilden Sie anschließend ▶ **Wirbelgruppen**, damit die TN ihre Ergebnisse mit den anderen Gruppen austauschen können. Entscheiden Sie sich mit dem Kurs für die besten Tipps und bitten Sie die TN, ▶ **Lernplakate** zu erstellen. Hängen Sie die Plakate im Kursraum auf.	Lernplakate
	ERWEITERUNG: Jeder TN erhält eine **Kopiervorlage**. Lesen Sie gemeinsam die 5 Empfehlungen für effektives Sprachenlernen auf der Kopiervorlage. Sprechen Sie mit den TN darüber, ob diese Vorschläge auf ihren Plakaten vorkommen bzw. was neu dabei ist. Schlagen Sie den TN als weiteren Lerntipp vor, ein Lerntagebuch zu führen. Gehen Sie gemeinsam die einzelnen Rubriken durch und klären Sie ggf., was für die TN nicht verständlich ist. Bitten Sie die TN, das Lerntagebuch eine Woche lang zu führen, und sprechen Sie nach dieser Woche gemeinsam über die Erfahrung damit. Finden die TN das Lerntagebuch sinnvoll? Hilft es ihnen, ihren Lernprozess effektiver zu gestalten? Wenn den TN die Arbeit mit dem Lerntagebuch geholfen hat, können Sie ihnen eine weitere Kopie geben, um das Tagebuch weiterzuführen.	KV

Sprachhandlungen: Infos in einem Zeitungstext finden; über Schule sprechen
Lerninhalte: WS: Schule | Landeskunde: Alternative Schulformen

	Erläuterungen zum Unterricht	Materialien
14a	Zeichnen Sie eine Mindmap zum Thema *Schule* an die Tafel. Fragen Sie die TN, was ihnen spontan zum Thema *Schule* einfällt, und notieren Sie die Vorschläge in der Mindmap.	
14b	Die TN lesen den Zeitungsartikel und markieren 5 Informationen, die sie besonders interessant und wichtig finden.	
14c	Je 2 TN sprechen über den Zeitungsartikel. Sie erzählen sich gegenseitig, welche Stellen sie markiert haben und warum diese ihnen besonders wichtig erscheinen. Haben sich die TN für die gleichen Informationen entschieden? Vergleichen Sie auch im Kurs, was die TN wichtig fanden und warum.	
14d	Bitten Sie die TN, ihnen zu erklären, was die Lichtenberg-Gesamtschule so besonders macht, und sammeln Sie die wichtigsten Punkte an der Tafel. Die TN diskutieren in Kleingruppen, ob sie gern Schüler an dieser Schule wären oder ob sie sich diese Schule für ihre Kinder vorstellen könnten. Hilfreiche Redemittel dazu finden die TN in Kap. 5 (*eine Meinung äußern, widersprechen, etwas vergleichen und begründen*). Sprechen Sie danach im Kurs. Vergleichen Sie gemeinsam mit den TN mit traditionellen Schulen und lassen Sie die TN auch über ihre eigenen Schulen berichten. Überlegen Sie mit den TN, ob sie andere alternative Schulen oder Schulmodelle kennen, und lassen Sie sich berichten, was sie darüber wissen.	
AB14b	im Kurs. Die TN bereiten 6 Fragen zum Thema *Schule*, ggf. als Hausaufgabe, vor und befragen einen Partner. Sie notieren die Antworten und stellen anschließend den Partner entweder einem anderen TN oder bei kleineren Gruppen im Kurs vor.	
WB	im Kurs. Thema: Verben mit *mit-*, *weg-*, *weiter-*, *zusammen-* und *zurück-*.	

Der Film: Leben in einer modernen Welt – Multitasking

	Lösungen zur DVD	Materialien
16a	*Multitasking funktioniert nicht, wenn man für eine Handlung seine ganze Aufmerksamkeit benötigt. Beispiele: Wenn man unterwegs telefoniert und plötzlich über wichtige Dinge spricht, bleibt man vermutlich stehen und hört auf zu essen. Wenn man zu Hause telefoniert, vergisst man in dieser Situation vielleicht, dass man gerade Essen kocht. Dann brennt alles an.*	DVD: Film 8
16b	*1r; 2f; 3r; 4f (Multitasking funktioniert nicht mehr, wenn eine Handlung verstärkte Aufmerksamkeit erfordert); 5r; 6f (ungefähr 7); 7r*	DVD: Film 8

Sprachhandlungen: über Kunst und Kunstwerke sprechen
Lerninhalte: WS: Kunst | Landeskunde: Kunst in Innsbruck

	Erläuterungen zum Unterricht	Materialien
1a	Schreiben Sie *Kunst und Kultur in der Stadt* an die Tafel. Bitten Sie die TN zu überlegen, welche verschiedenen Arten von Kunst man in einer Stadt finden kann, und notieren Sie die Vorschläge (*Architektur, Plakate, Graffiti, Kunsthandwerk* usw.). Projizieren Sie dann die Fotos. Die TN beschreiben, was sie auf den Fotos sehen, und tauschen sich darüber aus, welche der Fotos ihnen gefallen und welche nicht und warum das so ist.	Kopie auf Folie
	ALTERNATIVE: Jeder TN wählt ein Foto aus und beschreibt kurz, was das abgebildete Objekt seiner Meinung nach mit Kunst zu tun hat. Die TN, die sich für dasselbe Foto entschieden haben, sprechen dann in Gruppen darüber und begründen, was ihnen daran (nicht) gefällt. Bilden Sie anschließend ▶ **Wirbelgruppen**, damit alle TN über alle Kunstwerke informiert sind.	
1b	Je 5 TN arbeiten zusammen. Jeder der TN liest einen der Blog-Texte und stellt ihn den anderen TN vor.	
	ERWEITERUNG: Wenn Sie die Alternative in KB1a gemacht haben, können Sie mit den TN besprechen, welche Unterschiede und Gemeinsamkeiten es zu ihren eigenen Meinungen gibt.	
AB1b	im Kurs oder als Hausaufgabe. Die TN lernen einige österreichische Varianten für deutsche Wörter kennen.	
2a	Die TN hören die 2 Gespräche und notieren, über welche der in KB1 vorgestellten Kunstwerke dabei gesprochen wird. Beim zweiten Hören notieren die TN möglichst viele Informationen in Stichwörtern, die sie zu den Kunstwerken bekommen. Die TN vergleichen zuerst in Kleingruppen und dann im Kurs. **Lösung:** *1 der neue Innsbrucker Bahnhof: mit 2 Bildern von Max Weiler, 1954/55 gemalt; 1. Bild: „Innsbrucks Gegenwart": helle Farben, eine friedliche Szene in der Natur; steht für Neubeginn nach 2. Weltkrieg; mit Universität und Skifahrer als Symbole für die Stadt (Bildung und Tourismus); mit großem Füllhorn, das Glück über die Stadt bringen soll; 2. Bild: „Innsbrucks Vergangenheit": eher dunkle Farben; – 2 Bosna-Quilt: Werkstatt für Bosna-Quilts 1998 nach Bosnien übersiedelt (= umgezogen); heute noch arbeiten 12 Frauen dort*	CD: Track 2.16–17
2b	Bringen Sie Fotos von weiteren Kunstobjekten in Innsbruck mit, z.B. Goldenes Dachl, die Kaiserliche Hofburg, die Hofkirche („Schwarze Mander"), CRYSTAL MATRIX von Erwin Redl, die Sprungschanze von Zaha Hadid usw. Die TN können auch selbst (ggf. als Hausaufgabe) Kunstobjekte in Innsbruck recherchieren und Fotos davon in den Kurs mitbringen. Jeder TN wählt ein Kunstwerk, das er besonders interessant findet, recherchiert Informationen (Von wem? Wann? Wo? Was?) dazu und stellt das Kunstwerk anschließend im Kurs vor (▶ **Mini-Präsentation**). **Links:** www.innsbruck.at; www.innsbruck.info (→ Erleben, Sightseeing); Liste der Sehenswürdigkeiten: www.innsbruck.info (→ Erleben, Sightseeing → Sehenswürdigkeiten); www.goldenes-dachl.at; www.hofburg-innsbruck.at; „crystal matrix + erwin redl" in Suchmaschine eingeben (überwiegend englische Suchergebnisse, beeindruckende Bilder); www.bergisel.info	Fotos von Kunstobjekten aus Innsbruck
3a	Bitten Sie die TN, den Weg von ihrer Wohnung / ihrem Arbeitsplatz zum Kursort im Geiste „abzulaufen". Sie können auch eine kleine Skizze entwerfen. Dabei sollen sie überlegen, wo ihnen auf diesem Weg Kunst in irgendeiner Form begegnet ist, z.B. auf Plakaten, Bauwerken, als Graffiti usw. Die TN tauschen sich in Kleingruppen aus. Danach präsentiert jede Gruppe die interessantesten „Kunstwerke" im Kurs.	
	VARIANTE: Die TN fotografieren ca. 3–5 Kunstwerke auf dem Weg nach Hause und stellen diese dann im Kurs vor. ERWEITERUNG: Je 2–3 TN schreiben zusammen einen „Kunstführer", in dem sie ihre „Kunstmeilen" – ausgehend von ihrem Sprachinstitut – beschreiben und eine Skizze dazu anfertigen. Die TN tauschen ihren „Kunstführer" mit einer anderen Gruppe aus, diese liest ihn und kommentiert dann die einzelnen „Kunstwerke". Wenn die TN Lust haben, können sie in Gruppen auch eine der Kunstmeilen ablaufen und über die Kunstobjekte sprechen.	
3b	Fordern Sie die TN auf, darüber nachzudenken, welches Kunstwerk sie in ihrem Leben besonders beeindruckt hat. Die TN stellen anschließend im Kurs vor, wann sie mit diesem Kunstwerk in Berührung kamen, was sie darüber wissen und warum es ihnen im Gedächtnis geblieben ist.	

Sprachhandlungen: einen Zeitungsbericht und Inserate verstehen; Personen oder Dinge genauer beschreiben
Lerninhalte: WS: Theater | GR: Adjektivdeklination ohne Artikel | Aussprache: Vokal am Wortanfang (Knacklaut)

	Erläuterungen zum Unterricht	Materialien
4a	Fragen Sie die TN, ob sie schon einmal selbst Theater gespielt haben oder sich das vorstellen könnten. Was hat ihnen dabei besonders gefallen oder würde ihnen gefallen? Überlegen Sie gemeinsam, was man braucht und um was man sich kümmern muss, wenn man eine Theateraufführung vorbereiten möchte. Sammeln Sie die Vorschläge an der Tafel.	
4b	Schreiben Sie *Alles geht – aber nicht mit uns!* an die Tafel. Fragen Sie die TN, was dieser Satz bedeuten könnte. Erklären Sie den TN dann, dass es sich hierbei um eine Theatergruppe und den Titel ihres letzten Stückes handelt. Lesen Sie gemeinsam mit den TN die 4 Aussagen. Die TN lesen den Artikel und kreuzen die richtigen Informationen an. **Lösung:** *2; 3; 4*	
4c	Die TN lesen den Text zum Thema *Gesucht* und markieren alle Personen und Dinge, die die Theatergruppe sucht. Danach lesen sie den Text noch einmal und machen Notizen, wozu die Theatergruppe diese Dinge braucht und was die gesuchten Personen können sollen. **Lösung:** *eine Friseurin, die coole Frisuren machen und gut schminken kann; eine/n Beleuchter/in, der/die mit wenig Technik eine Bühne schön beleuchten kann; ein altmodisches Sofa mit hoher Lehne und ein großes, altes Radio, das auch nicht mehr funktionieren muss; einen älteren Schauspieler mit weißem Bart, der singen kann; jemand, der selbst eine Nähmaschine hat und damit alte Kostüme anpassen kann* **Gut gesagt:** Lesen Sie mit den TN die „Theater"-Sprüche. Klären Sie ggf. Vokabular und versuchen Sie mit den TN, die übertragene Bedeutung der Ausdrücke zu verstehen. Lassen Sie dann die kurzen Dialoge hören. Haben die TN die Bedeutung richtig vermutet? Fragen Sie die TN abschließend, ob es in ihrer Sprache auch Redewendungen gibt, die aus der Welt des Theaters stammen, und bitten Sie sie, diese zu erklären.	CD: Track 2.18
	INFO: *Mach nicht so ein Theater!* bedeutet, dass sich jemand nicht so aufregen soll. *So eine Tragödie!* bedeutet, dass etwas sehr traurig oder ärgerlich ist; der Ausspruch wird aber auch oft ironisch gebraucht. *Ich hab' so Lampenfieber!* bedeutet, dass jemand vor einem Auftritt in der Öffentlichkeit (z. B. auch vor einem Vortrag, einem Konzert usw.) sehr aufgeregt ist. *Da würde ich gern mal hinter die Kulissen sehen.* bedeutet, dass jemand wissen möchte, wie es im Privaten, nicht Öffentlichen bei einer Person oder Institution aussieht, wie die Menschen sich dann verhalten.	
AB4a	im Kurs oder als Hausaufgabe. Die TN erweitern ihren Wortschatz *Rund ums Theater*.	
5a	Je 2 TN lesen die Inserate von KB4c noch einmal und ergänzen das passende Adjektiv in den Sätzen. Danach überlegen sie, um welchen Kasus es sich bei den Adjektiven handelt und warum. Dazu markieren sie die Endungen der Adjektive farbig. Vergleichen Sie im Kurs. **Lösung:** *1 cool**en** (D); 2 nett**es** (Akk), groß**en** (Akk); 3 alt**en** (D), toll**es** (Akk); 4 altmodisch**es** (Nom), hoh**er** (D); 5 weiß**em** (D)* Erklären Sie den TN, dass es hier um Adjektivdeklination geht, und fragen Sie die TN, welche 2 Arten der Adjektivdeklination sie bisher kennengelernt haben (*Adjektive nach bestimmtem Artikel und nach unbestimmten Artikel*). Bitten Sie die TN, sich die Beispiele von KB5a noch einmal anzusehen und zu überlegen, wodurch sich diese Adjektivdeklination von den beiden anderen unterscheidet (*es gibt keinen Artikel vor dem Adjektiv*). Fordern Sie die TN auf zu überlegen, woher die Endungen bei der Adjektivdeklination ohne Artikel kommen könnten (*die Adjektive ohne Artikel haben die gleiche Endung wie der bestimmte Artikel des Substantives*). Wiederholen Sie ggf. den bestimmten Artikel in allen Deklinationen und schreiben Sie einige Beispiele zur Verdeutlichung an die Tafel, z. B. *älter**er** Mann mit weiß**em** Bart: d**er** Mann (mask., Nominativ), mit d**em** Bart (mask., Dativ)*.	
5b	Die TN ergänzen die Endungen in der Tabelle. Vergleichen Sie anschließend im Kurs. Stellen Sie die Adjektivendungen ggf. noch einmal den bestimmten Artikeln gegenüber.	
5c	Je 2 TN ergänzen gemeinsam die korrekten Adjektivendungen. Vergleichen Sie im Kurs. **Lösung:** *1 erfahren**en**, kreativ**en**, toll**es**; 2 groß**em**, fantasievoll**e**; 3 groß**er**, Nett**es**; 4 alte, hohe, altmodische, groß**en***	
5d	Je 3 TN arbeiten zusammen. Die TN wählen eine der vorgegebenen Situationen (oder denken sich eine andere aus). Sie überlegen, welche Personen und Gegenstände sie dafür brauchen können, und entwerfen 3–4 Inserate dafür. Bitten Sie die TN, möglichst viele Adjektive ohne Artikel zu verwenden.	

ALTERNATIVE: Je 3 TN arbeiten zusammen. Lesen Sie mit den TN die 3 vorgegebenen Situationen und bitten Sie sie, sich eine andere (ähnliche oder auch ganz andere) Situation auszudenken, die die anderen TN nicht kennen (z. B. einen Flohmarkt organisieren, umziehen, heiraten, einen Kindergeburtstag organisieren usw.). Jede Gruppe schreibt ca. 4 Inserate und liest sie anschließend im Kurs vor. Die anderen TN raten, was der Anlass für die Inserate ist.

ERWEITERUNG für sprachlich stärkere TN: Teilen Sie den Kurs in 2 Gruppen ein. Bei großen Gruppen können Sie Untergruppen bilden. Kopieren Sie die **Kopiervorlage** und schneiden Sie sie in der Mitte auseinander. Eine Gruppe bekommt A, die andere Gruppe B. Bitten Sie die TN, die Adjektivendungen zu ergänzen. Weisen Sie darauf hin, dass hier alle Adjektivdeklinationen (ohne, mit bestimmtem und unbestimmtem Artikel) vorkommen. Korrigieren Sie die Lösungen oder geben Sie den Gruppen ein Lösungsblatt, mit dem sie die Endungen selbst korrigieren können. Bitten Sie die TN, die Kontaktanzeigen zu zerschneiden und eine Anzeige auszuwählen. Die TN sollen sich nun mit der Anzeige „identifizieren" und ihren Partner suchen. Dazu gehen sie im Kursraum umher, sprechen miteinander und stellen sich gegenseitig vor. (Die Informationen der Anzeige sollen möglichst nicht abgelesen, sondern mit eigenen Worten wiedergegeben werden). Statt der Rollenspiele ist es auch möglich, die Anzeigen zu mischen und in Kleingruppen zu diskutieren, welche Personen zusammenpassen.

KV

6a	Die TN hören die Ausdrücke und markieren durch einen Strich oder einen Bogen, welche Wörter man getrennt spricht und welche man verbindet. Vergleichen Sie im Kurs. Fordern Sie die TN auf zu überlegen, welche Regeln es dafür gibt.	CD: Track 2.19
	INFO: Beginnt das folgende Wort (oder eine neue Silbe) mit einem Vokal oder Diphthong, wird es getrennt vom Wort (oder der Silbe) davor gesprochen. Man bezeichnet das als Knacklaut oder Neueinsatz. Sprechen Sie den TN *Es ist kalt.* und *Es ist alt.* vor und bitten Sie sie, auf den Unterschied zu hören.	
6b	Die TN hören noch einmal und sprechen nach. Dazu können sie die passende Handbewegung machen (eine Kurve bei Ausdrücken, die verbunden werden, einen Schnitt bei Ausdrücken, die getrennt werden).	CD: Track 2.19
6c	Je 2 TN lesen gemeinsam die Sätze und überlegen, wo die einzelnen Wörter verbunden und wo sie getrennt werden. Sie markieren entsprechend. Dann hören die TN die Sätze zur Kontrolle, korrigieren ggf. und sprechen nach.	CD: Track 2.20

Sprachhandlungen: Hauptinformationen in Zeitungstexten finden; etwas verneinen
Lerninhalte: WS: Museum | GR: Stellung von *nicht* im Satz

	Erläuterungen zum Unterricht	**Materialien**
7a	Die TN arbeiten in Gruppen. Jede Gruppe wählt einen der 3 Texte und formuliert gemeinsam 3 Fragen dazu. Danach tauscht sie die Fragen mit einer Gruppe, die einen anderen Text gelesen hat. Die TN lesen den Text der anderen Gruppe, beantworten die Fragen und geben sie an die erste Gruppe zurück. Jede Gruppe korrigiert die Antworten auf ihre gestellten Fragen. Dann tauschen die Gruppen noch einmal, um auch den dritten Text kennenzulernen.	
	VARIANTE: Teilen Sie den Kurs in 3 Gruppen, geben Sie jeder Gruppe einen der 3 Texte. Die TN lesen ihren Text und formulieren alleine oder mit einem Partner 3 Fragen dazu. Anschließend finden sich die TN in 3er-Gruppen zusammen, sodass jeder der Texte vertreten ist. Die TN lesen ihre Fragen vor und die anderen TN versuchen, die Antworten so schnell wie möglich in den Texten zu finden. ERWEITERUNG: Je 2–3 TN arbeiten zusammen. Bitten Sie die TN, sich vorzustellen, dass sie für eine Zeitung arbeiten und eine(n) der Protagonisten der 3 Texte (z. B. die Putzfrau, den Museumsleiter, den Zoodirektor, die Erbin oder den Vertreter des Auktionshauses) interviewen. Die TN wählen ihren Interviewpartner und überlegen sich ca. 5 Fragen. Lassen Sie die Interviews im Kurs vorspielen. Die TN können ihre Fragen auch an eine andere Gruppe weitergeben und diese beantworten sie schriftlich.	
7b	Fragen Sie die TN, welche Art von Negation sie schon kennen (*kein* + Substantiv). Erklären Sie, dass es jetzt um die Negation von Sätzen oder Satzteilen geht, die mit *nicht* gebildet wird. Lesen Sie mit den TN die Regeln für diese Negation. Bitten Sie die TN dann, die Beispielsätze zu lesen und *nicht* zu unterstreichen. Je 2 TN überlegen gemeinsam, welche der Regeln für die einzelnen Sätze zutrifft. Vergleichen Sie im Kurs. **Lösung:** *B1; C2a; D2b; E3; F2d; G2c*	

ERWEITERUNG: Teilen Sie den Kurs in 3 Gruppen. Jede Gruppe übernimmt einen der 3 Texte von KB7a. Die TN lesen die Texte noch einmal und markieren *nicht* in einer Farbe, wenn es den ganzen Satz verneint (Regel 1 + 2), und in einer anderen Farbe, wenn es ein konkretes Wort verneint (Regel 3).

7c	Je 2 TN lesen die Aussagen und überlegen, wo *nicht* stehen muss, um den ganzen Satz zu verneinen. Vergleichen Sie im Kurs und lassen Sie die Stellung von *nicht* gemäß den Regeln aus KB7b begründen. **Lösung:** *1 Die Putzfirma hat ihre Mitarbeiter nicht ausreichend informiert. 2 Die Putzfrau hat die Installation nicht berührt. 3 Die Käufer erkannten den Wert der Bilder nicht. 4 Die meisten Affen malen nicht gern Bilder. 5 Das Auktionshaus konnte den Teppich nicht teuer verkaufen. 6 Die Erbin ärgerte sich nicht über den Fehler des Auktionshauses.*	IAW: TB 9/1
7d	Je 2 TN überlegen sich zusammen einen möglichst langen Satz mit *nicht*. Danach schreiben sie jedes Wort oder zusammengehörende Wortgruppen auf jeweils einen Zettel oder ein Kärtchen. Wenn alle Gruppen fertig sind, verteilt die erste Gruppe alle Zettel oder Kärtchen beliebig an die anderen TN. Diese stellen sich so nebeneinander, dass ein korrekter Satz entsteht (▶ **Lebendiger Satz**). Die TN, die keinen Zettel oder kein Kärtchen erhalten haben, helfen dabei, die Sätze zu bilden. Wenn alle TN den Satz für richtig befunden haben, kommt die nächste Gruppe an die Reihe.	Zettel oder Kärtchen
	ERWEITERUNG: Je 3–4 TN arbeiten zusammen. Kopieren Sie die Kärtchen von der **Kopiervorlage** auf Karton, schneiden Sie sie aus und geben Sie jeder Gruppe ein Set. Die TN haben 5 Minuten Zeit, aus den einzelnen Wörtern und Satzteilen, so viele korrekte Sätze oder Fragen mit Negation (mit *nicht* und *kein*) zu bilden wie möglich. Lassen Sie die Sätze ggf. aufschreiben und vorlesen und korrigieren Sie im Kurs. Die Gruppe mit den meisten korrekten Sätzen hat gewonnen.	KV auf Karton

Sprachhandlungen: über Bilder sprechen; Aussagen verstärken und abschwächen
Lerninhalte: WS: Graduierungspartikel

Erläuterungen zum Unterricht		**Materialien**
8a	Projizieren Sie das Bild von Heimrad Prem. Fragen Sie die TN, ob ihnen dieses Bild gefällt und warum (nicht). Bitten Sie die TN, dem Bild spontan einen Titel zu geben (*der Originaltitel ist „Er und Sie"*).	Kopie auf Folie
	ERWEITERUNG: Die TN wählen alleine oder in Gruppen einen anderen Künstler der Moderne aus den deutschsprachigen Ländern, recherchieren Informationen über ihn und seine Werke im Internet und stellen das Ergebnis im Kurs vor. INFO: Heimrad Prem ist am 27. Mai 1934 in Roding in der Oberpfalz (Bayern) geboren und am 19. Februar 1998 in München gestorben. Er war ein deutscher Maler der Nachkriegszeit und gehörte zur avantgardistischen Gruppe SPUR, die sich sowohl durch Malerei als auch durch Beschäftigung mit gesellschaftspolitischen Themen auszeichnete.	
8b	Die TN hören die Kommentare von Besuchern einer Ausstellung und notieren, wie vielen Personen das Bild von Heimrad Prem gefällt. **Lösung:** *4 Personen gefällt das Bild.*	CD: Track 2.21
8c	Die TN hören noch einmal und kreuzen die Aussagen an, die sie hören. Vergleichen Sie im Kurs. **Lösung:** *Aussagen verstärken: 1, 3, 4; Aussagen abschwächen: 1, 3, 4* Lesen Sie mit den TN die Infobox zu den Graduierungspartikeln. Weisen Sie die TN darauf hin, dass die Graduierungspartikel in den Sätzen oft besonders stark betont werden. Lesen Sie die Sätze noch einmal vor. Die TN sprechen im Chor nach. Danach sprechen die TN noch einmal nacheinander, dazu können sie sich einen Ball zuwerfen.	CD: Track 2.21 Ball IAW: TB 9/2
	VARIANTE: Schreiben Sie die Aussagen auf je ein Blatt Papier und verteilen Sie die Blätter an die TN (wenn es mehr TN als Aussagen gibt, können Sie einige Aussagen mehrfach verwenden). Die TN hören die Kommentare der Ausstellungsbesucher. Die TN, die ihre Aussage wiedererkennen, stehen auf. Dann weiter mit den Graduierungspartikeln wie oben beschrieben.	CD: Track 2.21
8d	Bitten Sie die TN, ein Foto oder eine Kopie von einem Kunstwerk mitzubringen, das ihnen besonders gut oder überhaupt nicht gefällt. Machen Sie mit diesen Kunstwerken eine Ausstellung im Kursraum. Hängen Sie die Bilder im Kursraum auf und bitten Sie die TN, zu zweit oder zu dritt durch den Raum zu gehen, die Bilder zu begutachten und zu kommentieren. Dazu können sie die Ausdrücke von KB8c verwenden.	Fotos von Kunstwerken

ALTERNATIVE: Besuchen Sie gemeinsam mit den TN eine Ausstellung am Kursort. Bitten Sie die TN, ihre Meinung zu den Kunstwerken auf Deutsch auszudrücken.

ERWEITERUNG: Fragen Sie die TN, ob sie in der letzten Zeit eine Ausstellung besucht haben. Wie hieß der Künstler? Wie haben die TN die Ausstellungsstücke gefunden und warum? Vielleicht können Sie oder die TN auch Ausstellungskataloge in den Kurs mitbringen oder Webseiten zeigen und kommentieren. Die Bilder vieler Museen (z. B. die Pinakotheken in München, das Museum Ludwig in Köln, das Museum der bildenden Künste in Leipzig) kann man auch im Internet sehen. Einige große Museen (z. B. das Thyssen-Museum in Madrid, www.museothyssen.org) bieten sogar einen virtuellen Rundgang durch alle Säle an.

Ausstellungskataloge

Sprachhandlungen: ein Interview mit einem Regisseur verstehen
Lerninhalte: WS: Film | Landeskunde: Regisseur Arne Birkenstock

	Erläuterungen zum Unterricht	**Materialien**
9a	Die TN lesen die Ankündigung für das Interview mit Arne Birkenstock. Je 2 TN überlegen sich 5 Fragen, die sie ihm gerne stellen würden.	
9b	Die TN lesen die Interviewfragen abwechselnd im Kurs laut vor und vergleichen miteinander, welche Fragen sie auch (so ähnlich) gestellt haben und welche nicht.	
9c	Die TN hören das Interview mit Arne Birkenstock und notieren zu jeder Frage aus KB9b 1–2 Stichpunkte als Antwort. Dann überlegen die Paare aus KB9a gemeinsam, ob sie in den Interviews auch auf ihre eigenen Fragen eine Antwort erhalten haben. Ggf. hören sie das Interview dafür noch einmal. **Lösung:** *2 in Köln studiert, viel Musik gemacht ... 3 in fremde Lebenswelten von Menschen eintauchen, großartige Kollegen ... 4 die Sorge um das Geld, das Filmemachen selbst ... 5 man hat ein Thema und sucht die Geschichte dazu oder man bekommt die Geschichte und baut den Film darum ... 6 schnell: ein Jahr, lange: ewig ... 7 Muttersprache des Protagonisten ist Englisch; es gibt kein englisches Wort für „Heimat" ... 8 jeder Film liegt ihm am Herzen*	CD: Track 2.22
	VARIANTE für sprachlich schwächere TN: Schreiben Sie die einzelnen Fragen mindestens 2 Mal auf Papierstreifen und verteilen Sie sie an die TN. Je nach Gruppengröße können die TN eine oder mehrere Fragen haben. Jeder TN versucht, möglichst viele Informationen zu seiner Frage / seinen Fragen aus dem Interview herauszuhören.	Papierstreifen
9d	Je 2 TN vergleichen ihre Stichpunkte. Wenn Sie die Variante gewählt haben, vergleichen die TN miteinander, die auf ihren Papierstreifen dieselbe Frage stehen haben. Anschließend hören die TN das Interview noch einmal zur Kontrolle und vergleichen dann im Kurs.	CD: Track 2.22
9e	Je 2 TN besuchen gemeinsam die Webseite von Arne Birkenstock und suchen die Antworten auf die 3 gestellten Fragen. Sie können die Recherche-Aufgabe auch als Quiz ankündigen; die Gruppe, die als Erste alle 3 Fragen beantworten kann, gewinnt einen kleinen Preis. **Lösung:** *1 ein Kino-Dokumentarfilm über den Kunstfälscher Wolfgang Beltracchi (Stand Anfang 2014); 2 Seine Band heißt Schmackes. 3 die Kino-Dokumentarfilme „Die Nacht der Nächte"; der Film „Die Moskauer Prozesse"; ein Musikfilm über eine BATUCADA-Gruppe; eine TV-Reihe über „Tierisch beste Freunde" ...* **Link:** www.arnebirkenstock.de	
9f	Die TN schreiben einzeln oder – in sprachlich schwächeren Gruppen – mit einem Partner ein Kurzporträt über einen Schauspieler / eine Schauspielerin oder über einen Regisseur / eine Regisseurin. Erarbeiten Sie ggf. gemeinsam im Kurs, welche Punkte angesprochen werden sollen (*wann und wo geboren, Ausbildung, erste Erfolge, aktuelle Beschäftigung* usw.) und wie der Text strukturiert sein sollte. Die TN lesen das Kurzporträt im Kurs vor und die anderen TN raten, um wen es sich handelt. Sie können auch zuerst gemeinsam im Kurs Namen bekannter Schauspieler oder Regisseure sammeln und an die Tafel schreiben, unter denen die TN dann auswählen können. Wenn der Kurs sehr groß ist, können sich die TN die Texte in Gruppen vorlesen. Jede Gruppe wählt danach ein Kurzporträt aus, das im Kurs vorgelesen wird.	

Sprachhandlungen: über Filme sprechen; ein Volkslied verstehen und darüber sprechen
Lerninhalte: WS: Film | Landeskunde: Volkslieder

	Erläuterungen zum Unterricht	Materialien
10a	Projizieren Sie das Filmplakat und bitten Sie die TN zu beschreiben, was ihnen dazu einfällt. Fragen Sie die TN, was sie sich von diesem Film erwarten. Die TN lesen die Inhaltsbeschreibung des Films und fassen ihn mit ihren Worten zusammen. Entspricht der Inhalt ihren Vorstellungen?	Kopie auf Folie
	INFO: Unter Volksmusik versteht man eigentlich traditionelle, ursprüngliche, meist nur mündlich überlieferte Musik (Lieder und Instrumentalmusik). Oft ist mit dem Begriff auch volkstümliche Musik (Schlager) gemeint. Die Einstellung dazu ist nicht nur positiv. Während es zahlreiche Volksmusiksendungen im Fernsehen gibt (Musikantenstadl, Die lustigen Musikanten usw.), die vor allem von älteren Menschen begeistert gesehen werden, lehnen junge Menschen diese Art Volksmusik oft ab, weil sie als „spießig" empfunden wird. Mittlerweile gibt es neue, innovative Volksmusik, die die traditionelle Volksmusik mit modernen Elementen, z. B. aus Jazz, Folklore und Rock, verbindet. Sie nennt sich „Volxmusik".	
	Nach KB10a eignet sich Film 9 (Trailer zu *Sound of Heimat*) mit KB12–14.	DVD: Film 9
10b	Die TN erzählen im Kurs, ob sie den Film gern sehen würden oder nicht, und begründen ihre Entscheidung. Fragen Sie die TN, ob sie andere Filme kennen, bei denen es um das Thema *Musik* geht. Die TN nennen die Filmtitel und erzählen kurz, worum es in diesen Filmen geht (Beispiele für Filme zum Thema *Musik*: Sister Act, Highschool Musical, Comedian Harmonists, Farinelli, Bird usw.).	
	ERWEITERUNG: Die TN wählen einen Musikfilm aus und stellen ihn im Kurs vor. Zur Unterstützung können Sie den TN die **Kopiervorlage** aus dem Lehrerhandbuch A2 (KV zu Kap. 3, Aufgabe 13a) zur Präsentation von Filmen und/oder die **Kopiervorlage** aus diesem Lehrerhandbuch (KV zu Kap. 6, Aufgabe 10) zur Präsentation von Liedern an die Hand geben.	KV
11a	Schreiben Sie *Die Gedanken sind frei* an die Tafel. Teilen Sie Kärtchen an die TN aus und bitten Sie sie aufzuschreiben, was dieser Satz für sie bedeutet. Lesen Sie die Kärtchen vor und kleben Sie sie auf ein Plakat. Die TN kommentieren die unterschiedlichen Bemerkungen und sagen ihre Meinung dazu.	Kärtchen DIN-A3-Papier, Kleber
	INFO: Das Lied „Die Gedanken sind frei" ist ein politisches Lied. Der Text entstand Ende des 18. Jahrhunderts, eine Zeit der Unterdrückung durch absolutistische Herrscher sowie die Zeit der Französischen Revolution; der Text drückt den Wunsch nach Meinungsfreiheit aus. Die Musik kam erst ca. 1810 zum Text dazu. Wie häufig bei Volksliedern gibt es auch bei diesem Text Varianten. Die bekannteste Version stammt von Hoffmann von Fallersleben aus dem Jahre 1841.	
11b	Die TN hören das Lied und sagen ihre Meinung dazu. Überlegen Sie gemeinsam, warum dieser Text auch heute noch aktuell sein könnte. Wenn die TN Lust haben, können sie das Lied zusammen singen.	CD: Track 2.23
	ERWEITERUNG: Die TN recherchieren, ob es eine Variante des Liedes in ihrer Sprache gibt. INFO: Die Künstlerin Susan Hiller hat auf der Documenta 2013 ein interessantes Projekt zu dem Lied vorgestellt („Susan Hiller + documenta" in eine Suchmaschine eingeben).	
11c	Fragen Sie die TN, ob sie andere deutsche Volkslieder kennen, und schreiben Sie die genannten Titel an die Tafel. Wenn die TN keine deutschen Volkslieder kennen, können Sie einige auf Youtube suchen und vorspielen. Fragen Sie die TN nach ihrer Meinung zu deutschen Volksliedern. Die TN sprechen im Kurs darüber, ob es in ihren Ländern Volksmusik gibt und wie sich diese anhört (Instrumente, Rhythmus …). Bitten Sie die TN auch zu erzählen, in welchen Situationen in ihren Ländern Volksmusik gespielt wird und wie sie ihnen gefällt. Sie können auch Beispiele mitbringen.	
WB	im Kurs. Thema: zusammengesetzte Adjektive.	

Der Film: Sound of Heimat (Trailer)

	Lösungen zur DVD	Materialien
13a	*kommt aus Neuseeland; hat Musik in Deutschland studiert; interessiert sich vor allem für ursprüngliche Musik*	DVD: Film 9
13b	*A4; B2; C1; D3; E5*	DVD: Film 9

	Erläuterungen zum Unterricht	Materialien
1	Je 3–4 TN (oder Paare bei sprachlich schwächeren TN) spielen zusammen das Spinnennetz-Spiel. Lesen Sie mit den TN die Spielanleitung und versichern Sie sich, dass sie von allen TN gut verstanden wurde. Überlegen Sie gemeinsam, wie die Gruppe über die Punktevergabe entscheiden kann, wenn Aufgaben nur zum Teil gelöst wurden.	je TN eine Spielfigur, pro Gruppe Papier, Stifte, 1 Würfel
	VARIANTE: Gehen Sie vor wie im KB und oben beschrieben. Zusätzlich übernimmt ein TN pro Spielgruppe die Rolle des Experten. Dieser Experte bekommt die **Kopiervorlage** mit den Lösungen bzw. Lösungsbeispielen mit Kapitelverweisen zum Spiel. Er entscheidet anhand des Expertenblattes, ob die Aufgabe richtig gelöst ist. Bei Zweifelsfällen bzw. Teillösungen kann er alleine oder gemeinsam mit der Gruppe über die Punktezahl entscheiden.	KV
2a	Zeichnen Sie eine Tabelle mit 2 Spalten an die Tafel und schreiben Sie *Märchen* darüber. Fragen Sie die TN, ob sie wissen, was Märchen sind, und nennen Sie ggf. die Gebrüder Grimm und Hans Christian Andersen als typische Vertreter. Bitten Sie die TN, bekannte Märchen zu nennen, und halten Sie diese in der Tabelle fest: in der einen Spalte deutsche Märchen, in der anderen Märchen aus anderen Ländern. (Sie können die Sammlung in KB4 noch einmal verwenden.) Fragen Sie die TN, ob sie typische Formeln auf Deutsch oder in anderen Sprachen kennen, mit denen Märchen beginnen oder enden. Schreiben Sie sie an die Tafel oder auf ein Plakat, das anschließend im Kursraum aufgehängt wird (*Es war einmal ...*; *Und wenn sie nicht gestorben sind, dann leben sie noch heute.* / *Und sie lebten glücklich bis an ihr Ende.*), und vergleichen Sie gemeinsam. Diskutieren Sie mit den TN, ob es bei ihnen heute noch üblich ist, Märchen zu lesen oder zu erzählen. Sie können die TN auch fragen, ob sie selbst Märchen mögen und, wenn ja, was ihr Lieblingsmärchen ist.	DIN-A3-Papier
2b	Sammeln Sie mit den TN typische Figuren, die oft in Märchen vorkommen, und schreiben Sie sie an die Tafel (*Prinz, Prinzessin, König, Königin, Zauberer, Hexe, Fee, Bettler, Zwerg ...*).	
	ERWEITERUNG: Sammeln Sie auch Tiere und Gegenstände, die oft in Märchen vorkommen (*Wolf, Drache, Frosch, Esel, Gans, Ziege ..., Kutsche, Spiegel, Zaubertrank, Burg, Schloss ...*). Die TN können daraus in Kleingruppen Märchenplakate erstellen, auf denen das typische Märchenvokabular zusammen mit einer Zeichnung dargestellt wird.	
3a	Projizieren Sie die Bilder. Fragen Sie die TN, ob sie das Märchen auf den ersten Blick erkennen, und überprüfen Sie gemeinsam, ob es bei den Märchen in der Tabelle in KB2a genannt wurde. Bitten Sie die TN, die einzelnen Bilder kurz zu beschreiben, und fragen Sie sie, ob ihnen eine Szene bekannt vorkommt. Erklären Sie, dass es sich um ein Märchen der Gebrüder Grimm handelt, und lesen Sie gemeinsam die Infobox in KB3b.	Kopie auf Folie
	VARIANTE für sprachlich schwächere TN: Je 2–3 TN sammeln zuerst passende Wörter zu den einzelnen Bildern und schreiben dann jeweils 1–2 Sätze dazu (*Königin, Baby, Bein ausreißen, Feuer, tanzen, spinnen, Stroh, Gold, Zimmer, Halskette ...*). Sie können die Wörter auch für jede Gruppe auf Kärtchen schreiben, sodass die TN sie nur noch zuordnen müssen, oder die Wörter im Kurs sammeln.	Kärtchen
3b	Die TN lesen das Märchen von Rumpelstilzchen und ordnen die Bilder chronologisch. Sie vergleichen mit einem Partner und anschließend im Kurs. **Lösung:** *1F; 2D; 3E; 4A; 5C; 6B*	
3c	Die TN lesen das Märchen noch einmal und markieren die Stellen, an denen etwas über die 4 Charaktere (*König, Müller, Müllerstochter, Rumpelstilzchen*) ausgesagt wird. Anschließend notieren sie mit einem Partner in Stichworten, welche Informationen sie über die Personen bekommen haben.	
	VARIANTE: Die TN arbeiten in Kleingruppen und konzentrieren sich auf einen der 4 Charaktere. Sie entwerfen ein Plakat zu ihrer Person, machen eine Zeichnung und schreiben alle Informationen dazu, die sie in dem Märchen erhalten haben. Hängen Sie die Plakate im Kursraum auf.	DIN-A3-Papier
3d	Die TN überlegen gemeinsam im Kurs, was in dem Märchen von Rumpelstilzchen passiert ist, und schreiben die einzelnen Vorkommnisse auf jeweils ein Kärtchen. Malen Sie einen Zeitstrahl an die Tafel / auf ein Stück Tapete oder befestigen Sie eine Wäscheleine im Kursraum und hängen Sie gemeinsam mit den TN die Kärtchen mit Klebeband bzw. Wäscheklammern in chronologischer Reihenfolge auf. Lassen Sie das Märchen anschließend anhand der Kärtchen noch einmal nacherzählen.	Kärtchen Tapete/Wäscheleine, Klebeband/ Wäscheklammern

4 Die TN wählen verschiedene Märchen für ein Theater-Projekt aus. Dazu können sie noch einmal die Märchensammlung aus KB2a betrachten. Die TN entscheiden zuerst, welche Szene(n) aus dem Märchen sie theatralisch umsetzen wollen und bilden – je nachdem, wie viele Personen (+ Erzähler) sie dazu benötigen – Kleingruppen. Die TN verteilen die Rollen und schreiben ein „Drehbuch" für ihr Märchen. Anschließend überlegen sie, welche Gegenstände und Verkleidungen sie benötigen. Die TN besorgen sich die Gegenstände oder basteln sie selbst. Geben Sie den Gruppen Zeit, ihr Theaterstück einzustudieren. Anschließend spielen die Gruppen ihr Märchen im Kurs vor. Sie können die Theaterstücke auch filmen und zusammen im Kurs ansehen.

ggf. Sammlung aus KB2a

VARIANTE für sprachlich schwächere TN: Statt eines Theaterstücks können die TN für das Theater-Projekt ein Hörspiel gestalten. Die TN schreiben in Kleingruppen die Szenen und lesen sie dann mit verteilten Rollen vor. Sie können die Hörspiele aufnehmen und zusammen im Kurs anhören.

Kopiervorlage zu Plattform 3, Aufgabe 1

Expertenblatt

1. Sound of Heimat ... (KB Kap. 9/10)
2. Arzt/Ärztin; Krankenpfleger/-schwester; Hebamme ... (KB Kap. 8/3–6)
3. Fisch; Reis; Gemüse; Obst; Milchprodukte ... (KB Kap. 8/1)
4. ... möchte ich noch mehrere Deutschkurse besuchen. ... (KB Kap. 7/5d)
5. ... habe ich viel Interesse an der deutschen Kultur. ... (KB Kap. 7/5d)
6. ... läuft im Fernsehen ein interessantes Fußballspiel. ... (KB Kap. 7/5d)
7. Jemand hat Lampenfieber, wenn er vor einem Auftritt in der Öffentlichkeit (Konzert, Vortrag usw.) sehr aufgeregt ist. (KB Kap. 9/4c)
8. Arne Birkenstock; Heimrad Prem; Martin Kippenberger ... (KB Kap. 9)
9. Ein Ohrwurm ist ein Lied, das man lange im Kopf hat und immer wieder ungewollt singt. (KB Kap. 8/9)
10. Eine Patchwork-Familie besteht meist aus Partnern, die aus früheren Partnerschaften jeweils eigene Kinder in die neue Partnerschaft mitbringen. Dazu kommen später oft noch gemeinsame Kinder. ... (KB Kap. 7/3)
11. Spritze, Verband, Medikamente ... (KB Kap. 8/3)
12. Die Deutschlehrerin war gestern *nicht* krank. (KB Kap. 9/7b)
13. über Geld; über das Ausgehen; darüber, dass der Partner nicht genug Zeit hat; über den Haushalt ... (KB Kap. 7/5)
14. Kann ich dir helfen? Was kann ich für dich tun? Soll ich dir ...? ... (KB Kap. 8/3c)
15. Nein, danke. Das ist wirklich nicht nötig. Du brauchst nichts zu machen. ... (KB Kap. 8/3c)
16. Bevor ich meinen Mann kennenlernte, fühlte ich mich sehr allein. ... (KB Kap. 7/4b)
17. die Hofburg; die Stationen der Hungerburgbahn; die Bahnhofshalle; das Goldene Dachl ... (KB Kap. 9/1–2)
18. ich putze mir die Zähne; ich kämme mir die Haare; ich ziehe mir die Schuhe an (Reihenfolge egal) (KB Kap. 8/5a)
19. Nachdem ich die Prüfung gemacht hatte, habe ich Freunde besucht. (KB Kap. 7/4b)
20. freundliche (Akk. Sg.); guten (D Pl.) ... (KB Kap. 9/5b)
21. interessantem (D Sg.); netten (D Pl.) ... (KB Kap. 9/5b)
22. Kannst du bitte das Radio leiser stellen? Ich kann mich sonst nicht so gut konzentrieren. ... (KB Kap. 7/8a)
23. Mein Lieblingslied / Meine Lieblingsband heißt ..., weil ...
24. Die Lehrer waren nett, wir hatten nicht so viele Hausaufgaben, Musik mochte ich sehr gern ... (KB Kap. 8/14)
25. sowohl – als auch (KB Kap. 8/8a)
26. Nachdem ich die Schule abgeschlossen hatte, habe ich eine Ausbildung zum/zur ... gemacht / ... studiert / Kinder bekommen / erst mal Urlaub gemacht ... (KB Kap. 7/4b)
27. Einerseits gehe ich gern ins Konzert, andererseits sind mir die Tickets oft zu teuer. ... (KB Kap. 8/8a)
28. Musik beruhigt und entspannt mich; macht mich aktiv ... (KB Kap. 8/7)
29. Ich mag weder Theater noch Kino. ... (KB Kap. 8/8a)
30. Die Hausaufgabe war nicht gerade schwer / nicht so schwer. ... (KB Kap. 8/8c)
31. Die Feier war wirklich lustig / total lustig. ... (KB Kap. 8/8c)
32. *nicht* steht möglichst am Ende, wenn es den ganzen Satz verneint. Wenn *nicht* ein Wort verneint, steht es vor dem Wort. (KB Kap. 9/7b)
33. Ich höre Volkslieder (nicht) gern, weil ... (KB Kap. 9/11)
34. Das ist aber schade. Aber es ist nicht so schlimm. Was ist denn los? ... (KB Kap. 7/8a)
35. Ich kann mich noch gut erinnern, als ...
36. Das letzte Mal, dass ich ... vergessen habe, war, als ...
37. Mir gefällt besonders gut ... von ..., weil ...
38. Eine gute Schule sollte ... Es wäre gut, wenn ...
39. Der letzte Film, den ich gesehen habe, heißt ... Der Film handelte von ...
40. ich schreibe die Wörter auf Vokabelkärtchen; ich lese die Wörter laut vor; ich male ein Bild dazu; ich schreibe eine Geschichte mit den Wörtern ... (KB Kap. 8/13)

Sprachhandlungen: über Werte in der Gesellschaft sprechen
Lerninhalte: WS: Gesellschaftliche Werte

	Erläuterungen zum Unterricht	Materialien
1a	Projizieren Sie die Bilder. Die TN beschreiben im Kurs, was sie auf den Fotos erkennen können. Lesen Sie mit den TN die Begriffe und klären Sie ggf. die Bedeutung. Je 2 TN ordnen die Begriffe den Bildern zu.	Kopie auf Folie
	VARIANTE: Sie können die Begriffe auch auf Kärtchen schreiben (lassen). Die TN ordnen die Kärtchen den Bildern zu und begründen, warum ihrer Meinung nach der Begriff zum Bild passt.	Kärtchen
1b	Die TN vergleichen ihre Ergebnisse mit einem anderen Team und begründen ihre Entscheidung.	
	ERWEITERUNG: Die TN machen ein Ratespiel. Ein TN erklärt einen der Begriffe aus KB1a oder gibt ein Beispiel, die anderen TN raten, um welchen Wert es sich dabei handelt.	
AB1c	im Kurs oder als Hausaufgabe. Die TN lernen weitere Wörter zum Thema *Gesellschaft* kennen.	
2a	Die TN hören die Aussagen der 3 Personen und schreiben auf, welche Werte sie besonders wichtig finden. **Lösung:** *Person 1: Demokratie und Freiheit; Person 2: Sicherheit; Person 3: Hilfsbereitschaft*	CD: Track 2.24–26
2b	Die TN hören die 3 Aussagen noch einmal und notieren in Stichpunkten, warum die 3 Personen diese Werte besonders wichtig finden und/oder welche Beispiele sie nennen. **Lösung:** ***Person 1:*** *ist in der DDR aufgewachsen; möchte denken und leben können, wie sie will; möchte durch Wahlen mitbestimmen können, reisen können –* ***Person 2:*** *möchte sich frei bewegen können und keine Angst haben müssen, nachts nach Hause zu gehen; auch ein sicherer Arbeitsplatz ist wichtig –* ***Person 3:*** *findet, dass man sich gegenseitig helfen soll; versucht zu helfen, wenn es zwischen Schülern Ärger gibt*	CD: Track 2.24–26
2c	Je 3–4 TN arbeiten zusammen. Jede Gruppe schreibt die Begriffe aus KB1a auf Kärtchen. Die TN überlegen gemeinsam, ob es noch andere Werte gibt, die für das Zusammenleben in einer Gesellschaft wichtig sind, und schreiben diese ebenfalls auf jeweils ein Kärtchen. Anschließend diskutieren die TN in der Gruppe, welche Werte sie persönlich besonders wichtig finden und welche nicht so sehr.	Kärtchen
	ERWEITERUNG: Jede Gruppe versucht sich auf 3 Werte zu einigen, die sie besonders wichtig finden. Danach vergleichen sie ihre Ergebnisse mit den anderen Gruppen. Die TN diskutieren im Kurs miteinander und versuchen, sich miteinander auf die 3 wichtigsten Werte zu einigen (▶ **Kursstatistik**).	

Sprachhandlungen: Texte über soziales Engagement verstehen und darüber sprechen; Vorgänge beschreiben
Lerninhalte: GR: Passiv Präsens, Präteritum und Perfekt | Landeskunde: Soziales Engagement

	Erläuterungen zum Unterricht	Materialien
3a	Schreiben Sie *Soziales Engagement* an die Tafel. Bitten Sie die TN zu erklären, was damit gemeint ist (*man engagiert sich freiwillig und ohne Bezahlung für andere Menschen*), und lassen Sie einige Beispiele nennen. Projizieren Sie die Fotos und bitten Sie die TN, sie zu beschreiben. Was machen die Personen auf den Fotos? Wofür bzw. für wen engagieren sie sich? Sammeln Sie im Kurs.	Kopie auf Folie
3b	Je 3 TN arbeiten zusammen. Lesen Sie gemeinsam die Fragen. Jeder der TN liest einen der 3 Texte und notiert die Antworten, die er in seinem Text findet. Danach fassen die TN ihren Text anhand ihrer Notizen für die anderen TN in ihrer Gruppe zusammen. Bitten Sie die TN, die Antworten noch einmal gemeinsam im Kurs zusammenzufassen, und schreiben Sie sie ggf. an die Tafel.	
	ERWEITERUNG: Je 3 TN entscheiden sich für einen der Texte und überlegen sich 5 Fragen, die sie einer Person stellen würden, die für eine der Organisationen arbeitet (z. B. *Ist Ihre Arbeit körperlich sehr anstrengend? Was macht Ihnen an Ihrer Arbeit besonders Freude? Lernen die Paten ihre „Kinder" manchmal auch persönlich kennen? ...*). Die TN tauschen ihre Fragen mit einer anderen Gruppe, diese schlüpfen in die Rolle und überlegen, was die Personen möglicherweise antworten könnten.	

3c Projizieren Sie noch einmal die Fotos aus KB3a und fragen Sie die TN, welche der 3 Organisationen ihnen am besten gefällt und wo sie sich vorstellen könnten, selbst mitzuarbeiten. Bitten Sie die TN, ihre Entscheidung zu begründen. Welche Organisation weckt das größte Interesse?

Folie aus KB3a

VARIANTE: Kopieren Sie die 3 Fotos groß und hängen Sie sie an unterschiedlichen Stellen im Kursraum auf. Fordern Sie die TN auf, sich zu dem Foto zu begeben, dessen Organisation ihnen am besten gefällt und in der sie am ehesten bereit wären mitzuarbeiten. Alle TN, die sich für die gleiche Organisation entschieden haben, sprechen miteinander und begründen ihre Entscheidung. Bilden Sie danach ▶ **Wirbelgruppen**, bei denen aus jeder Organisation mindestens ein TN vertreten ist. Die TN fassen gegenseitig zusammen, aus welchen Gründen sich die TN für die einzelnen Organisationen interessieren.

Kopien der Fotos

4a Bitten Sie die TN, Text B noch einmal zu lesen und zu den vorgegebenen Sätzen im Aktiv den passenden Passivsatz zu finden. Vergleichen Sie im Kurs.
Lösung: *1 Lebensmittel werden oft weggeworfen. 2 Viele Lebensmittel werden von Firmen gespendet. 3 1,5 Millionen Menschen werden unterstützt.*
Fragen Sie die TN, wo der Unterschied zwischen Sätzen im Aktiv und Sätzen im Passiv liegt *(bei Aktivsätzen ist wichtig, wer etwas tut; bei Passivsätzen steht die Handlung oder das Ereignis im Vordergrund, also was passiert)*. Analysieren Sie gemeinsam an den 3 Satzpaaren, wie Aktivsätze in Passivsätze umgewandelt werden, und vergleichen Sie auch mit dem Grammatikkasten. Bitten Sie die TN, die Veränderungen zu beschreiben *(das Akkusativobjekt wird zum Subjekt, das im Nominativ steht; das Verb des Aktivsatzes wird zum Partizip II; das Verb* werden *steht in konjugierter Form im Satz, das Partizip II am Ende; das Subjekt aus dem Aktivsatz kann wegfallen oder es wird mit der Präposition* von *angefügt)*.

4b Fragen Sie die TN, ob es in ihrer Sprache eine Passivform gibt und wie diese gebildet wird. Sammeln Sie die Varianten an der Tafel und vergleichen Sie.

4c Je 2 TN bilden aus den Vorgaben Sätze im Passiv. Vergleichen Sie im Kurs. Schreiben Sie die Sätze an die Tafel und lassen Sie *werden* und das Partizip II markieren.
Lösung: *2 Am Vormittag werden die Lebensmittel eingesammelt. 3 Mittags werden die Lebensmittel zu den Ausgabestellen gebracht. 4 Am Nachmittag werden die Lebensmittel verteilt.*

IAW: TB 10/1

ERWEITERUNG: Geben Sie jedem TN einen Papierstreifen der **Kopiervorlage** mit einem Aktivsatz. Der TN formuliert den Satz im Passiv und schreibt ihn auf die Rückseite des Papierstreifens. Die TN machen dann einen ▶ **Kursspaziergang**. Sie gehen im Kursraum umher und zeigen jeweils einem anderen TN ihren Aktivsatz. Der jeweilige Partner formuliert den Satz im Passiv und der TN kontrolliert mit seiner eigenen Lösung auf der Rückseite des Papierstreifens. Dann wechseln die Partner. Usw. Mit der Kopiervorlage können Sie das Passiv in der Gegenwart (Präsens) (nach KB4), das Passiv in der Gegenwart (Präsens) und in der Vergangenheit (Präteritum/Perfekt) (nach KB5) oder das Passiv in der Gegenwart und in der Vergangenheit sowie mit Modalverben (nach KB8) üben – je nachdem, welche Sätze Sie kopieren und verteilen. Ggf. ergänzen Sie weitere passende Sätze nach Ihren Ideen.

KV

5a Die TN lesen den Text und markieren die Passivformen. Fragen Sie die TN, welchen Unterschied es zwischen den Passivformen in KB4 und KB5 gibt *(in KB5 handelt es sich um Passivformen, die ein Geschehen in der Vergangenheit ausdrücken: Präteritum und Perfekt)*. Ergänzen Sie mit den TN den Grammatikkasten. Lesen Sie abschließend gemeinsam den Tipp.
Lösung: *wurde; worden*

5b Die TN betrachten die Bilder und formulieren Passivsätze im Präteritum. Vergleichen Sie im Kurs.
Lösung: *Ein Feuer wurde gemeldet. Die Feuerwehrleute wurden alarmiert. Der Brand wurde gelöscht. Die Bewohner wurden gerettet.*

VARIANTE: Kopieren Sie die Bilder und schreiben Sie die Texte auf je ein Kärtchen. Je 2–3 TN arbeiten zusammen. Geben Sie jeder Gruppe ein Set. Die TN ordnen die Texte den Bildern zu, bringen die Bilder in eine richtige Reihenfolge und schreiben die Passivsätze.
ERWEITERUNG: Arbeiten Sie mit der **Kopiervorlage**, wie unter 4c beschrieben.

Kopien der Bilder, Kärtchen

KV

6

Die TN stellen sich im Kurs gegenseitig bekannte soziale Projekte aus ihren Ländern vor. Lesen Sie mit den TN die vorgegebenen „Adressaten" für soziale Projekte (Umwelt/Natur, Kinder, alte Menschen) und überlegen sie, welche es sonst noch gibt (Tiere, behinderte Menschen, kranke Menschen, Asylsuchende, verlassene Dörfer usw.). Fragen Sie die TN, für wen oder was sie sich am ehesten ein soziales Engagement vorstellen könnten, und bitten Sie die TN, ihre Entscheidung zu begründen. Die TN recherchieren dann im Internet alleine, mit einem Partner oder in einer Kleingruppe mit gleichen Interessen ein interessantes Projekt und schreiben einen Text wie in KB3b darüber. Die TN präsentieren ihr Projekt kurz im Kurs, anschließend hängen sie ihre Texte im Kursraum auf. Sie können die Texte auch kopieren und für alle TN zu einem Heft zusammenklammern.

ERWEITERUNG: Je 3–4 TN entwerfen gemeinsam ein fiktives soziales Projekt. Dazu überlegen sie sich, an wen das Projekt gerichtet sein soll, welches Ziel es hat, wie dieses Ziel erreicht werden soll usw. Anschließend präsentieren die Gruppen ihre Projekte im Kurs. Die TN können das Projekt des Jahres wählen und einen Preis vergeben.

Preis

Sprachhandlungen: einen Zeitungsartikel verstehen; Projekte und Vorgänge beschreiben; über Projekte sprechen
Lerninhalte: GR: *außerhalb/innerhalb* + Genitiv; Passiv mit Modalverb | Aussprache: Satzmelodie: Kontrastakzente in *oder*-Fragen | Landeskunde: Mini-München

Erläuterungen zum Unterricht	**Materialien**

7a

Schreiben Sie *Alltag in einer Stadt* an die Tafel. Fragen Sie die TN, was ihnen dazu einfällt, und notieren Sie die Vorschläge an der Tafel (*Menschen kaufen ein, Kinder gehen in die Schule, Leute essen und trinken etwas in Cafés und Restaurants, viele Autos, Busse, Fahrräder usw. sind unterwegs* usw.). Fragen Sie weiter, welche Berufe es in einer Stadt gibt und was diese leisten müssen, damit das Stadtleben funktioniert. Lesen Sie mit den TN die Wörter von KB7a und klären Sie ggf. das Vokabular. Die TN überlegen, welches Verb zu welchem Substantiv passt. Vergleichen Sie im Kurs.
Lösung: *den Müll entsorgen; einen Ausweis erhalten; das Gehalt auszahlen; den Bürgermeister wählen; Geld sparen; ein Grundstück kaufen; eine Stelle suchen*

VARIANTE: Sie können die Substantive und die Verben auch auf Kärtchen zum Zuordnen schreiben oder ein ▶ Domino damit gestalten.

Kärtchen

7b

Die TN lesen den Text und versuchen, in 1–2 Sätzen mit ihren eigenen Worten auszudrücken, was Mini-München ist. Weisen Sie die TN darauf hin, dass es dafür sinnvoll sein kann, sich auf die W-Fragen zu konzentrieren (*Wer? Was? Wann? Wo? W...?*).
Lösung: *Mini-München ist eine Stadt in einer großen Halle, die ganz von Kindern organisiert wird. Mini-München findet alle zwei Jahre statt und hier können Kinder lernen und erfahren, was man in einer Stadt alles machen muss und kann. Sie übernehmen Arbeiten oder gehen an die Uni usw.*
Lesen Sie mit den TN den Grammatikkasten zu *außerhalb/innerhalb* + Genitiv. Erklären Sie anhand der Beispiele, dass die beiden Präpositionen sowohl bei Orts- als auch bei Zeitangaben stehen können. Bilden Sie gemeinsam weitere Beispielsätze (z. B. *Außerhalb der Schulzeit dürfen Schüler ausschlafen. Innerhalb des Schulgeländes darf man nicht rauchen.*). Erarbeiten Sie damit die genaue Bedeutung bzw. lesen Sie dazu auch die beiden Grammatikkästen in **AB7b**. Wenn Sie das Thema intensiver behandeln wollen, können die TN anschließend die Übung **AB7b** im Kurs lösen. Korrigieren Sie gemeinsam.

VARIANTE: Je 2 TN schreiben nach der Lektüre des Textes eine Zusammenfassung (1–2 Sätze) für Mini-München auf eine Karte. Sammeln Sie die Karten ein und lesen Sie sie vor. Welche Beschreibung trifft am meisten zu? Dann weiter mit *außerhalb/innerhalb* + Genitiv wie oben beschrieben.
Link: Mehr Informationen und ein von Kindern gedrehtes Kurzvideo zu Mini-München finden Sie hier: www.mini-muenchen.info (Das Video befindet sich ganz am Ende der Seite.)

Kärtchen

7c

Die TN lesen den Text noch einmal und kreuzen an, welche Aussagen richtig sind. Vergleichen Sie im Kurs.
Lösung: *1; 2; 5; 6*

7d	**Gut gesagt:** Die TN hören die Kommentare aus dem Kasten von *Gut gesagt*. Fragen Sie die TN, welche Partikeln hier benutzt werden und was deren Funktion sein könnte (*diese Partikeln werden gebraucht, um beim Gesprächspartner nachzufragen, ob er verstanden hat oder mit der Information einverstanden ist*). Erklären Sie, dass einige dieser Partikeln in bestimmten Regionen besonders typisch sind, wie *gell* im Süden oder *ne* im Norden von Deutschland. Fragen Sie die TN, ob es in ihren Sprachen auch typische Partikeln gibt, die diese Funktion erfüllen. Je 2 TN diskutieren über Mini-München und begründen, ob sie ihre Kinder dorthin schicken würden oder nicht. Dabei verwenden sie möglichst auch die vorgegebenen Partikeln.	CD: Track 2.27
AB 7c–d	d im Kurs, c ggf. zur Vorbereitung als Hausaufgabe. Je 2 TN arbeiten zusammen.	
8a	Die TN lesen die Zeilen 7–9 noch einmal und ergänzen die vorgegebenen Sätze. **Lösung:** *In einer Stadt muss viel erledigt werden. Der Müll muss entsorgt werden. Straßen müssen gereinigt werden.* Erklären Sie den TN, dass es sich hier um Passivstrukturen mit Modalverben handelt. Bitten Sie die TN zu beschreiben, wo sich welcher Verbteil befindet (*das konjugierte Modalverb ist im Aussagesatz an Position 2, das Partizip II an der vorletzten Stelle gefolgt von* werden). Vergleichen Sie mit dem Beispielsatz im Grammatikkasten.	
	ERWEITERUNG: Arbeiten Sie mit der **Kopiervorlage**, wie unter 4c beschrieben.	KV
8b	Projizieren Sie das Bild. Bitten Sie die TN, das Bild zu beschreiben (*vor einem Café stehen Tische und Stühle, auf den Tischen stehen Tassen und Teller; eine Laterne ist kaputt …*). Je 2 TN formulieren zusammen Passivsätze und sagen, was hier alles gemacht werden muss. Vergleichen Sie anschließend im Kurs. **Lösung:** *der Müll muss entsorgt werden; die Straßenlaterne muss repariert werden; das Geschirr muss abgeräumt werden; die Lieferung muss in den Keller gebracht werden; die Blumen müssen gegossen werden; die Fenster müssen geputzt werden*	Kopie auf Folie
	ERWEITERUNG: Je 3–4 TN arbeiten zusammen. Schreiben Sie Orte auf jeweils ein Kärtchen (*Post, Bank, Restaurant, Schule, Fitness-Studio…*). Geben Sie jeder Gruppe ein Kärtchen. Die TN schreiben in Passivsätzen, was hier gemacht werden kann, muss, darf oder soll. Beispiel *Restaurant: Hier im Restaurant muss die Rechnung bezahlt werden; hier können Speisen und Getränke bestellt werden; hier darf gesprochen werden; hier darf kein Essen mitgebracht werden; hier sollen die Kellner freundlich behandelt werden* usw. Die TN lesen ihre Sätze im Kurs vor und die anderen Gruppen raten, um welchen Ort es sich dabei handelt.	Kärtchen
9a	Bitten Sie die TN, die 3 Sätze leise zu lesen und zu überlegen, was die Sätze gemeinsam haben (*in den 3 Sätzen werden 2 mögliche Alternativen durch* oder *verbunden*). Spielen Sie den TN die 3 Sätze einmal vor und fragen Sie, was ihnen bei der Intonation auffällt (*die Wörter, die durch* oder *verbunden werden, sind besonders stark betont*). Die TN hören die Sätze noch einmal und markieren die stark akzentuierten Kontrastwörter. Vergleichen Sie im Kurs. **Lösung:** *1 uninteressant; 2 mehr – genug Information; 3 gerne – nicht*	CD: Track 2.28
9b	Je 2 TN lesen gemeinsam die Sätze und überlegen, wo die Kontrastakzente liegen. Sie lesen sich die Sätze gegenseitig vor und achten auf die Satzmelodie. Anschließend hören sie die Texte zur Kontrolle. **Lösung:** *1 morgen – nächste Woche; 2 entschieden – überlegst; 3 heute – Wochenende*	CD: Track 2.29

Sprachhandlungen/Strategie: Informationen über die EU verstehen; eine kurze Präsentation halten
Lerninhalte: WS: Europa; Politik | Landeskunde: Europäische Union

	Erläuterungen zum Unterricht	**Materialien**
10a	Schreiben Sie *Europa* und *die EU* an die Tafel. Fragen Sie die TN, was ihnen dazu einfällt, und sammeln Sie die Vorschläge an der Tafel. Projizieren Sie die Bilder und bitten Sie die TN, diese zu beschreiben und zu berichten, was sie darüber wissen.	Kopie auf Folie

INFO: *Europäisches Sprachenportfolio:* Darunter versteht man eine Art „Sammelmappe", in der Sprachenlernende ihre Lernerfolge sichtbar machen können. Sie kann Zeugnisse, Prüfungsbescheinigungen, aber auch besonders gelungene Arbeiten aus dem Unterricht enthalten. Außerdem enthält sie die eigene Lernbiographie. Das Europäische Sprachenportfolio wurde in den 1990er Jahren erstellt und orientiert sich am Gemeinsamen Europäischen Referenzrahmen für Sprachen, der vom Europarat geschaffen wurde. In der Regel hat jedes Land ein nationales Portfolio daraus abgeleitet, in dem die kulturellen Besonderheiten und das Bildungssystem des jeweiligen Landes berücksichtigt werden. www.sprachenportfolio-deutschland.de; www.oesz.at/esp; www.sprachenportfolio.ch; www.europaeischer-referenzrahmen.de

Der Euro: Am 1. Januar 2002 wurde der Euro als offizielles Zahlungsmittel eingeführt. Am Anfang nutzten 12 Ländern den Euro und bildeten die sogenannte Eurozone (Belgien, Deutschland, Finnland, Frankreich, Griechenland, Irland, Italien, Luxemburg, Niederlande, Österreich, Portugal und Spanien). 2007 kam Slowenien dazu, ein Jahr später Malta und Zypern, dann die Slowakei und 2011 Estland und 2014 Lettland. Jedes Land prägt seine eigenen Euro-Münzen; die Banknoten sind dagegen in allen Ländern identisch.

Europa-Flagge: Die Europa-Flagge zeigt 12 goldene Sterne auf blauem Hintergrund. Sie wurde 1955 vom Europarat eingeführt und ist seit 1985 offizielles Symbol der Europäischen Union (damals noch EG = Europäische Gemeinschaft). Der Kreis und die Sterne stehen für Einheit und Verbundenheit zwischen den Völkern.

Schengener Abkommen: Früher gab es überall in Europa Grenzkontrollen. Man musste anhalten und seinen Ausweis zeigen, das konnte oft ziemlich lange dauern. Daher trafen sich am 14. Juni 1985 Politiker aus Frankreich, Deutschland, Luxemburg, Belgien und den Niederlanden in dem luxemburgischen Dorf Schengen, um die Grenzkontrollen zwischen ihren Ländern abzubauen. Diese Idee faszinierte aber auch die anderen Länder: Als die Grenzen 1995 endlich geöffnet wurden, waren auch schon Spanien und Portugal dabei. Wenig später folgten Italien, Österreich und Griechenland, danach die skandinavischen Länder. Inzwischen traten noch mehr Länder der Europäischen Union bei, und auch sie öffneten ihre Grenzen. Jetzt hat man freie Fahrt durch 25 Länder – von Portugal bis nach Estland.

10b	Die TN lesen den kurzen Text über die EU und markieren alle Informationen, die neu für sie sind. Vergleichen Sie im Kurs und ergänzen Sie mit den neuen Informationen die Ideensammlung von KB10a.	
10c	Die TN überlegen gemeinsam im Kurs, wie sie die gesammelten Stichpunkte und Informationen aus KB10a und b thematisch ordnen könnten, und fassen diese in Gruppen zusammen bzw. bilden Oberpunkte, z. B. *Mitgliedsstaaten, Aufgaben der EU, Geschichte* oder *wichtige Veränderungen durch die EU.*	
11a	Die TN hören eine Präsentation über die EU und machen Notizen, welche Themenbereiche darin angesprochen werden. Anschließend vergleichen sie mit den Punkten, die sie selbst in der Übersicht erarbeitet haben. **Lösung:** *Gründe für die Gründung der EU; Gründungsjahr und Gründungsstaaten der EU; aktuelle Situation der EU; Vorteile der EU (Euro, keine Grenzkontrollen mehr)*	CD: Track 2.30
11b	Die TN hören den Vortrag noch einmal und verbinden die Satzteile, die zusammengehören. **Lösung:** *1C; 2D; 3A; 4B*	CD: Track 2.30
	VARIANTE: Die TN verbinden zuerst die Satzteile und hören den Vortrag danach noch einmal zur Kontrolle.	
11c	Die TN überlegen, welche Teile eine Präsentation hat (*Einleitung, Hauptteil, Schluss*) und welche Teile darin normalerweise jeweils behandelt werden. Sammeln Sie die Vorschläge in einer Tabelle wie in KB11c an der Tafel. Je 2 TN arbeiten zusammen und ordnen die Elemente aus dem Schüttelkasten in die Übersicht ein. Ergänzen Sie die Übersicht an der Tafel. **Lösung:** *Einleitung: das Thema vorstellen; Inhalt und Struktur der Präsentation erklären – Hauptteil: Beispiele nennen; Vor- und Nachteile nennen; Informationen zum Thema geben; über eigene Erfahrungen sprechen; die eigene Meinung sagen – Schluss: die wichtigsten Punkte zusammenfassen; sich bedanken*	IAW: TB 10/2
	VARIANTE: Die TN schreiben die Präsentationsteile auf ein ▶ Lernplakat. Hängen Sie das Plakat im Kursraum auf.	Lernplakat

11d	Die TN besprechen im Kurs, was ihnen an dem Vortrag über die EU positiv bzw. negativ aufgefallen ist (*der Redner spricht zuerst sehr leise; er spricht am Anfang nicht sehr flüssig; er ist nervös; der Vortrag ist gut strukturiert* usw.). Dazu hören die TN den Vortrag ggf. noch einmal. Lesen Sie mit den TN die Tipps für Präsentationen. Die TN überlegen und notieren in Kleingruppen weitere Tipps. Sammeln Sie die Ideen an der Tafel oder lassen Sie die TN ein ▶ **Lernplakat** gestalten. Hängen Sie das Plakat auf.	CD: Track 2.30 Lernplakat
	ALTERNATIVE: Bilden Sie 2 Gruppen. Die erste Gruppe überlegt, was die Zuhörer von einem interessanten Vortrag erwarten (*ein interessantes Thema, guter und logischer Aufbau, verständliche Strukturen, nicht zu kompliziertes Vokabular, Pausen, Blickkontakt mit dem Publikum* usw.). Die zweite Gruppe sammelt, was ein Referent von seinem Publikum erwartet (*nicht reden, Augenkontakt, freundliche Gesichter, Interesse* usw.). Danach erstellt jede Gruppe ein Plakat mit Regeln und stellt es im Kurs vor.	
	Nach KB11 eignet sich Film 10 mit KB13–15.	DVD: Film 10
12a	Die TN wählen einzeln eines der vorgegebenen Themen oder überlegen sich selbst ein Thema, das sie für eine Präsentation interessiert. Die TN bereiten sich auf die Präsentation vor, indem sie anhand der Checkliste von KB11c zu jedem Punkt Notizen machen, und recherchieren ggf. in Büchern, Internet usw. die notwendigen Informationen.	
	VARIANTE für sprachlich schwächere TN: Die TN können die Präsentation auch mit einem Partner oder in einer Kleingruppe vorbereiten und einer anderen Gruppe vorstellen.	
12b	Lesen Sie mit den TN die Redemittel für Präsentationen und klären Sie ggf. Vokabular. Sie können die Redemittel auch auf Kärtchen schreiben und von den TN in Kleingruppen nach *Einleitung, Hauptteil* und *Schluss* ordnen lassen. Jeder TN bereitet seine Präsentation vor. Danach sucht er sich einen Partner. Die beiden TN stellen sich gegenseitig ihren Vortrag vor, wobei sie möglichst die angegebenen Redemittel verwenden, und geben sich dann ▶ **Feedback**. Dabei können sie auf die gemeinsam erstellten Tipps für Vorträge aus KB11c–d (Lernplakate) zurückgreifen.	Kärtchen
12c	Die TN halten ihren Vortrag nacheinander im Kurs. Die anderen TN stellen am Ende Fragen und kommentieren, was ihnen besonders gut gefallen hat bzw. was man besser machen könnte.	
12d	Die TN arbeiten mit einem anderen Partner / einer anderen Partnerin als in KB12b zusammen und bearbeiten gemeinsam ihre Referate nach. Was war besonders gut? Was ist nicht so gut gelungen? Was könnte man beim nächsten Mal besser machen und wie? Die TN können dafür auch die erstellten Tipps aus KB11c–d miteinbeziehen.	
	VARIANTE: Geben Sie jedem TN eine Kopie der **Kopiervorlage**. Je 2 TN lesen gemeinsam, was wichtig für eine gute Präsentation ist, und ergänzen ggf. noch mit eigenen Ideen. Jeder TN macht zuerst allein Notizen dazu, ob und wie er auf die eigenen Punkte eingegangen ist, und beurteilt dann die Präsentation des Partners. Anschließend vergleichen die beiden Partner ihre Eindrücke.	KV
AB12	VARIANTE für sprachlich schwächere TN: Wenn Sie das Thema *Präsentationen* stärker strukturieren möchten, können Sie mit den TN die Aufgaben AB12a–d im Kurs machen. AB12c–d entspricht außerdem dem Prüfungsformat des *Z B1*.	
WB	im Kurs. Thema: Adjektive mit *-los* und *-bar*.	

Der Film: Was ist ein Simultanübersetzer?

	Lösungen zur DVD	**Materialien**
13	*Ein Simultanübersetzer übersetzt, während noch gesprochen wird, also ohne Zeitverzögerung (= gleichzeitig = simultan). Er/Sie arbeitet z. B. in politischen Institutionen, auf Kongressen usw. Er/Sie muss neben der Muttersprache mindestens 1 weitere Sprache sehr gut können. Er/Sie muss sich gut konzentrieren können und ein gutes Sprachgefühl haben.*	
14a	*Sie sind an der University of Westminster in London und machen eine Ausbildung zum Simultanübersetzer.*	DVD: Film 10
14b	*A-Sprache: 2; B-Sprache: 3; C-Sprache: 1*	DVD: Film 10
14c	*1; 3*	

Sprachhandlungen: über das Leben in einer Stadt sprechen
Lerninhalte: WS: Stadt; Verkehr | Landeskunde: Leipzig

	Erläuterungen zum Unterricht	Materialien
1a	Erklären Sie den TN, dass es um das Thema *Leben in Städten* geht. Je 3–4 TN arbeiten zusammen. Die TN beschreiben die 6 Fotos und begründen, welche sie besonders charakteristisch für das Leben in der Stadt finden und warum. Vergleichen Sie im Kurs. Fragen Sie die TN, ob sie wissen, wo in Deutschland die Stadt Leipzig liegt, und suchen Sie sie gemeinsam auf der Landkarte im KB. Fragen Sie die TN ggf. auch, ob sie Leipzig kennen und was sie über die Stadt wissen (Montagsdemonstrationen, Bach, Thomanerchor …).	Landkarte, ggf. im KB
	VARIANTE: Projizieren Sie die Fotos und fragen Sie die TN, was man in diesen Bildern aus Leipzig Typisches für *Leben in Städten* erkennen kann. Sammeln Sie die Vorschläge an der Tafel. Weiter wie oben beschrieben.	Kopie auf Folie
	ERWEITERUNG: Wenn es sich aus der Diskussion heraus ergibt, können die TN eine Gegenüberstellung vom Leben in großen Städten und vom Leben in Kleinstädten oder Dörfern machen. Sammeln Sie die Ergebnisse auf einem Plakat. Sie können es in KB4 (Gegenüberstellung Stadtmensch – Landmensch) verwenden.	Plakat
	INFO: Die Stadt Leipzig hat ungefähr 500 000 Einwohner und liegt in Sachsen. Bekannt ist Leipzig als Messestadt und wegen ihrer großen musikalischen Tradition: Johann Sebastian Bach (1685–1750), Felix Mendelssohn (1809–1847) und aus neuerer Zeit Kurt Masur, das Gewandhaus und der Thomanerchor repräsentieren die Stadt. Wichtig für Leipzig waren auch die Montagsdemonstrationen, mit denen 1989 entscheidend zum Mauerfall beigetragen wurde. Wenn die TN Interesse an Leipzig haben, finden Sie bei Youtube viele Videos, in denen die Stadt vorgestellt wird.	
1b	Die TN wählen eines der 6 Fotos aus und überlegen, welche der vorgegebenen Vokabeln aus dem Kasten dazu passen. Wenn die TN nicht alle Wörter und Ausdrücke kennen, können sie ein Wörterbuch verwenden.	Wörterbuch
	VARIANTE für sprachlich schwächere TN: Kopieren Sie die **Kopiervorlage** (Wörter und Definitionen) für jede Gruppe und schneiden Sie die Kärtchen aus. Jede Gruppe ordnet die Umschreibungen den Vokabeln zu. Die TN können mit den Kärtchen auch ▶ **Paare finden** spielen. Vergleichen Sie im Kurs. Anschließend weiter wie oben beschrieben.	KV auf Karton
	VARIANTE für sprachlich stärkere TN: Je 6 TN arbeiten zusammen. Schreiben Sie die Wörter und Ausdrücke aus dem Kasten auf Kärtchen (oder verwenden Sie die Wörter-Kärtchen von der **Kopiervorlage**) und geben Sie jeder Gruppe ein Set. Die TN teilen die Kärtchen unter sich auf und schreiben auf die Rückseite die Erklärung der Vokabel. Dazu können sie auch ein Wörterbuch zu Hilfe nehmen. Anschließend erklären sich die TN die Ausdrücke gegenseitig. Kopieren Sie die 6 Fotos und geben sie jeder Gruppe ein Set. Die TN ordnen die Kärtchen mit dem Vokabular den passenden Fotos zu. Vergleichen Sie im Kurs.	Kärtchen KV auf Karton Wörterbuch
1c	Lesen Sie gemeinsam die 3 vorgegebenen Fragen. Je 2 TN arbeiten zusammen und erzählen sich gegenseitig von ihrem Bild, ohne sich das Bild zu zeigen. Dabei gehen sie auch auf die 3 Fragen ein. Der Partner versucht zu erraten, um welches der 6 Bilder es sich handelt.	IAW: TB 11/1
2a	Die TN hören, was 3 Personen aus Leipzig erzählen, und kreuzen die jeweiligen Themen in der Tabelle an. **Lösung:** *Person 1: Arbeit; Wohnen; (Verkehr) – Person 2: Arbeit; Wohnen – Person 3: Wohnen; (Verkehr); kulturelles Angebot*	CD: Track 2.31–33
2b	Je 4 TN arbeiten zusammen. Jeder TN entscheidet sich für eines der 4 Themen. Die TN hören die Texte noch einmal und notieren zu jeder Person alle Informationen, die sie zu ihrem Thema erhalten. Dann tauschen sie sich mit den anderen TN ihrer Gruppe aus und ergänzen ihre Informationen. **Lösung:** ***Thema Wohnen:*** *Person 1 wohnt in einer Straße mit vielen alten Häusern. Die Nachbarschaft ist nicht mehr so vertraut wie früher. Person 2 hat schnell und leicht eine billige Wohnung in einem modernen Viertel gefunden. Person 3 wohnt in einem Hochhaus im 11. Stock und ist zufrieden, weil der Blick schön ist und die Nachbarn nett sind. – **Thema Arbeit:** Person 1 arbeitet als Fahrer bei der Müllabfuhr. Person 2 leitet ein Modegeschäft in der Petersstraße. – **Thema Verkehr:** Person 1 sagt, am Morgen gibt es am wenigsten Verkehr. Person 3 sagt, sie kann mit den öffentlichen Verkehrsmitteln alles gut erreichen und braucht das Auto nur für Ausflüge am Wochenende. – **Thema kulturelles Angebot:** Person 3 sagt, es gibt viele Clubs und Musikfestivals für Elektro und Independent.*	CD: Track 2.31–33

	VARIANTE für sprachlich schwächere TN: Nach dem Hören vergleichen 2–3 TN, die das gleiche Thema haben, ihre Aufzeichnungen und tauschen sich erst danach mit den anderen TN ihrer Gruppe aus.	
	Nach KB2 eignet sich Film 11 mit KB16–18.	DVD: Film 11
AB2b	im Kurs. Die TN können die Übung auch als Abschluss nach KB3 machen.	
3	Sammeln Sie mit den TN typische Orte, die es in einer Stadt normalerweise gibt (*Wohnhäuser, Einkaufszentren, Bibliothek, Sportplatz, Büros* usw.). Fragen Sie die TN, welche dieser Orte besonders wichtig für sie sind und was sie dort oft machen (z. B. *in der Bibliothek lerne ich für Prüfungen*).	
	VARIANTE: Schreiben Sie die Orte, die die TN genannt haben, an die Tafel. Machen Sie mit den TN eine ▶ Kursstatistik. Geben Sie den TN Klebepunkte und bitten Sie die TN, die 3 Orte, die ihnen in einer Stadt am wichtigsten sind, mit Klebepunkten zu markieren (3 Punkte für den wichtigsten Ort, 2 Punkte für den zweitwichtigsten, einen Punkt für den drittwichtigsten). ERWEITERUNG: Die TN schreiben einen Text über ihre Heimat- oder Lieblingsstadt und stellen dort 3 Orte vor, wo sie oft sind, die sie empfehlen möchten oder zu denen sie eine besondere Beziehung haben.	Klebepunkte

Sprachhandlungen: Forumskommentare verstehen; über Stadt/Land sprechen
Lerninhalte: GR: Artikelwörter als Pronomen: *einer, keiner, meiner* ...

	Erläuterungen zum Unterricht	**Materialien**
4a	Schreiben Sie *Stadtmensch* und *Landmensch* an die Tafel. Fragen Sie die TN, ob sie sich vorstellen können, was mit diesen beiden Begriffen gemeint ist, und erklären Sie sie ggf. Fragen Sie, was einen Stadtmenschen und einen Landmenschen ausmacht, und sammeln Sie die Vorschläge an der Tafel. Greifen Sie ggf. auf die Gegenüberstellung Großstadt – Kleinstadt/Dorf aus der Erweiterung zu KB1 zurück. Bei sprachlich schwächeren TN können Sie Definitionen auf Kärtchen vorgeben, die TN ordnen sie in Kleingruppen oder im Kurs zu (*fühlt sich von vielen Menschen nicht gestört – geht gern ins Kino – geht gern einkaufen – liebt die Natur – braucht viel Ruhe – geht gern spazieren – sitzt gern im Café ...*). Die TN lesen die Kommentare des Forums und ergänzen in den Sätzen 1–3 den Forumsnamen des Verfassers, zu dem diese Aussage passt. **Lösung:** *1 W&W; 2 Grünling; 3 Sattmann* **Gut gesagt:** Hören Sie mit den TN die Mini-Dialoge und lesen Sie dann noch einmal die Sätze im Kasten. Sprechen Sie ggf. über die wörtliche Bedeutung (*Fuchs und Hase sagen sich gute Nacht*). Fragen Sie die TN, ob es in ihren Sprachen auch Ausdrücke gibt, mit denen man langweilige Orte umschreibt.	ggf. Sammlung aus Erweiterung zu KB1 Kärtchen CD: Track 2.34
4b	Fragen Sie die TN, ob sie sich als Stadt- oder als Landmensch fühlen und warum das so ist. Gibt es im Kurs mehr Stadtmenschen oder mehr Landmenschen?	
4c	Lesen Sie mit den TN den Grammatikkasten zu den Artikelwörtern als Pronomen. Bitten Sie die TN, die Artikel mit den Pronomen zu vergleichen. Bilden Sie gemeinsam weitere Beispiele, bei denen neben dem unbestimmten Artikel auch die Possessivartikel und der verneinte Artikel vorkommen. Wo sind die Formen gleich? Wo gibt es Unterschiede? (*Unterschiede gibt es bei maskulin, neutrum und beim Plural – welche ersetzt dabei den Nullartikel im Plural. Beim negierten Plural und bei femininen Formen sind Artikel und Pronomen gleich.*) Die TN lesen die Forumstexte noch einmal und markieren alle Artikelwörter, die als Pronomen verwendet werden. Vergleichen Sie im Kurs. Bestimmen Sie gemeinsam Genus und Kasus und analysieren sie, ob sich im Vergleich zum Artikel etwas ändert. **Lösung:** *einer; meins; einer; keinen; keiner; welche* VARIANTE: Schreiben Sie die 3 Fragen und den Aussagesatz und die dazugehörigen Antworten auf jeweils ein Blatt und bitten Sie die TN, immer 2 zuzuordnen. (Setzen Sie vor *Gärten* ein Symbol für den Nullartikel.) Fragen Sie die TN, in welchen Fragen/Sätzen das Artikelwort ein Substantiv begleitet und wo das Artikelwort als Pronomen gebraucht wird und ein Substantiv ersetzt. Erarbeiten Sie dann gemeinsam die Unterschiede (siehe oben). Weiter wie oben beschrieben.	

4d	Je 2 TN ergänzen die Pronomen in den 5 Sätzen. Vergleichen Sie im Kurs. Bestimmen Sie gemeinsam Genus und Kasus. **Lösung:** *keinen; eins; welche; keiner; einen*	
5	Je 5 TN arbeiten an einem Tisch zusammen. Jeder TN legt 2 persönliche Sachen auf den Tisch (z. B. Handy, Kugelschreiber, Uhr, Halstuch usw.). Projizieren Sie die Zeichnung. Lassen Sie die Beispielsätze vorlesen und fragen Sie die TN, welches die Pronomen sind. Markieren Sie die Pronomen. Bitten Sie die TN, wie im Beispiel durch Erfragen die Besitzer der Gegenstände ausfindig zu machen.	Kopie auf Folie
	ERWEITERUNG: Teilen Sie die TN in 6 Gruppen auf. Erklären Sie den TN, dass jede Gruppe etwas Bestimmtes kochen möchte und dazu noch einige Zutaten braucht. Kopieren Sie die **Kopiervorlage**. Geben Sie jeder Gruppe eine Karte mit den Informationen darüber, was sie noch zum Kochen braucht. Mischen Sie die Kärtchen mit den Lebensmitteln und verteilen Sie sie an die Gruppen. Die Gruppen kontrollieren, welche der Lebensmittel sie für ihr „Rezept" brauchen können, und legen diese zur Seite. Die restlichen Kärtchen versuchen die Gruppen mit anderen Gruppen zu tauschen, sodass sie die Lebensmittel bekommen, die ihnen noch fehlen. Erklären Sie den TN, dass sie bei den Dialogen zum Tauschen Artikelwörter als Pronomen benutzen sollen (*Habt ihr vielleicht Erbsen? – Ja, wir haben welche. / Nein, wir haben auch keine. ...*). Wenn alle Gruppen ihre nötigen Lebensmittel eingetauscht haben, ist das Spiel zu Ende.	KV

Sprachhandlungen: wichtige Informationen verstehen; einen Bericht schreiben
Lerninhalte: WS: Stadt | GR: Adjektive als Substantive

	Erläuterungen zum Unterricht	**Materialien**
6a	Schreiben Sie *5 Uhr morgens* an die Tafel. Fragen Sie die TN, wann sie das letzte Mal um 5 Uhr morgens wach waren und aus welchem Grund. Was konnten sie um diese Zeit beobachten? Welche Bilder, Geräusche und Gerüche gab es? Fragen Sie die TN, welche Berufsgruppen um 5 Uhr morgens schon arbeiten. Und welche arbeiten immer noch um 5 Uhr? Welche anderen Aktivitäten gibt es um diese Zeit? Sammeln Sie die Vorschläge an der Tafel.	
6b	Die TN lesen den Magazinbericht über die 3 Personen. Sie markieren, wie die 3 vorgestellten Personen heißen, was sie beruflich machen und welche Aktivitäten sie am frühen Morgen ausführen. **Lösung:** *Fery arbeitet als Krankenpfleger und hatte Nachtdienst, er bereitet die Übernahme vor; Vera ist Fahrerin für eine Bäckerei und fährt die Backwaren (die Bestellungen) zu den Kunden; Max ist Fahrer von einem Reinigungsfahrzeug im städtischen Bauhof und fährt um 5 Uhr los, um die Straßen zu reinigen.*	
	VARIANTE: Je 3 TN arbeiten zusammen. Jeder TN liest einen der 3 Abschnitte und fasst ihn für die anderen beiden TN zusammen. Anschließend fassen sie gemeinsam zusammen, was die Personen in den Texten am frühen Morgen machen (▶ **Kooperatives Lesen**). INFO: Nur in Süddeutschland ist es üblich, den Artikel vor Vornamen zu setzen (*der Max, die Grete* usw.), in Norddeutschland werden Vornamen ohne Artikel benutzt.	
6c	Die TN lesen die Texte noch einmal und kreuzen allein oder mit einem Partner an, ob die Aussagen richtig oder falsch sind. **Lösung:** *1f; 2f; 3f; 4f; 5r*	
6d	Schreiben Sie die Ausdrücke aus dem Grammatikkasten mit einer Lücke für die Endungen (*der obdachlos___ Mann – ein obdachlos___ Mann, die angestellt___ Bäckerin – eine angestellt___ Bäckerin* usw.) an die Tafel. Lassen Sie von den TN die Adjektivendungen ergänzen. Wenn Sie sehen, dass die TN sich nicht mehr gut an die Adjektivendungen erinnern, können Sie das Thema kurz gemeinsam wiederholen. Lesen Sie nun mit den TN den Grammatikkasten und bitten Sie die TN zu vergleichen. Erklären Sie den TN, dass Adjektive auch als Substantive benutzt werden können. Dabei werden die Adjektive wie Substantive groß geschrieben, die Endungen bleiben aber wie beim Adjektiv. Je 2 TN ergänzen dann gemeinsam die Endungen in den Sätzen 1–4. **Lösung:** *1 -en; 2 -e; 3 -e, -en; 4 -e*	IAW: TB 11/2
	ERWEITERUNG: Die TN lesen den Magazinbericht von KB6b noch einmal und markieren alle Adjektive, die als Substantiv benutzt werden (*die Angestellten, ein Obdachloser, als Erster, ein Guter, der Obdachlose*).	

7 Erklären Sie den TN, dass sie einen Text über die erste Stunde ihres Tages nach dem Aufwachen schreiben sollen. Bitten Sie sie, dafür in ca. 5 Minuten Ideen in einer Mindmap zu sammeln. Was passiert in ihrer Wohnung? Was passiert auf der Straße? Was hören, riechen, fühlen die TN? Danach schreiben die TN einen kurzen Text. Anschließend tauschen sie ihn mit einem Partner. Der Partner liest den Text und versucht, ihn zu verbessern, indem er Fehler korrigiert und Formulierungshilfen anbietet. Anschließend besprechen sie die Verbesserungsvorschläge mit dem Verfasser des Textes.

ERWEITERUNG: Die TN erstellen in Kleingruppen eine Art Checkliste, die ihnen dabei helfen kann, den Text ihres Partners zu korrigieren. Punkte der Checkliste könnten sein: Stehen die Verben an der korrekten Stelle? Ist das Verb korrekt konjugiert? Werden Konnektoren benutzt oder beginnt jeder Satz mit dem Subjekt? Usw. Die einzelnen Gruppen vergleichen ihre Vorschläge im Kurs und erstellen daraus eine gemeinsame Checkliste, mit der sie den Text ihres Partners korrigieren können.

Sprachhandlungen: Meinungen über Städterankings verstehen; eine Stadt beschreiben; ein Rankingergebnis vorstellen
Lerninhalte: GR: Relativpronomen *was* und *wo* | Aussprache: Texte vorlesen: Satzzeichen helfen

Erläuterungen zum Unterricht	Materialien
8a Lesen Sie im Kurs die Städtenamen der Grafik. Hängen Sie eine Deutschlandkarte auf und bitten Sie die TN, die Städte auf der Karte zu suchen und mit einer Pinnnadel zu markieren. Sie können auch die Landkarte im KB verwenden bzw. projizieren und die Städte dort zeigen/markieren lassen. Fragen Sie die TN, was sie über die einzelnen Städte wissen, und notieren Sie Stichpunkte an der Tafel. Überlegen Sie gemeinsam mit den TN, was diese Städte lebenswert machen könnte (*Arbeitsplätze, Freizeitmöglichkeiten, gute Transportmöglichkeiten, geografische Lage* ...) bzw. warum sie in der Liste weiter oben oder unten stehen. Bewahren Sie die „Lebenswert-Liste" für die Weiterarbeit in KB11a auf.	Deutschlandkarte, Pinnnadeln ggf. Kopie auf Folie
8b Fragen Sie die TN, in welchen Städten in ihrem Heimatland sie schon gelebt haben oder welche sie sehr gut kennen. Bitten Sie die TN darüber zu berichten, wie sie die Lebensqualität in diesen Städten einschätzen. Was fanden sie gut? Was nicht? Fragen Sie auch, ob die TN wissen, welches die beliebtesten Städte in ihrem Land sind. Bitten Sie die TN, ggf. im Internet zu recherchieren.	
9a Die TN lesen den Text und fassen anschließend zusammen, warum es Städterankings gibt. Fordern Sie die TN auf, die zentrale Aussage zu dieser Frage zu unterstreichen und wiederzugeben. Fragen Sie die TN abschließend, was sie von Städterankings halten und ob sie sie interessant finden. **Lösung:** *Die Rankings dienen als Informationsquelle für Wohnungs- und Arbeitssuchende, Arbeitgeber, Ministerien und sonstige Interessierte. Wer einen guten Platz im Ranking erreicht, zieht Investoren und Firmen an. Es geht also – wie so oft – ums Geld.*	
9b Lesen Sie mit den TN die 5 Aussagen zu Rankings und klären Sie ggf. Vokabular. Die TN hören den Beitrag und kreuzen an, welche der 3 genannten Personen die jeweiligen Aussagen macht. **Lösung:** *Leonie Winter: 1; Jens Becker: 2, 4; Ilse Naumann: 3, 5* ERWEITERUNG: Die TN diskutieren über die einzelnen Aussagen im Kurs und begründen, ob sie damit einverstanden sind oder nicht.	CD: Track 2.35
10a Bitten Sie die TN, die Aussagen der 3 Personen von KB9b noch einmal zu lesen und *wo* und *was* zu markieren. Erklären Sie den TN, dass es sich dabei in diesen Sätzen um Relativpronomen handelt. Je 2 TN überlegen, worauf sich *wo* und *was* in den einzelnen Sätzen beziehen, und markieren dies in einer anderen Farbe. Vergleichen Sie auch mit dem Grammatikkasten und der Infobox. Machen Sie ggf. noch ein Beispiel. **Lösung:** *2 das; 3 alles; 4 München; 5 das*	
10b Die TN ergänzen bei den 6 Satzanfängen *was* oder *wo* und schreiben die Sätze mit eigenen Ideen zu Ende. Lassen Sie einige Sätze im Kurs vorlesen und besprechen Sie noch einmal, worauf das Relativpronomen sich jeweils bezieht. **Lösung:** *1 was (mit Kunst zu tun hat.); 2 wo / in der (ich viele Freunde habe.); 3 was (ich nicht kenne.); 4 wo / in der (es viel Grün gibt.); 5 was (ich nicht sehr interessant finde.); 6 was (mir sehr gut gefällt.)*	

ERWEITERUNG: Schreiben Sie die folgenden Satzenden an die Tafel: … *wo wir uns kennengelernt haben.* / … *was wir nicht wissen.* / … *wo du es vergessen hast.* / … *was er ihr erzählt hat.* Geben Sie den TN 5 Minuten Zeit, in Gruppen die Anfänge der Sätze logisch zu ergänzen. Vergleichen Sie im Kurs. Bitten Sie die Gruppen, 3 weitere Relativsätze mit *was* oder *wo* zu überlegen und sie dann ohne den Satzanfang auf ein Blatt zu schreiben. Die TN tauschen die Sätze mit einer anderen Gruppe, ergänzen gegenseitig die Sätze und geben sie zurück. Anschließend lesen die TN die neu gebildeten und ihre ursprünglich ausgedachten Sätze vor.

AB10d	im Kurs. Die Quizfragen können die TN ggf. als Hausaufgabe vorbereiten.	
11a	Die TN überlegen in Kleingruppen, welche Themenbereiche wichtig sind, um beurteilen zu können, wie weit man mit einer Stadt zufrieden ist. Die TN können dabei auch noch einmal ihre Aufzeichnungen von KB8a zu Rate ziehen. Sammeln Sie die Themenbereiche an der Tafel. Bitten Sie die TN dann, Unterthemen zu jedem Themenbereich zu finden. Vergleichen Sie im Kurs und schreiben Sie die Unterthemen ebenfalls an die Tafel. **Lösung:** *Ausbildung/Arbeit: Schulen, Berufsinformationszentren, Arbeitsamt, Arbeitsplätze; Wohnen: Stadtviertel, Wohnungspreise, Wohnungsangebot; Freizeit: Theater, Museen, Parks, Ausflugsmöglichkeiten; Verkehr: Transportmittel, Preise, Verkehrsnetz …*	ggf. „Lebens-wert-Liste" aus KB8a
11b	Jede Gruppe wählt einen Themenbereich aus KB11a aus. Achten Sie darauf, dass möglichst alle Themenbereiche abgedeckt werden. Die TN diskutieren in ihrer Gruppe die einzelnen Unterpunkte ihres Themenbereiches und vergeben Noten von 1 (sehr gut) bis 6 (sehr schlecht). Sie begründen ihre Entscheidung und machen Notizen zu den einzelnen Punkten.	
11c	Lesen Sie mit den TN die Redemittel für die Präsentation ihres Rankings und klären Sie ggf. Vokabular. Die Gruppen präsentieren ihre Ergebnisse im Kurs und diskutieren anschließend darüber.	
12a	Fragen Sie die TN, welche Funktion Satzzeichen haben. Sammeln Sie die Antworten an der Tafel und lesen Sie dazu mit den TN die Infobox. Die TN lesen den Text und versuchen, ihn durch Punkte und Kommas (und ein Fragezeichen) zu strukturieren. Nach Punkten müssen auch die Satzanfänge groß geschrieben werden. Anschließend vergleichen sie mit einem Partner. **Lösung:** *Ich wohne in Köln. Mir gefällt die Stadt sehr gut. Ich verstehe allerdings nicht, warum sie in sämtlichen Rankings immer so weit hinten steht. Ich kann mir keine schönere Stadt vorstellen. Warum es mir so gut in Köln gefällt? Das ist ganz einfach zu beantworten. Hier gibt es schöne Museen, viele gute Theater und Kinos, kleine Cafés, den Rhein mit den vielen Schiffen und hier wohnen meine Freunde. Außerdem habe ich hier eine sehr gute Arbeit gefunden.*	
12b	Die TN hören den Text zur Kontrolle. Korrigieren Sie die Vorschläge der Gruppen aus KB12a gemeinsam. Anschließend studieren die TN den Lesetext ein, indem sie ihn erst einige Mal leise und dann laut lesen.	CD: Track 2.36

Sprachhandlungen: einen Text über eine Besonderheit von Köln verstehen
Lerninhalte: Landeskunde: Büdchen in Köln

	Erläuterungen zum Unterricht	**Materialien**
13a	Projizieren Sie die beiden Fotos mit den zugehörigen Öffnungszeiten und lassen Sie von den TN beschreiben, was darauf zu sehen ist (*Tankstelle, Supermarkt*). Die TN hören die beiden Gespräche und markieren, welches Gespräch zu den beiden Fotos passt. **Lösung:** *Gespräch 2*	CD: Track 2.37–38
13b	Überlegen Sie mit den TN im Kurs, was einem oft „ausgeht", wenn am späten Abend oder an Feiertagen die Supermärkte schon geschlossen haben. Fragen Sie die TN, ob ihnen das in der letzten Zeit einmal passiert ist und was sie dann gemacht haben. Bitten Sie die TN zu überlegen, wo man nach Ladenschluss in Ihrem Land / Ihrem Ort noch etwas kaufen kann und um welche Artikel es sich dabei handelt.	
14a	Die TN lesen den Text und erklären anschließend im Kurs, um welche Kölner Besonderheit es in diesem Text geht. **Lösung:** *Das Kölner Büdchen*	

14b Die TN lesen den Text noch einmal und ergänzen mit einem Partner die Aussagen mit den Informationen, die sie aus dem Text erhalten haben.
Lösung: *1 bald ein guter Krimi im Fernsehen beginnt. 2 kurzer Zeit; 3 hat gerade zugemacht. 4 sie fast rund um die Uhr geöffnet haben. 5 sind die Büdchen eine Attraktion. 6 ist der Krimi schon zur Hälfte um.*

VARIANTE: Schreiben Sie die Satzanfänge auf jeweils ein Kärtchen und geben Sie jedem TN eine Karte. Bei größeren Gruppen können Sie die Sätze mehrfach verwenden oder Sie überlegen sich neue Satzanfänge aus dem Text (z. B. *Der Erzähler hat große Lust auf …; Im Büdchen kann man z. B. … kaufen. In Köln gibt es ungefähr … Büdchen.*). Die TN überlegen sich, wie der Satz weitergeht, und schreiben das Ende auf die Rückseite der Karte. Danach machen die TN einen ▶ **Kursspaziergang**. Dafür bitten sie die anderen TN, ihren Satzanfang zu ergänzen und mit der Rückseite zu kontrollieren.
INFO: Etwas Ähnliches wie die *Kölner Büdchen* gibt es auch in anderen großen Städten, in Berlin heißen sie *Spätis*, in Frankfurt *Wasserhäuschen*, anderswo *Trinkhalle* oder einfach nur *Kiosk*. Wer spät abends oder am Wochenende nichts mehr zu Hause hat und auch nicht mehr aus dem Haus gehen will, kann inzwischen sogar auf Online-Büdchen zurückgreifen (z. B. www.ciosk.de).   *Kärtchen*

14c Geben Sie den TN einige Minuten Zeit zu überlegen, welche Besonderheiten es in ihrer Heimatstadt gibt. Die TN berichten erst in Kleingruppen, dann im Kurs.

Sprachhandlungen/Strategie: verschiedenen Empfängern schreiben; Stadtattraktionen beschreiben
Lerninhalte: WS: Redemittel für einen Brief / eine E-Mail

Erläuterungen zum Unterricht	Materialien
15a Bitten Sie die TN, sich für eine Stadt in ihrem Heimatland zu entscheiden, die sie gut kennen. Es kann ihre Heimatstadt oder eine andere Stadt sein, in der sie vielleicht gewohnt haben oder sich aus anderen Gründen gut auskennen. Projizieren Sie den Wortigel. Lesen Sie mit den TN die vorgegebenen Punkte und ergänzen Sie gemeinsam noch weitere Punkte. Geben Sie den TN Zeit, zu allen Punkten Notizen zu machen. Ggf. können die TN auch im Internet recherchieren.	Kopie auf Folie
15b Fragen Sie die TN, ob sie sich erinnern können, aus welchen Teilen ein Brief / eine E-Mail besteht. Vergleichen Sie mit der Tabelle im KB. Erklären Sie den TN, dass je nach Empfänger andere Formulierungen verwendet werden müssen. Lesen Sie mit den TN die Situationen A und B. Je 2 TN lesen die Formulierungen und ordnen sie in die Tabelle ein. Vergleichen Sie im Kurs.	
15c Lesen Sie mit den TN die Infobox und fragen Sie, ob den TN noch andere Ratschläge für das Erstellen von Briefen/E-Mails einfallen (*freundlicher, höflicher Ton; keine zu langen Sätze; verständliche Strukturen …*). Die TN entscheiden sich, ob sie einen formellen oder informellen Brief / eine formelle oder informelle E-Mail schreiben möchten, und machen sich Notizen zu den einzelnen Punkten. Anschließend tauschen die TN ihr Schreiben mit einem Partner und korrigieren gegenseitig.	
ERWEITERUNG: Sammeln Sie die Briefe/E-Mails ein, mischen Sie sie und teilen Sie sie erneut unter den TN aus. Die TN lesen das erhaltene Schreiben und beantworten es. Sie bedanken sich für den Brief und teilen dem Absender mit, welche der vorgeschlagenen Empfehlungen sie gerne ausprobieren würden.	
WB im Kurs. Thema: Substantive mit *-chen* und *-lein*.	

Der Film: Salzburg

Lösungen zur DVD	Materialien
17a *der Dom; die Festung Hohensalzburg; die Getreidegasse*	DVD: Film 11
17b *Koch: Goldener Hirsch; „Nockerl" symbolisieren die Berge um Salzburg – Stadtjäger: die grüne Lunge Salzburgs; die Berge sind sein Zuhause; kümmert sich um die Tiere, besonders um Gämsen – Bergputzer: ein alter Traditionsberuf mit Aussicht; untersuchen die Felswände*	DVD: Film 11
17c *Dazu braucht man 6 Eiweiß, 3 Dotter (Eigelb), 100g Feinkristallzucker und etwas karamellisierte Sahne. Das Eiweiß mit dem Zucker schaumig schlagen. Dann kommen zu der Creme die Dotter hinzu und anschließend wird das Ganze in die typische Form gebracht. 5 Minuten lang in den Backofen bei 210 Grad. Etwas Puderzucker darüberstäuben, und fertig ist die Süßspeise.*	DVD: Film 11

Sprachhandlungen: über Geld und das Geldausgeben sprechen
Lerninhalte: WS: Geld

	Erläuterungen zum Unterricht	Materialien
1a	Bitten Sie die TN, sich vorzustellen, sie bekämen 50 000 Euro geschenkt. Was könnte man mit diesem Geld alles kaufen und unternehmen? Notieren Sie die Vorschläge der TN an der Tafel. Je 3–4 TN diskutieren darüber, für welche der genannten Vorschläge sie bereit wären, viel Geld auszugeben, und was ihnen nicht so wichtig wäre. Bitten Sie die TN, mit Klebepunkten die 3 Vorschläge zu markieren, für die sie am ehesten viel Geld ausgeben würden, und machen Sie eine ▶ **Kursstatistik**.	Klebepunkte
	VARIANTE: Teilen Sie den Gruppen unterschiedliche Geldbeträge zu (z. B. zwischen 10 000 und 100 000 Euro) und bitten Sie sie zu überlegen, was sie mit dem Geld unternehmen würden. Sprechen Sie über die Unterschiede bei den Vorschlägen. Was ist mit wie viel Geld machbar?	
1b	Projizieren Sie die Fotos. Die TN beschreiben, was sie auf den Fotos sehen, und überlegen, was diese mit Geld zu tun haben. Bitten Sie die TN, mit ihren eigenen Vorschlägen aus KB1a zu vergleichen. Die TN hören dann die 6 Szenen und ordnen sie den Fotos zu. **Lösung:** *Szene 1: E; Szene 2: F; Szene 3: A; Szene 4: C; Szene 5: D; Szene 6: B*	Kopie auf Folie CD: Track 2.39–44
1c	Die TN hören die Szenen noch einmal und schreiben auf, warum die Sprecher für den auf den Fotos dargestellten „Luxus" so viel Geld ausgegeben haben. **Lösung:** *Szene 1: Die Party ist ein Dankeschön an alle und weil es für die Person nichts Wichtigeres gibt als Freunde und die Familie. – Szene 2: Die Person möchte schöne Erinnerungen haben, wenn sie alt ist, und nichts verpasst haben. – Szene 3: Es macht Spaß, das Motorrad zu fahren; wenn die Person damit in die Natur fährt, kann sie richtig entspannen. – Szene 4: Die Person möchte sich richtig erholen. – Szene 5: Die Kette ist eine gute finanzielle Absicherung. – Szene 6: Die Person möchte immer das neueste Modell haben, das technisch am weitesten entwickelt ist.*	CD: Track 2.39–44
	VARIANTE für sprachlich schwächere TN: Kopieren Sie die Fotos von KB1a so oft, dass jeder TN ein Foto erhält. Die TN konzentrieren sich beim Hören nur auf die Situation, die auf ihrem Foto dargestellt ist. Anschließend vergleichen erst die TN mit dem gleichen Foto, dann in einer Gruppe, in der alle Situationen vertreten sind.	Kopien der Fotos aus KB1a
AB1b	im Kurs oder als Hausaufgabe. Die TN lernen weitere Wörter *Rund ums Geld* kennen.	
2a	Je 2–3 TN arbeiten zusammen. Lesen Sie die Produkte vor und geben Sie den TN kurz Zeit zu schätzen, wie viel diese in ihrem Kursort kosten. (Wenn es Ihnen möglich ist, können Sie die Produkte auch in den Kurs mitbringen, ggf. auch weitere Produkte, deren Preise man gut vergleichen kann.) Vergleichen Sie im Kurs. Wenn die TN sehr unsicher bei den Preisen sind, können sie die Preise von einigen bekannten Supermarktketten im Internet vergleichen. Fragen Sie die TN, ob sie diese Preise teuer oder billig finden. Bitten Sie die TN, die nicht in ihrem Heimatland Deutsch lernen, auch zu überlegen, was diese Produkte ungefähr in ihren Heimatländern kosten. Gruppen, die in ihrem Heimatland lernen, können überlegen, wie die Preise in den deutschsprachigen Ländern sein könnten. Die TN können dafür ggf. auch im Internet recherchieren. Diskutieren Sie im Kurs. Bei welchen Produkten gibt es große Preisunterschiede? Woran kann das liegen? **Links:** www.edeka.de (→ Unsere Marken → Suche nach EDEDKA Produkten); www.hofer.at; www.migros.ch …	ggf. Produkte aus Schüttelkasten und weitere
2b	Je 3 TN arbeiten zusammen. Die TN vergleichen die Zeiten, die man in Deutschland 1950 und 2009 arbeiten musste, um etwas Bestimmtes kaufen zu können. Was fällt auf? (*für alle Produkte muss man heute weniger lang arbeiten*) Bei welchen Produkten sind die Veränderungen besonders groß?	
	VARIANTE: Kopieren Sie die Tabelle für jede Gruppe 3 Mal und löschen Sie jeweils unterschiedliche Informationen, sodass sich die TN zuerst gegenseitig wie bei einem Wechselspiel befragen müssen, um die Tabelle zu vervollständigen. Dabei sprechen sie über die Veränderungen bei den einzelnen Produkten und insgesamt.	Kopien der Tabelle
2c	Die TN berichten im Kurs, was in ihrem Heimatland in den letzten Jahren viel teurer oder billiger geworden ist. Bei heterogenen Gruppen können die TN aus gleichen Ländern zuerst gemeinsam Ideen sammeln. Überlegen Sie im Kurs, welche Gründe es für die Preissteigerungen oder -senkungen geben kann (*Transport, Einsatz von Maschinen, Angebot, Zahl der Produzenten …*).	

Sprachhandlungen: Informationen in einem Werbetext finden; Gespräche in der Bank verstehen und führen; Hinweise verstehen
Lerninhalte: WS: Bank und Geld | GR: Sätze mit *je ... desto*; Partizip II als Adjektiv

	Erläuterungen zum Unterricht	Materialien
3a	Malen Sie einen Wortigel an die Tafel und schreiben Sie BANK in die Mitte. Fragen Sie die TN, welche Wörter ihnen zum Thema *Bank* einfallen, und notieren Sie sie im Wortigel. Fragen Sie die TN, was ihnen bei einer Bank wichtig ist und welche Wünsche sie an diese haben. Lesen Sie mit den TN den Werbetext der *Traumbank*. Bitten Sie die TN, alle Informationen zu markieren, die ihnen nicht realistisch erscheinen. Vergleichen Sie im Kurs und lassen Sie die TN begründen, warum die von ihnen markierten Textstellen nicht zu verwirklichen sind.	
	ERWEITERUNG vor KB3–5: Die **Kopiervorlage** enthält den wichtigsten Wortschatz zum Thema *Bank und Geld*. Sie können die Kopiervorlage bereits vor KB3 einsetzen, ggf. auch ohne die letzten 6 Kärtchen, die vor allem für KB5 relevant sind. Je 3–4 TN arbeiten zusammen. Kopieren Sie die Kopiervorlage auf Karton, schneiden Sie die Kärtchen aus und geben Sie jeder Gruppe ein Set. Die TN ordnen die Vokabeln den Erklärungen zu. Vergleichen Sie im Kurs. Die TN können mit den Kärtchen auch ▶ **Paare finden** spielen.	KV auf Karton
3b	Bitten Sie die TN, in den Sätzen des Werbetextes *je* und *desto* zu markieren. Die TN versuchen zu erklären, was mit diesen Konnektoren ausgedrückt wird (*Aussage 2 ist abhängig von Aussage 1, d. h., sie verändert sich im gleichen Maße*). Betrachten Sie auch mit den TN die Adjektivformen in den beiden Teilsätzen (*Komparativ*). Lesen Sie gemeinsam den Grammatikkasten. Wiederholen Sie ggf. die Bildung des Komparativ. Je 2 TN überlegen sich weitere traumhafte Angebote und ergänzen dazu Satz 1–3. Zusätzlich überlegen sie sich einen oder mehrere weitere Sätze mit *je ... desto*. Die TN vergleichen ihre Ideen im Kurs und diskutieren darüber, welche ihnen am besten gefallen.	
	ERWEITERUNG: Je 3–5 TN spielen zusammen das Schwarze-Peter-Spiel der **Kopiervorlage** zum Einüben von *je ... desto*-Sätzen. Kopieren Sie die Kopiervorlage (ggf. vergrößert) auf Karton, schneiden Sie die Karten aus und geben Sie jeder Gruppe ein Set. Die Karten werden gemischt und unter den Spielern verteilt. Jeder Spieler sieht zunächst in seinen Karten nach, ob er ein logisches Kartenpaar bilden kann, z. B. *Je besser ich Leipzig kenne, desto lieber lebe ich hier.* Ist dies der Fall, darf er den Satz vorlesen und das Kartenpaar ablegen. Wenn alle korrekten Kombinationen abgelegt sind, zieht der erste Spieler eine Karte von seinem linken Nachbarn. Kann er mit dieser Karte und seinen eigenen Karten ebenfalls einen logischen Satz bilden, darf er diesen wieder vorlesen und das Kartenpaar ablegen, ansonsten zieht der nächste Spieler eine Karte von ihm usw. Die einzige Karte, mit der kein Satz gebildet werden kann, ist der „Schwarze Peter". Diese Karte wechselt durch das Ziehen lediglich öfter den Besitzer. Wenn alle Sätze gebildet wurden, bleibt nur noch der „Schwarze Peter" übrig. Wer diese Karte am Ende des Spiels in der Hand hält, hat verloren und bekommt einen schwarzen Punkt auf die Nase (oder auf ein Blatt Papier o. Ä.) gemalt.	KV auf Karton
4a	**Gut gesagt:** Hören Sie mit den TN die Sätze mit den Wörtern aus dem *Gut gesagt*-Kasten. Erklären Sie, dass diese Wörter umgangssprachliche Ausdrücke für Geld sind. Gehen Sie auch auf die ursprüngliche Bedeutung der Wörter ein. Fragen Sie die TN, welche Ausdrücke es in ihrer Sprache für Geld gibt und was das bedeutet. Schreiben Sie die Wörter an die Tafel und diskutieren Sie mit den TN, welche Wörter sie besonders originell finden. Projizieren Sie die Fotos ohne die daneben stehenden Vokabeln. Bitten Sie die TN zu beschreiben, was sie auf den einzelnen Fotos sehen können. Was könnte Louis' Problem sein? Die TN betrachten die Fotos im KB und lesen das Vokabular. Die TN erzählen nun die Geschichte und verwenden dabei das vorgegebene Vokabular.	CD: Track 2.46 Kopie auf Folie
4b	Die TN hören das Gespräch und versuchen zu verstehen, warum Louis Probleme am Geldautomaten hatte. Haben sich die Vermutungen aus KB4a bestätigt? **Lösung:** *Louis hat seinen Kredit überzogen.*	CD: Track 2.45
4c	Die TN hören das Gespräch noch einmal und notieren, welche Ausdrücke der Bankkunde und der Bankangestellte benutzen. **Lösung:** *Bankkunde: 1, 7, 8; Bankangestellter: 2, 3, 5, 7*	CD: Track 2.45

ERWEITERUNG vor dem Hören: Je 3–4 TN arbeiten zusammen. Schreiben Sie alle Sätze und Fragen auf jeweils ein Kärtchen oder einen Papierstreifen und geben Sie jeder Gruppe ein Set. Die TN überlegen, welche Ausdrücke von Bankangestellten und welche von Kunden verwendet werden. Anschließend vergleichen sie mit dem KB. Dann hören sie das Gespräch und halten fest, welche Ausdrücke wirklich benutzt werden.

Kärtchen/Papierstreifen

CD: Track 2.45

4d	Fragen Sie die TN, ob sie persönlich schon einmal Probleme mit ihrer Bank hatten. Was ist passiert? Wie konnten die TN das Problem lösen? Je 2 TN arbeiten zusammen und spielen die beiden vorgegebenen Situationen. Dabei übernehmen sie bei der einen Situation die Rolle des Bankangestellten und bei der anderen die des Kunden. Sprachlich schwächere TN können sich zuerst – je nach Rolle – die passenden Redemittel aus KB4c heraussuchen, die Dialoge zuerst aufschreiben und dann die ▶ **Dialoge auswendig lernen.**	
AB4a	im Kurs oder als Hausaufgabe. Die TN lernen weitere Wörter *Rund um Bank und Geld* kennen. Falls Sie in KB4d weitere Bankprobleme sammeln wollen, können Sie **AB4a** davor im Kurs bearbeiten.	
5a	Die TN lesen den Text mit wichtigen Hinweisen für die Kunden einer Bank. Anschließend überlegen je 2 TN, welche der beiden Definitionen (A oder B) die markierten Stellen am besten beschreibt. **Lösung:** *1b; 2b; 3b; 4a*	
5b	Schreiben Sie die Verben *sparen, abheben* und *stehlen* an die Tafel und bitten Sie die TN, das Partizip II davon zu bilden (*gespart, abgehoben, gestohlen*). Schreiben sie nun *der gespart___ Geldbetrag, die abgehoben___ Summe* und *das gestohlen___ Geld* an die Tafel. Erklären Sie den TN, dass man das Partizip II manchmal auch vor Substantive setzen kann und das Partizip dann die Funktion eines Adjektivs einnimmt. Genau wie die Adjektive müssen die Partizipien vor den Substantiven dekliniert werden. Wiederholen Sie ggf. mit den TN die Regeln der Adjektivdeklination. Machen Sie deutlich, dass Partizip-II-Konstruktionen durch einen Relativsatz im Passiv umschrieben werden können. *Das gestohlene Geld* ist *das Geld, das gestohlen wurde.* Lassen Sie auch die anderen beiden Beispiele umformulieren (*der Geldbetrag, der gespart wurde; die Summe, die abgehoben wurde*). Das Partizip II drückt also eine abgeschlossene Situation aus und erklärt, was mit einer Person oder einem Gegenstand gemacht wurde bzw. passiert ist. Lesen Sie dazu mit den TN den Grammatikkasten. Die TN lesen dann die Verben im Schüttelkasten. Klären Sie ggf. das Vokabular und bilden Sie gemeinsam die Formen des Partizip II. Die TN ergänzen die Partizipien mit den richtigen Adjektivendungen in den 5 Sätzen. Vergleichen Sie im Kurs. **Lösung:** *1 ausgefüllte; 2 eingezahlten; 3 zugeschickte; 4 verlorene; 5 gewünschten*	
	Nach KB5 eignet sich Film 12 mit KB13–15.	*DVD: Track 12*

Sprachhandlungen: Argumente verstehen; Meinungen erkennen und äußern; Personen, Dinge, Situationen näher beschreiben
Lerninhalte: WS: Globalisierung | GR: Partizip I als Adjektiv | Aussprache: Wortakzent in zusammengesetzten Substantiven

	Erläuterungen zum Unterricht	**Materialien**
6a	Fragen Sie die TN, was ihnen zum Thema *Globalisierung* einfällt, und sammeln Sie die Vorschläge an der Tafel. Bitten Sie die TN in sprachlich stärkeren Kursen, in Kleingruppen eine kurze Definition für Globalisierung zu schreiben. Lassen Sie die Definitionen vorlesen und diskutieren Sie gemeinsam darüber, welche Definition am meisten zutrifft. Sie können auch die folgenden Definitionen vorgeben: 1 *Globalisierung* ist ein wichtiger Prozess, der es durch neue technische Möglichkeiten Menschen auf der ganzen Welt möglich macht, miteinander Handel zu betreiben und zu kommunizieren. 2 Der Begriff *Globalisierung* kommt von dem Wort *global*, was „die ganze Erde betreffend" bedeutet. Der Prozess beschreibt die wirtschaftlichen und politischen Beziehungen zwischen Staaten, aber auch die persönlichen Verbindungen zwischen den Menschen. 3 Was in unserem Land passiert, kann Auswirkungen oder Ursachen an einem weit entfernten Ort der Welt haben. Diese Entwicklung wird *Globalisierung* genannt. Dazu gehört z. B. auch der weltweite Handel, Flugzeuge und Schiffe, die Entfernungen immer kleiner erscheinen lassen usw. Die TN hören das Gespräch und notieren, welche Aspekte zum Thema *Globalisierung* genannt werden. Vergleichen Sie im Kurs. **Lösung:** *Wirtschaft; Technik; Mobilität*	*CD: Track 2.47*

6b	Die TN fassen zusammen, was sie in dem Gespräch in KB6a über Globalisierung erfahren haben, und vergleichen mit ihrer Sammlung und ihren Definitionen. Überlegen Sie gemeinsam, welche weiteren Aspekte zum Thema *Globalisierung* gehören bzw. wo die Globalisierung ihnen im täglichen Leben begegnet (*Kleidung aus Asien; Früchte außerhalb der Jahreszeit, in der sie bei uns wachsen; Austauschprogramme wie ERASMUS ...*).
AB6b	im Kurs. Je 2 TN bearbeiten die Aufgabe, die dem Prüfungsformat des *ZD* entspricht.
7a	Je 2 TN arbeiten zusammen. Jeder TN liest einen der beiden Texte, markiert, was ihm wichtig erscheint, und fasst die wichtigsten Argumente seines Textes in Stichpunkten zusammen.
7b	Die TN informieren ihren Partner darüber, was sie in ihrem Text erfahren haben und welche Meinung „ihre" Person zur Globalisierung hat. Die TN erstellen gemeinsam eine Tabelle, in der sie die genannten Vor- und Nachteile zur Globalisierung festhalten. ERWEITERUNG: Die TN sammeln weitere Vor- und Nachteile, die durch die Globalisierung entstehen können, und ergänzen ihre Tabelle damit.
7c	Bitten Sie die TN, die 2 Texte noch einmal zu lesen und alle Formulierungen (in einer anderen Farbe als in KB7a) zu markieren, mit denen die beiden Personen ihre Meinung ausdrücken. Die TN erstellen damit eine Liste und vergleichen sie im Kurs. **Lösung:** *A: Ich finde es eigentlich gut, dass ...; Das ist doch ein großer Vorteil. Positiv ist auch, dass ...; Außerdem gefällt es mir, dass ...; Ich finde, es gibt viele überzeugende Argumente für ... – B: Ich sehe ... eher kritisch. Das ist doch ein wichtiges Argument gegen ...; Man muss auch bedenken, dass ...; Das ist für mich ...; Ich finde es wirklich sehr problematisch, dass ...* ERWEITERUNG: Die TN ergänzen die Liste mit weiteren Formulierungen, die sie bereits kennen.
7d	Geben Sie den TN einige Minuten Zeit zu überlegen, was sich in ihrem eigenen Land durch die Globalisierung verändert hat und wie sie selbst dazu stehen. Anschließend diskutieren die TN in Kleingruppen über das Thema *Globalisierung* und verwenden dazu die Redemittel der Liste aus KB7c. Sie können auch eine ▶ Redemittel-Diskussion mit den TN machen. Jede Gruppe fasst die wichtigsten Punkte ihrer Diskussion durch einen Gruppensprecher zusammen. Bei Interesse kann der Kurs anschließend noch gemeinsam diskutieren. ERWEITERUNG: Wenn die TN sich für das Thema *Globalisierung* interessieren, finden Sie hier sehr interessante Fragen und Antworten, über die man im Kurs diskutieren kann: Artikel „Globalisierung – die wichtigsten Antworten" auf www.welt.de (ins Suchfeld eingeben „Globalisierung die wichtigsten Antworten").
8a	Schreiben Sie *sinkende Löhne* an die Tafel. Unterstreichen Sie *sinkende* und fragen Sie die TN, welches Verb sie darin erkennen können (*sinken*). Erklären Sie, dass sich das Verb durch Hinzufügen eines *-d* in ein Partizip I verwandelt und dass Partizipien vor Substantiven wie Adjektive dekliniert werden (vgl. Partizip II in KB5b). Vergleichen Sie dazu mit den Erklärungen im Grammatikkasten. Erklären Sie, dass man das Partizip I vor Substantiven auch mit einem Relativsatz im Aktiv umschreiben kann. *Sinkende Löhne* sind demnach *Löhne, die sinken*. Mit dem Partizip I wird also etwas ausgedrückt, was in der Gegenwart gerade geschieht. Je 2 TN wandeln die Partizip-I-Konstruktionen 2–5 in Relativsätze um. Vergleichen Sie im Kurs. **Lösung:** *2 Preise, die steigen; 3 der Weltmarkt, der wächst; 4 ein Argument, das überzeugt; 5 eine Situation, die beunruhigt*
8b	Je 2 TN betrachten das Bild und beschreiben, wie sie die Personen auf der Weltkugel sehen. Dazu benutzen sie das Partizip I als Adjektiv. **Lösung:** *2 arbeitende Menschen; 3 ein schlafender Mann; 4 spielende Kinder; 5 ein weinendes Mädchen; 6 eine telefonierende Frau; 7 tanzende Menschen; 8 wartende Menschen; 9 eine lesende/sitzende Frau; 10 ein Gitarre spielender und singender Mann* *IAW: TB 12/1*
9a	Die TN hören die Wörter und markieren den Wortakzent. Sie vergleichen mit einem Partner und anschließend im Kurs. Fragen Sie die TN, was im Deutschen meistens betont wird (*der Wortstamm*). Vergleichen Sie dazu auch mit der Infobox. Weisen Sie die TN darauf hin, dass bei trennbaren Verben das Präfix betont wird (z. B. **fern**sehen). Dementsprechend werden auch bei Substantiven, die von trennbaren Verben abgeleitet sind, die Präfixe betont (z. B. **Fern**seher). Vgl. auch Infobox zu **AB9**. **Lösung:** *1 **zah**len, be**zah**len, die Be**zah**lung; 2 **fah**ren, er**fah**ren, die Er**fah**rung; 3 **än**dern, ver**än**dern, die Ver**än**derung; 4 **spre**chen, ver**spre**chen, das Ver**spre**chen.* *CD: Track 2.48*

9b	Lesen Sie die Wörter von KB9a noch einmal laut vor. Bitten Sie die TN, die Wörter nachzusprechen und beim betonten Teil auf den Tisch zu klopfen.	
9c	Die TN hören die Wortpaare und markieren den Wortakzent. Sie vergleichen mit einem Partner und dann im Kurs. Fordern Sie die TN auf zu überlegen, welcher Teil bei zusammengesetzten Substantiven meistens betont wird (*der erste Teil*). Lesen Sie dazu auch die Infobox. Die TN stellen sich im Kreis auf, werfen sich einen Ball zu und lesen nacheinander die Wörter vor. **Lösung:** *2 die **Welt** – die **Arbeits**welt; 3 die **Krise** – die Fi**nanz**krise; 4 der Be**trag** – der **Geld**betrag; 5 der Auto**mat** – der **Geld**automat; 6 die **Num**mer – die Ge**heim**nummer*	CD: Track 2.49 Ball
	ERWEITERUNG: Die TN versuchen in Kleingruppen, in einer bestimmten Zeit möglichst viele Komposita zu bilden. Dazu können Sie einfache Wörter auf Kärtchen vorgeben, wie z. B. *das Haus, die Tür, der Fuß, der Ball, die Blume, das Schloss* usw. Die TN können die Wörter auf verschiedene Arten zusammen-setzen, z. B. *Haus: das Garten**haus** – das **Haus**tier*. Ggf. benutzen sie ein Wörterbuch. Die TN lesen ihre Wörter im Kurs vor und achten auf den Wortakzent.	Kärtchen Wörterbuch

Sprachhandlungen/Strategie: über Verhalten diskutieren; eine Gewissensfrage schreiben
Lerninhalte: WS: Redemittel für Diskussion

	Erläuterungen zum Unterricht	**Materialien**
10a	Projizieren Sie die beiden Zeichnungen. Bitten Sie die TN zu beschreiben, welche Situationen auf den beiden Bildern dargestellt werden (*Auf Bild A will sich ein Mann eine Zeitung aus einem Kasten nehmen und überlegt, ob er genug Geld dabei hat; auf Bild B packt eine Frau eine Vase aus und überlegt, ob sie sie weiterverschenken kann, da sie ihr nicht gefällt.*). Überlegen Sie gemeinsam aufgrund der Bilder, welches Thema die beiden Texte haben könnten. Schreiben Sie *Gewissensfragen: ein gutes Gewissen – ein schlechtes Gewissen* an die Tafel und klären Sie mit den TN die Bedeutung. Fragen Sie die TN ggf., wann sie das letzte Mal ein gutes bzw. schlechtes Gewissen hatten und warum.	Kopie auf Folie
10b	Die TN lesen die beiden Texte. Fragen Sie die TN anschließend, ob sie das in den Texten erfahren konnten, was sie anhand der Bilder erwartet haben.	
	VARIANTE: Je 2 TN arbeiten zusammen. Jeder TN liest einen der beiden Texte. Danach fassen die TN ihren Text für den Partner zusammen (▶ **Kooperatives Lesen**).	
10c	Lesen Sie gemeinsam die Redemittel und klären Sie ggf. Vokabular. Je 3–5 TN arbeiten zusammen und begründen, wie ihre persönliche Meinung zu den beiden Situationen ist. Dazu benutzen sie die vorgegebenen Redemittel. Überlegen Sie mit den TN, bevor sie miteinander diskutieren, welche Regeln eingehalten werden müssen, damit eine Diskussion gut funktioniert. Lesen Sie gemeinsam die Infobox zum Thema *In Diskussionen zu Wort kommen*. Fragen Sie die TN, wie Diskussionen in ihren Heimatländern aussehen. Gibt es Unterschiede zu „deutschsprachigen" Diskussionen? Wie signalisiert man, dass man etwas sagen möchte?	IAW: TB 12/2
	ERWEITERUNG vor der Diskussion: Schreiben Sie die Redemittel auf Kärtchen und geben Sie jeder Gruppe ein Set. Die TN ordnen die Redemittel in Aussagen, mit denen wir etwas akzeptieren oder befürworten, und in Aussagen, in denen man etwas ablehnen kann. Anschließend vergleichen sie mit dem KB. Wenn Sie möchten, können Sie mit den TN eine ▶ **Redemittel-Diskussion** machen. Sonst weiter wie oben beschrieben.	Kärtchen
10d	Je 2 TN beschreiben gemeinsam eine weitere Situation, die eine Gewissensfrage darstellt. Mischen Sie die Blätter und verteilen Sie sie wieder an die Gruppen. Je 2 TN diskutieren und stellen die Gewissens-frage und ihre Meinung dazu anschließend im Kurs vor.	
	ERWEITERUNG: Wenn die TN Spaß an den Gewissensfragen haben, finden Sie hier noch mehr: http://sz-magazin.sueddeutsche.de (in Suchfeld „Gewissensfragen" eingeben)	

Sprachhandlungen: einen informativen Text verstehen; über etwas berichten
Lerninhalte: Landeskunde: Fuggerei in Augsburg

	Erläuterungen zum Unterricht	Materialien
11a	Fragen Sie die TN, welche Hilfsorganisationen sie kennen und wen oder was diese Organisationen unterstützen (*Greenpeace unterstützt den Schutz der Umwelt; Caritas hilft Menschen mit wenigen finanziellen Mitteln; Ärzte ohne Grenzen unterstützt Menschen in armen Ländern mit medizinischen Mitteln ...*). Sammeln Sie die Vorschläge an der Tafel. Fragen Sie die TN, welche dieser Organisationen oder welche Menschen bzw. Einrichtungen vor Ort (*Kindergarten, Kirchengemeinde, Obdachlose in der eigenen Stadt ...*) sie gern finanziell unterstützen würden, wenn sie genügend Geld hätten. Bitten Sie die TN, ihre Entscheidung zu begründen.	
11b	Die TN lesen den Text. Sie formulieren zu jedem der Abschnitte eine Frage, die der Partner anschließend beantworten soll.	
	ERWEITERUNG: Kopieren Sie den Text und zerschneiden Sie ihn in die einzelnen Abschnitte. Geben Sie je 2–3 TN ein Set. Die TN fassen die einzelnen Abschnitte mit einer Überschrift / einem Satz zusammen, setzen den Text zusammen und kontrollieren anschließend mit dem KB. Vergleichen Sie die Überschriften im Kurs. Danach formuliert jeder TN Fragen zu den einzelnen Abschnitten.	Kopien des Textes
11c	Die TN tauschen ihre Fragen mit einem Partner. Jeder TN überfliegt den Text noch einmal und versucht, die Fragen zu beantworten. Die TN geben ihre Antworten zurück. Dann korrigieren die TN die Antworten und besprechen sie ggf. mit dem Partner.	
11d	Diskutieren Sie im Kurs darüber, was die TN über die Fuggerei in Augsburg denken und welche Informationen im Text ihnen besonders interessant erscheinen. Fragen Sie die TN, ob sie ähnliche soziale Projekte kennen, in denen Menschen mit wenig Geld unterstützt werden.	
	INFO: Weitere Informationen über die Fuggerei und die Stadt Augsburg im Allgemeinen finden Sie hier: www.augsburg.de; www.fugger.de	
12	Fordern Sie die TN auf, darüber nachzudenken, ob sie (prominente) Menschen mit viel Geld kennen, die damit soziale Projekte unterstützen (*die Sängerin Shakira ist z. B. Unicef-Botschafterin und engagiert sich besonders für Kinder aus ihrem Heimatland Kolumbien; Angelina Jolie unterstützt ein Projekt für Flüchtlinge, Ärzte ohne Grenzen und das Rote Kreuz; die Stiftung von Bill Gates unterstützt die Herstellung lebenswichtiger Impfstoffe und andere Gesundheitsprojekte ...*). Fragen Sie die TN, ob es ähnliche Projekte auch in ihren Heimatländern gibt. Je 2–3 TN suchen gemeinsam ein soziales Projekt, bei dem mit Geld Gutes getan wird und das sie im Kurs vorstellen möchten. Dazu recherchieren sie und sammeln Informationen (Wer? Was? Wo? Warum? ...). Die Gruppen stellen ihre Projekte mit einer ▶ **Mini-Präsentation** im Unterricht vor. **Links:** Interessante Internetseiten für soziale Projekte – auch ohne Geld: www.gute-tat.de; www.sozialeprojekte.de; www.freiwilligenweb.at	
WB	im Kurs. Thema: Verben mit *her-* und *hin-*.	

Der Film: So erkennt man ... Falschgeld

	Lösungen zur DVD	Materialien
13b	*1C; 2A; 3E; 4F; 5D; 6B*	
14a	*Durch ein Kontrollverfahren, bei dem das Geld unter ein Kontrolllämpchen gehalten wird: Das blaue Europa-Zeichen wird unter der Lampe grün; es gibt kleine Streifen, die unter der UV-Lampe fluoreszieren.*	
14b	*Fühlen: den Bankenvermerk, die große Nennwertzahl und das Gebäudeteil des Scheines; Sehen: das Wasserzeichen, das Durchsichtsregister, den Sicherheitsfaden; Kippen: das Folienelement, das Hologramm und den Farbkipp-Effekt auf der Rückseite – Wenn ein Merkmal fehlt, ist der Schein wahrscheinlich falsch.*	
14c	*2*	
15	*Mehr Information über die Euroscheine: www.devisenrechner.info (→ Euro – Europa – Europäische Union: Euro Geldscheine – Eurobanknoten)*	

	Erläuterungen zum Unterricht	Materialien
1	Je 4 TN spielen zusammen das Wiederholungsspiel. Dazu brauchen sie einen Würfel pro Gruppe und für jeden Spieler eine Spielfigur, einen Stift und ein Blatt Papier. Lesen Sie mit den TN die Spielanleitung und stellen Sie sicher, dass alle TN die Regeln des Spieles verstanden haben. Sprachlich schwächere TN können auch zu zweit spielen und versuchen, die Aufgaben gemeinsam zu lösen.	je TN eine Spielfigur, ein Stift und Papier, je Gruppe ein Würfel
	ERWEITERUNG: Geben Sie jeder Gruppe eine **Kopiervorlage** mit dem Expertenblatt. Die TN korrigieren am Ende des Spiels gemeinsam ihre Lösungen und vergeben die Punkte.	KV
2a	Projizieren Sie die Zeichnung. Bitten Sie die TN, die Zeichnung so genau wie möglich zu beschreiben, und sammeln Sie ggf. die genannten Vokabeln an der Tafel (*Auto, Reifen, Reifenpanne, Wiese, Mann* ...). Bitten Sie die TN, sich auf den Mann zu konzentrieren, und fragen Sie, wie er sich gerade fühlen könnte. Sammeln Sie ggf. im Kurs Gefühle und Stimmungen (*traurig, melancholisch, besorgt, entspannt* ...). Je 2–3 TN überlegen gemeinsam, was der Mann denken könnte, und schreiben es in die Denkblase. Vergleichen Sie die Vorschläge im Kurs.	Kopie auf Folie
	ALTERNATIVE zu KB2 und KB3: Wenn Sie wenig Zeit haben, können Sie die TN in 2 Gruppen einteilen. Gruppe 1 beschäftigt sich mit dem Gedicht von Bertolt Brecht (KB2), Gruppe 2 mit dem Gedicht von Mascha Kaléko (KB3). Anschließend stellen sich die TN paarweise (jeweils ein TN aus jeder Gruppe) ihre Ergebnisse gegenseitig vor.	
2b	Schreiben Sie *Der Radwechsel* an die Tafel. Erklären Sie den TN, dass sie ein im Jahre 1953 entstandenes Gedicht von Bertolt Brecht hören werden, das diesen Titel trägt. Bitten Sie die TN, Assoziationen zu nennen, die ihnen spontan zu diesem Titel einfallen. Schreiben Sie die Vorschläge in einen Wortigel. Die TN hören das Gedicht und lesen mit.	CD: Track 2.50
	VARIANTE: Schreiben Sie die einzelnen Zeilen des Gedichts auf Kärtchen und geben Sie je 3–4 TN ein Set. Die TN ordnen das Gedicht. Dann hören die TN das Gedicht und kontrollieren ihre Versionen. INFO: Bertolt Brecht wurde am 10. Februar 1898 in Augsburg geboren. Er gilt als einer der wichtigsten deutschen Dramatiker und Lyriker des zwanzigsten Jahrhunderts. Seine Theorie und Praxis des *epischen Theaters* haben wesentlich zum modernen Theater beigetragen. Bekannte Werke sind z. B. *Die Dreigroschenoper, Mutter Courage und ihre Kinder* und *Der gute Mensch von Sezuan*. 1933 musste er Deutschland verlassen und lebte in verschiedenen Ländern (Skandinavien, USA, Schweiz). Er kehrte 1948 aus dem Exil zurück und setzte seine Theaterarbeit in Ost-Berlin fort. Brecht starb dort am 14. August 1956.	Kärtchen CD: Track 2.50
2c	Schreiben Sie *Ich bin nicht gern, wo ich herkomme* und *Ich bin nicht gern, wo ich hinfahre* an die Tafel. Bitten Sie die TN, für beide Sätze Beispiele zu suchen. Die TN vergleichen ihre Ideen erst in Kleingruppen und dann im Kurs.	
	VARIANTE: Legen Sie 2 DIN-A-3 Blätter im Kursraum auf. Schreiben Sie auf ein Blatt *Ich bin nicht gern, wo ich herkomme* und auf das andere *Ich bin nicht gern, wo ich hinfahre*. Bilden Sie 2 Gruppen. Jede Gruppe notiert 5 Minuten lang ihre Einfälle auf dem einen Blatt und wechselt dann zum anderen. Hängen Sie die Blätter im Kursraum auf und diskutieren Sie mit den TN darüber.	DIN-A3-Papier
2d	Die TN lesen das Gedicht noch einmal und überlegen, warum der Mann ungeduldig ist. Bitten Sie die TN, im Kurs zu diskutieren und ihre Meinungen zu begründen.	
3a	Die TN hören das Gedicht *Der kleine Unterschied* von Mascha Kaléko und lesen dabei mit. Anschließend diskutieren die TN im Kurs, welche Gründe es dafür geben könnte, dass die Person nicht glücklich ist.	CD: Track 2.51
	VARIANTE: Geben Sie jedem TN nach dem Hören ein Kärtchen. Die TN überlegen, aus welchem Grund die Person nicht glücklich ist, und halten ihre Begründung auf der Karte fest. Kleben Sie die Kärtchen an die Wand oder auf ein Plakat und gliedern Sie sie thematisch. Diskutieren Sie dann mit den TN im Kurs über die einzelnen Vorschläge. INFO: Auch in anderen Texten beschäftigte sich Mascha Kaléko mit dem Sprachwechsel im Exil. Die meisten dieser Texte, etwa „Der geborene Inglisch-Spieker" oder auch „Der kleine Unterschied", wurden erst 1977 im Gedichtband *In meinen Träumen läutet es Sturm* von Gisela Zoch-Westphal herausgegeben.	Kärtchen Plakat
3b	Die TN lesen den Lebenslauf von Mascha Kaléko und unterstreichen die Stationen in ihrem Leben, von denen sie glauben, dass sie sie in dem Gedicht verarbeitet hat. Sie diskutieren darüber im Kurs.	

VARIANTE: Die TN fassen die wichtigsten Punkte im Leben von Mascha Kaléko in einem tabellarischen Lebenslauf zusammen. Die Erfahrungen, die sie im Gedicht verarbeitet, schreiben die TN in einer anderen Farbe. Danach diskutieren sie im Kurs.

3c Die TN lesen das Gedicht noch einmal. Bitten Sie dann einen der TN, das Gedicht laut vorzulesen. Die TN achten besonders auf die letzte Zeile. Wie interpretieren die TN jetzt, nach den biographischen Informationen, diese letzte Zeile? Diskutieren Sie im Kurs.

ERWEITERUNG: Wenn die TN Lust haben, das Gedicht auswendig zu lernen, können sie es einem Partner vortragen. Sie können auch mit den TN eine Gedichte-Vortragsstunde gestalten, in denen die TN sich jeweils ein Gedicht aussuchen, dieses auswendig lernen und dann im Kurs vortragen.

3d Je 3–5 TN arbeiten zusammen. Bitten Sie die TN, sich an eine Situation zu erinnern, in der sie sich auf Deutsch verständigen mussten. Was war anders? Wie haben sich die TN gefühlt und warum? Die TN diskutieren in Kleingruppen. Ein Gruppensprecher fasst die wichtigsten Punkte im Kurs zusammen. Diskutieren Sie die interessantesten Punkte auch im Kurs.

3e Geben Sie den TN einige Minuten Zeit, um darüber nachzudenken, wann sie sich beim Deutschsprechen sehr wohl gefühlt haben. Geben Sie ggf. ein Beispiel vor, als Sie sich beim Sprechen einer Fremdsprache gut fühlten (*als Sie zum ersten Mal einen Film verstanden haben; als es Ihnen gelungen war, etwas auf dem Markt einzukaufen; als jemand Ihre gute Aussprache lobte ...*). Lesen Sie mit den TN die vorgegebenen Fragen. Die TN schreiben einen Text über ein Erlebnis, bei dem sie sich beim Deutschsprechen richtig wohl gefühlt haben. Dazu gehen sie auf mindestens 3 der vorgegebenen Fragen ein. Wenn die TN möchten, können sie ihre Texte untereinander austauschen und in Kleingruppen über ihre positiven Erlebnisse beim Deutschlernen sprechen.

Kopiervorlage zu Plattform 4, Aufgabe 1

Expertenblatt

1. Der Tisch wurde gedeckt. Die Teller und die Gläser wurden auf den Tisch gestellt. Die Blumen wurden in die Vase gestellt. Die Fenster wurden geputzt. Das Zimmer wurde aufgeräumt. Es wurde staubgesaugt. Es wurde gewischt. ... (KB Kap. 10/4–5)
2. Die Tafel sammelt Lebensmittel, die noch qualitativ gut sind, und verteilt sie an arme Menschen. Viele Lebensmittel kommen von Supermärkten und Kantinen, die sie sonst wegwerfen. Die Tafel ist in ganz Deutschland aktiv. ... (KB Kap. 10/3)
3. Ich mache heute eine Präsentation zum Thema ... Ich gebe Ihnen ein Beispiel: ... Abschließend möchte ich gern zusammenfassen: ... (KB Kap. 10/12b)
4. 1952 wurde die Europäische Gemeinschaft aus zunächst 6 Staaten gegründet. Aus dieser Gemeinschaft wurde 1992 die Europäische Union. Heute benutzen immer mehr EU-Länder die gleiche Währung und die EU-Bürger können ohne Grenzkontrollen reisen. (KB Kap. 10/10–11)
5. Ich finde alles wichtig, *was* in diesem Vortrag gesagt wurde. Ich fahre nach Köln, *wo* meine Schwester wohnt. (KB Kap. 11/10b)
6. In ... kann man ... besichtigen. Besonders interessant ist auch ... Das Museum .... hat viele interessante ... Ein Wahrzeichen der Stadt ist ... (KB Kap. 11/15)
7. In der Stadt ist immer etwas los, es gibt Kinos, Theater und Restaurants. Ich liebe die Stadt, weil hier so viele interessante Menschen leben und das kulturelle Angebot sehr groß ist. – Ich lebe lieber auf dem Land. Die Luft ist sauber und es ist sehr ruhig. Hier gibt es keine Hektik, das gefällt mir sehr. (KB Kap. 11/4a–b)
8. Ich finde es in Ordnung, wenn dein Bruder mitkommt. Ich habe kein Problem damit, dass mein Mann gern in Kneipen geht. In finde es unmöglich, dass er sich immer noch nicht gemeldet hat. ... (KB Kap. 12/10c)
9. die EC-Karte; die Kontonummer; der Dauerauftrag; abheben; einzahlen; überweisen ... (KB Kap. 12/3–5)
10. A gespartes; B verlorenes; C wachsende (KB Kap. 12/5b und 8a)
11. keiner; einer; Ihre (KB Kap. 11/4c)
12. Die Fugger haben in Augsburg gelebt. Sie haben eine Wohnsiedlung (die Fuggerei) gegründet, um armen Augsburgern zu helfen. Man kann heute ein Fuggerei-Museum und 2 Wohnungen (eine alte und eine neue) besichtigen und einen Spaziergang durch die Siedlung machen. (KB Kap. 12/11b)

Kopiervorlage zu Kapitel 1, Aufgabe 7

Im Reisebüro

2 Wochen Toskana
Romantisches Landhaus mit Schwimmbad, in der Nähe von Siena. Sehr ruhig gelegen.
Fahrradverleih und viele Wandermöglichkeiten.
Komplett 1.999 Euro

Kurzurlaub in Köln mit Besuch im Kölner Zoo
2 Übernachtungen im 3-Sterne-Hotel mit Frühstück.
Ab 125 Euro pro Person, Eintrittskarten für den Zoo incl. Kinder gratis

Algarve: 7 Tage im Clubhotel
Komfortable und moderne Apartmentanlage, Animationsprogramm für Groß und Klein.
Die Strände von Lagos sind perfekt zum Schwimmen und Tauchen.
Ab 711 Euro/Person, all inclusive, Kinder bis 12 Jahre frei.

Romantik-Wochenende im Schlosshotel auf Usedom
Übernachtung mit reichhaltigem Frühstücksbuffet und Candle-Light-Diner. Kostenlose Nutzung unserer Saunalandschaft und 50% Ermäßigung auf alle unsere Massagen und Schönheitsbehandlungen.
Preis pro Person 399 Euro

Fahrt zum Münchner Oktoberfest
3 Übernachtungen im 2-Sterne Hotel mit Frühstück incl. Stadtrundfahrt durch München und Ausflug zum Starnberger See.
Preis 434 Euro/Person

4 Tage Paris mit Disneyland
Übernachtung mit Frühstück im 2-Sterne-Hotel.
Stadtrundfahrt durch Paris und Eintritt für 2 Tage Disneyland incl.
Preis pro Person 299 Euro, Kinder gratis

3 Tage Wien mit Musical-Besuch
Übernachtung mit Frühstück im 5-Sterne-Hotel mitten im Stadtzentrum.
Stadtrundfahrt, Besichtigung von Schloss Schönbrunn und Musicalbesuch am Abend.
488 Euro/Person, Eintrittskarten incl.

La Gomera
15-tägige Kombinationsreise aus Wandern in herrlicher Umgebung und auf idyllischen Wanderwegen und Baden an den einladenden Stränden von San Jose.
Übernachtungen in guten Hotels.
Preis 1499 Euro/Person, Flug incl.

Segeln in Holland
Begleiten Sie uns auf unserem 6-tägigen Segeltörn durch die traumhafte westfriesische Inselwelt mit ihrer abwechslungsreichen Landschaft.
Preis: 1333 Euro/Person

10 Tage Gruppenreise Südafrika
Im Bus mit Übernachtung in guten Hotels: das echte afrikanische Naturerlebnis im Krüger Nationalpark. Lassen Sie sich auch von der Metropole Kapstadt bezaubern.
Preis: 2.323 Euro/Person, incl. Flug und Steuern

3 Freunde

A: Ich bin sehr sportlich und möchte mich unbedingt auch im Urlaub bewegen.

B: Ich hab im Moment nicht viel Zeit und auch nicht so viel Geld. Länger als eine Woche möchte ich nicht auf Reisen sein und es sollte auch nicht mehr als 1300 Euro kosten.

C: Ich möchte etwas Besonderes erleben. Raus aus der Routine und rein ins Abenteuer.

Familie mit 2 Kindern

Vater: Alles nur kein Stress! Wenn die Kinder auch Spaß haben, ist es für uns gut. Und wenn es geht, soll es natürlich nicht so teuer sein.

Mutter: Ich möchte mich erholen, gerne auch etwas besichtigen, aber vor allem nicht selbst kochen müssen.

Tochter (13): Vor allem darf der Urlaub nicht langweilig werden. Nur nicht den ganzen Tag wandern!!!

Sohn (7): Ich mag alles, was Kindern so Spaß macht, Tiere, Freizeitparks, Schwimmen …

Frisch verliebtes Paar

Er: Bitte viel Natur und Ruhe. Und dann den ganzen Tag zusammen sein. Nur wir!!!

Sie: Ein Stadturlaub wäre toll! Wir zwei in romantischen Cafés und schicken Geschäften, das stelle ich mir toll vor.

Älteres Ehepaar

Er: Am liebsten würde ich wieder wie jedes Jahr Urlaub in Bayern machen. Wandern, schöne Natur und gutes Essen. Aber sie will mal „ganz was anderes" machen.

Sie: Dieses Jahr will ich mal einen anderen Urlaub machen. Eine Stadt und viel Kultur wäre toll!

Kopiervorlage zu Kapitel 1, Aufgabe 10b–d

Glück gehabt!

1   **Wo ist meine Tasche? Sehen Sie die Geschichte an und ordnen Sie die Wörter zu.**

> sich entspannen • der Beamte • sich bedanken • die Tasche • bringen • einladen •
> erleichtert sein • erschrecken • die Flugbegleiterin • der Gang • das Gepäckfach •
> die Passkontrolle • der Reisepass • etwas peinlich finden / verlegen sein • die Sitzreihe •
> ungeduldig • verhaften • verzweifelt • aussteigen • Musik hören

_____

_____

_____

_____

_____

_____

2   **Arbeiten Sie zu zweit. Jeder wählt drei Bilder (1-3-5 oder 2-4-6). Was passiert auf den Bildern? Erzählen Sie abwechselnd in 2–3 Sätzen. Verwenden Sie die Ausdrücke aus Aufgabe 1.**

3   **Arbeiten Sie zu zweit. Wählen Sie eine Perspektive – Mann oder Frau – und schreiben Sie die Geschichte aus dieser Perspektive. Was passiert? Was ist für den Mann bzw. die Frau wichtig? Wie empfindet der Mann bzw. die Frau in der Situation?**
Lesen Sie sich Ihre Geschichte gegenseitig vor und vergleichen Sie. Welche Unterschiede gibt es zwischen den beiden Perspektiven?
Wie könnte die Geschichte weitergehen?

© Ernst Klett Sprachen GmbH, Stuttgart. Vervielfältigung zu Unterrichtszwecken gestattet. Aus: **Netzwerk B1**, Lehrerhandbuch

Kopiervorlage zu Kapitel 2, Aufgabe 7

Reklamationen

 K1 Sie haben in einer Boutique ein **T-Shirt** gekauft. Das T-Shirt ist beim ersten Waschen sehr viel kleiner geworden. Sie sind sehr verärgert, denn das T-Shirt war teuer. Sie möchten auf jeden Fall das gesamte Geld zurückzubekommen.

 V1 Sie arbeiten in einer Boutique. Ein Kunde bringt ein **T-Shirt** zurück, das angeblich beim ersten Waschen sehr viel kleiner geworden ist. Wahrscheinlich hat er es viel zu heiß gewaschen. Bieten Sie freundlich an, 50 % des Kaufpreises zurückzugeben. Sicher kennt er auch ein Kind, dem er das T-Shirt jetzt schenken kann.

 K2 Sie haben in einem Elektrohandel eine neue **Fernbedienung** für Ihren Fernseher gekauft. Nach einem Monat funktioniert sie schon nicht mehr richtig. Sie sind unzufrieden und möchten auf jeden Fall eine neue Fernbedienung haben.

 V2 Sie arbeiten in einem Elektrohandel. Eine Kundin bringt Ihnen eine **Fernbedienung** für ihren Fernseher zurück. Angeblich hat sie schon einen Monat nach dem Kauf nicht mehr funktioniert. Das kann eigentlich gar nicht sein, ihre Produkte haben alle eine sehr gute Qualität. Wahrscheinlich hat die Kundin Kinder, die damit gespielt haben. Bieten Sie freundlich an, die Fernbedienung für 20 Euro reparieren zu lassen.

 K3 Sie haben in einem exklusiven Weinhandel eine teure **Flasche Rotwein** gekauft. Als Sie die Flasche an ihrem Geburtstag geöffnet haben, hat der Wein sehr sauer geschmeckt. Sie konnten ihn nicht trinken und haben ihn weggeschüttet. Deshalb möchten Sie jetzt eine neue Flasche Wein.

 V3 Sie arbeiten in einem exklusiven Weinhandel. Ein Kunde bringt Ihnen eine leere **Flasche Rotwein** zurück, die angeblich sehr sauer schmeckte. Sie riechen an der Flasche und finden den Wein ganz normal. Dieser Wein hat eben einen sehr charakteristischen Geschmack. Bieten Sie dem Kunden freundlich an, ihm beim nächsten Weinkauf 10 % Ermäßigung zu geben.

 K4 In einem Second-Hand-Laden finden Sie ein **Buch**, das Sie schon lange lesen wollten. Zu Hause fangen Sie an zu lesen und bemerken am Ende, dass die letzten Seiten herausgerissen sind. Das finden Sie sehr ärgerlich. Sie möchten dieses Buch mit allen Seiten haben oder gegen ein anderes vollständiges Buch umtauschen.

 V4 Sie arbeiten in einem Second-Hand-Laden. Eine Kundin bringt Ihnen ein **Buch** zurück, weil die letzten Seiten fehlen. Das kann passieren, wenn man ein Buch für zwei Euro im Second-Hand-Laden kauft. Erklären Sie der Kundin freundlich, dass Second-Hand eben keine Neuware ist und Sie leider nichts machen können.

 K5 Sie lassen sich in einem schicken, teuren Friseursalon die **Haare** für ein Familienfest färben. Sie haben sich ein dezentes Kastanienbraun ausgesucht. Nach dem Föhnen sind die Haare dunkelrot. So möchten Sie auf keinen Fall zum Fest gehen. Der Friseur soll Ihre Haare noch einmal neu färben und Sie möchten dafür nicht noch einmal bezahlen.

 V5 Sie arbeiten in einem Friseursalon. Die Kundin wollte sich die **Haare** kastanienbraun färben lassen. Nach dem Trocknen hat das Haar eine ganz leichte rote Färbung. Deshalb sieht die Frisur ganz besonders frisch aus und es steht der Kundin gut. Das kommt beim Färben immer wieder vor, nicht jedes Haar ist gleich. Wenn die Kundin jetzt einen anderen Farbton wünscht, muss sie das leider auch noch einmal bezahlen.

Kopiervorlage zu Kapitel 2, Aufgabe 9

Genitiv-Domino

Spielen Sie Domino. Legen Sie nacheinander jeweils eine Karte an (es gibt mehrere Möglichkeiten) und bilden Sie aus den beiden Wörtern eine Genitiv-Konstruktion.

Beispiel:

der Kurs	die Farbe	deine Augen	die Ehefrau

→ die Farbe deiner Augen

eine Prüfung	das Auto	sein Freund	die Probleme
der Schüler	der Schlüssel	das Hotelzimmer	die Telefon-nummer
meine Freundin	der Fahrer	das Auto	die Sehens-würdigkeiten
die Stadt	der Name	mein Lehrer	das Buch
die Sekretärin	am Ende	die Stunde	am Anfang
der Kurs	die Farbe	deine Augen	die Ehefrau
der Chef	das Haus	meine Freundin	die Tasche
meine Tante	in der Mitte	ein Monat	das Kind
deine Schwester	der Koch	das Restaurant	am Ende
die Straße	die Hochzeit	seine Tochter	der Arzt
die Frau	das Bild	der Maler	das Foto
der Mann	der Preis	ein Bild	die Note

© Ernst Klett Sprachen GmbH, Stuttgart. Vervielfältigung zu Unterrichtszwecken gestattet. Aus: Netzwerk B1, Lehrerhandbuch

Kopiervorlage zu Kapitel 3, Aufgabe 4b

Vergangenheits-Dreierlei

1.	ich esse		
2.	du trinkst		
3.	wir fahren		
4.	er bietet an		
5.	du denkst		
6.	sie fallen		
7.	sie verlieren		
8.	sie schlägt vor		
9.	wir kennen		
10.	du bekommst		
11.	ihr wollt		
12.	ich springe		

✂ ···

1.		ich aß	
2.		du trankst	
3.		wir fuhren	
4.		er bot an	
5.		du dachtest	
6.		sie fielen	
7.		sie verloren	
8.		sie schlug vor	
9.		wir kannten	
10.		du bekamst	
11.		ihr wolltet	
12.		ich sprang	

✂ ···

1.			ich habe gegessen
2.			du hast getrunken
3.			wir sind gefahren
4.			er hat angeboten
5.			du hast gedacht
6.			sie sind gefallen
7.			sie haben verloren
8.			sie hat vorgeschlagen
9.			wir haben gekannt
10.			du hast bekommen
11.			ihr habt gewollt
12.			ich bin gesprungen

Kopiervorlage zu Kapitel 3, Aufgabe 6d

Liebespaare

Wählen Sie eines der folgenden bekannten Liebespaare aus oder überlegen Sie ein eigenes. Schreiben Sie einen Dialog zwischen den beiden Personen. Spielen Sie den Dialog im Kurs vor, die anderen TN raten, um welches Liebespaar es sich handelt.

Brad Pitt und Angelina Jolie

Angelina Jolie und Brad Pitt, auch als „Brangelina" bezeichnet, haben sich 2004 bei den Dreharbeiten zu „Mr. und Mrs. Smith" kennengelernt und sind seitdem das Traumpaar von Hollywood. Das Paar hat gemeinsam drei leibliche und drei adoptierte Kinder. Das große Rätsel ist: Wann werden sie heiraten?

Romeo und Julia

Romeo und Julia sind ein berühmtes Liebespaar aus einer Tragödie von William Shakespeare. Die Geschichte spielt in der italienischen Stadt Verona. Romeo und Julia gehören zwei verfeindeten Familien an und müssen ihre Liebe daher geheim halten. Am Ende töten sich beide selbst.

Julius Cäsar und Kleopatra

Im 1. Jahrhundert vor Chr. spielt die Liebesgeschichte zwischen Julius Cäsar und Kleopatra. Die beiden verliebten sich, als Julius Cäsar aus politischen Gründen nach Ägypten kam. Angeblich bekam Kleopatra einen Sohn von ihm. Im Laufe der Zeit verwandelte sich ihre Liebe immer mehr in eine politische Beziehung, die für beide nützlich war. Kleopatra reiste auch nach Rom und erlebte dort Cäsars Ermordung mit.

Prinz William und Kate Middleton

Der Enkelsohn der Queen und Kate Middleton haben sich 2001 an der Saint-Andrews-University in Schottland kennengelernt und knapp 10 Jahre später geheiratet. Sie leben zum Teil in London, zum Teil auf einer kleinen Insel im Nordwesten von Wales. Wenn sie nicht reisen oder auf andere Weise das Königreich repräsentieren, arbeitet William als Hubschrauberpilot und Kate kümmert sich um ihren Sohn. In einigen Jahren werden sie das englische Königspaar sein.

Rose und Jack (aus dem Film *Titanic*)

Rose und Jack sind die beiden Hauptpersonen der fiktiven Liebesgeschichte, die sich auf der Jungfernfahrt des Schiffes abspielt. Obwohl Rose bereits verlobt ist, verliebt sie sich auf dem Schiff in den Künstler Jack. Als das Schiff sinkt, überlebt Rose nur mit Jacks Hilfe. Jack selbst ertrinkt dabei.

Bonnie & Clyde

Bonnie und Clyde sind das berühmte Gangsterpaar, das in den 1930er Jahren den Südwesten der USA unsicher machte. Sie überfielen Geschäfte, Tankstellen und Banken und töteten dabei auch Menschen. Immer wieder gelang ihnen die Flucht, bis sie am 23.5.1934 im Kugelhagel der Polizei starben.

Kopiervorlage zu Kapitel 4, Aufgabe 3

Welcher Beruf passt zu Ihnen?

Testen Sie sich: Markieren Sie die Antwort, die am besten zu Ihnen passt. Welches Symbol haben Sie am häufigsten?

1 Welches Fach hat Ihnen in der Schule am besten gefallen?

- ● Informatik
- ◊ Englisch
- ♦ Kunst
- ■ Sport
- □ Physik

2 Was wollten Sie als Kind werden?

- □ Astronaut/in
- ◊ Arzt/Ärztin
- ♦ Koch/Köchin
- ■ Bauarbeiter/in
- ● Börsenmakler/in

3 Was machen Sie gern in Ihrer Freizeit?

- ◊ Freunde treffen, ins Kino gehen
- □ im Internet surfen, ins Museum gehen
- ♦ Gedichte oder Kurzgeschichten schreiben, fotografieren
- ● Kreuzworträtsel lösen, E-Mails schreiben
- ■ nähen, basteln

4 Ihr Stadtteil organisiert ein Straßenfest. Was machen Sie?

- ♦ eine tolle Torte backen
- ● die Organisation: Wer macht was?
- ■ Stühle und Tische aufbauen
- □ die Beleuchtung installieren
- ◊ Spiele für die Kinder organisieren

5 Über welches Geburtstagsgeschenk würden Sie sich am meisten freuen?

- ■ ein Puzzle
- ◊ eine Pflanze
- ♦ ein Notizbuch mit einem Stift
- ● einen Kalender
- □ einen Fotoapparat

6 Welchen Kurs würden Sie an der Volkshochschule gern besuchen?

- ♦ Geschenke originell verpacken
- ◊ Alte Spiele neu entdeckt
- ■ Fahrrad reparieren – leicht gemacht
- □ Wissenswertes über das Universum
- ● Wie organisiere ich meinen Alltag?

7 Sie möchten heute Abend mit Freunden einen Film sehen. Welche DVD würden Sie auswählen?

- ■ einen Krimi
- ● eine Quizsendung zum Mitraten
- ♦ einen Fantasy-Film
- ◊ einen Liebesfilm
- □ einen Dokumentarfilm

Auswertung

♦		Sie freuen sich, wenn Sie Ihre Fantasie einsetzen und damit etwas Neues schaffen können. Zu Ihnen passen kreative Berufe wie Webdesigner/in, Journalist/in oder Künstler/in.
◊		Sie sind gern mit Menschen zusammen und freuen sich, wenn Sie ihnen helfen oder ihnen etwas beibringen können. Zu Ihnen passen soziale Berufe wie z. B. Krankenschwester/-pfleger, Lehrer/in, Erzieher/in.
■		Sie sind praktisch veranlagt und arbeiten gerne mit Ihren beiden Händen. Zu Ihnen passen handwerkliche Berufe wie z. B. Mechaniker/in, Schreiner/in, Masseur/in.
□		Sie möchten immer wissen, was hinter den Dingen steckt. Zu Ihnen passen technische oder wissenschaftliche Berufe wie z. B. Chemiker/in, Elektriker/in.
●		Sie sind ordentlich, analytisch und mögen klare Regeln. Zu Ihnen passen am besten administrative Berufe wie z. B. Sekretär/in, Bankangestellte/r, Buchhalter/in.

© Ernst Klett Sprachen GmbH, Stuttgart. Vervielfältigung zu Unterrichtszwecken gestattet. Aus: **Netzwerk B1**, Lehrerhandbuch

Verben mit festen Präpositionen

über	teilnehmen	an	gehören
zu	sich interessieren	für	suchen
nach	sich kümmern	um	sich vorbereiten
auf	arbeiten	mit	sich unterhalten

_____ sollen die Studenten in diesem Semester teilnehmen?	Sie sollen _____ möglichst vielen Sprachkursen teilnehmen.	Sie sollen _____ teilnehmen, weil gute Sprachkenntnisse wichtig für das Studium sind.
_____ gehören diese Fotos?	Sie gehören _____ Pauls Bewerbungsmappe.	Hier sind alle seine Zeugnisse und die Fotos gehören auch _____.
_____ interessiert sich dein neuer Arbeitskollege?	Er interessiert sich ganz besonders _____ Frankreich.	Er interessiert sich _____, weil er selbst lange dort gelebt hat.
_____ suchst du denn die ganze Zeit?	Ich suche schon seit einer Stunde _____ meinem Schlüssel.	Ich suche so dringend _____, weil ich sonst nicht in meine Wohnung komme.
_____ kümmert sich die neue Sekretärin?	Sie kümmert sich vor allem _____ die Termine.	Sie muss sich aber auch _____ kümmern, dass die Rechnungen korrekt sind.
_____ bereitet sich Stefan vor?	Er bereitet sich _____ seine nächste Prüfung vor.	Er bereitet sich sehr intensiv _____ vor, weil er schon einmal durchgefallen ist.
_____ arbeitest du in deinem Beruf als Mechatroniker?	Ich arbeite _____ vielen elektronischen und technischen Geräten.	Ich arbeite_____, um besonders genau und präzise zu sein.
_____ unterhältst du dich mit deinen Kollegen?	Wir unterhalten uns oft _____ die neuen Maschinen.	Manchmal unterhalten wir uns auch _____, was wir am Wochenende gemacht haben.

Kopiervorlage zu Kapitel 5, Aufgabe 6a

Kartenspiel: Wer hat das neueste Fahrrad?

Fahrrad
2 Jahre
alt/neu

Fahrrad
3 Jahre
alt/neu

Fahrrad
5 Jahre
alt/neu

Baum
3 Meter
niedrig/hoch

Baum
10 Meter
niedrig/hoch

Baum
30 Meter
niedrig/hoch

Wetter
12 Grad, Regen
gut/schlecht

Wetter
19 Grad, bewölkt
gut/schlecht

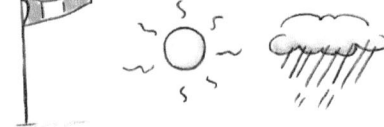

Wetter
25 Grad, Sonne
gut/schlecht

Buch
64 Seiten
dünn/dick

Buch
120 Seiten
dünn/dick

Buch
200 Seiten
dünn/dick

Fotoapparat
50 Euro
billig/teuer

Fotoapparat
100 Euro
billig/teuer

Fotoapparat
300 Euro
billig/teuer

Schwester
60 cm
groß/klein

Schwester
1,20 m
groß/klein

Schwester
1,80 m
groß/klein

Kopiervorlage zu Kapitel 5, Aufgabe 11a

Das Wetter in D-A-CH

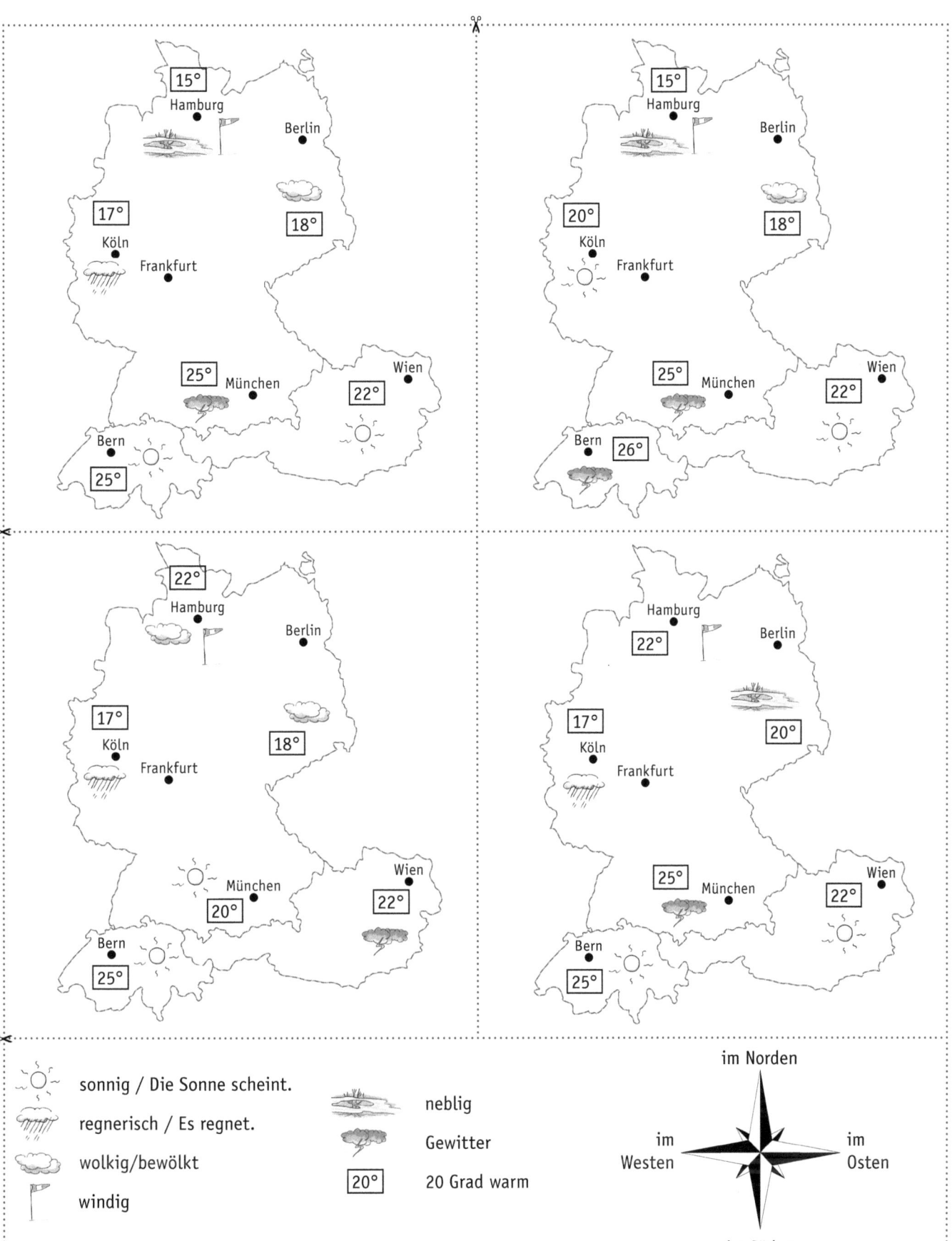

© Ernst Klett Sprachen GmbH, Stuttgart. Vervielfältigung zu Unterrichtszwecken gestattet. Aus: **Netzwerk B1**, Lehrerhandbuch

Kopiervorlage zu Kapitel 6, Aufgabe 7b

Goethestraße 26: Wer wohnt hier?

Informieren Sie sich bei Ihrem/Ihrer Partner/in. Wenn Ihr/e Partner/in fragt, antworten Sie mit einem Relativsatz mit Präposition. Achten Sie auf den richtigen Kasus.

Beispiel: A: *Wer wohnt im zweiten Stock links?*
B: *Da wohnt die unfreundliche Frau, über die sich die Hausbewohner sehr ärgern.*

A

Zweiter Stock links	Zweiter Stock in der Mitte	Zweiter Stock rechts
Die unfreundliche Frau, über die sich die Hausbewohner sehr ärgern.	Der attraktive Mann. Frau Schöner ist ein bisschen verliebt in ihn.	
Erster Stock links	**Erster Stock in der Mitte**	**Erster Stock rechts**
Der ältere Herr. Seine Schwester lebt bei ihm.		Der Mann mit dem Ferrari. Viele Männer träumen davon.
Erdgeschoss links	**Erdgeschoss in der Mitte**	**Erdgeschoss rechts**
	Die laute Familie. Alle Nachbarn beschweren sich über sie.	

- -

B

Zweiter Stock rechts	Zweiter Stock in der Mitte	Zweiter Stock links
Die Lehrerin. Die Nachbarn diskutieren oft über Politik mit ihr.		Die unfreundliche Frau. Die Hausbewohner ärgern sich sehr über sie.
Erster Stock rechts	**Erster Stock in der Mitte**	**Erster Stock links**
	Die Familie mit den 3 Katzen. Die Kinder spielen gern mit ihnen.	
Erdgeschoss rechts	**Erdgeschoss in der Mitte**	**Erdgeschoss links**
Die alte Dame. Herr Meier kauft jeden Samstag für sie ein.		Der unpünktliche Mann. Seine Frau muss immer auf ihn warten.

Beispiel: A: *Wer wohnt im zweiten Stock links?*
B: *Da wohnt die unfreundliche Frau, über die sich die Hausbewohner sehr ärgern.*

Informieren Sie sich bei Ihrem/Ihrer Partner/in. Wenn Ihr/e Partner/in fragt, antworten Sie mit einem Relativsatz mit Präposition. Achten Sie auf den richtigen Kasus.

Goethestraße 26: Wer wohnt hier?

Kopiervorlage zu Kapitel 6, Aufgabe 10

Mein deutsches Lieblingslied

1 Sammeln Sie Stichpunkte zu folgenden Fragen.

Wie heißt das Lied?

Aus welchem Jahr ist das Lied?

Wer hat das Lied geschrieben? Wer ist der Sänger / die Sängerin / die Band?

Was ist das Thema des Liedes? Was ist die Hauptaussage?

Wie ist die Musik dazu? (Melodie, Rhythmus, Instrumente)

Was hat Ihnen gefallen? (Warum?)

Was hat Ihnen nicht gefallen? (Warum?)

2 Die folgenden Formulierungen können Ihnen helfen, Ihr deutsches Lieblingslied mit Sänger/Band vorzustellen. Wählen Sie aus und stellen Sie Ihren Vortrag zusammen. Recherchieren Sie auch ein Musikbeispiel und bringen Sie es in den Kurs mit.

Name des Liedes	Mein deutsches Lieblingslied heißt ... Das deutsche Lied, das mir am besten gefällt, heißt ...
Jahr der Veröffentlichung	Das Lied stammt aus dem Jahr ... Dieses Lied konnte man zum ersten Mal im Jahre ... hören. Das Lied ist aus dem Album ... aus dem Jahre ...
Sänger/in oder Gruppe	Das Lied wurde von ... komponiert. Der Sänger / Die Sängerin / Die Gruppe heißt ... Die Mitglieder der Gruppe heißen ... Er/Sie macht seit ... Jahren Musik und hat ... Alben veröffentlicht. Sie spielen schon seit ... Jahren zusammen und haben ... Alben veröffentlicht. Er/Sie hat/haben folgende Preise gewonnen: ...
Thema des Liedes	Bei dem Lied geht es um ... Der Sänger / Die Sängerin / Die Band beschreibt, wie ... Der Sänger / Die Sängerin / Die Band möchte mit dem Lied ausdrücken, dass ... Das Thema des Liedes handelt von ... / davon, dass ...
Musik	Die Melodie und der Rhythmus sind ... Die Stimme des Sängers / der Sängerin finde ich ... Die Instrumente ...
Meinung über das Lied	Ich finde das Thema des Liedes interessant/traurig/lustig/ ..., weil ... Mir gefällt (besonders) gut, dass ... / Mir gefällt nicht, dass ...

Kopiervorlage zu Kapitel 7, Aufgabe 6

Domino mit temporalen Konnektoren

erst die Schuhe sauber machen müssen	Seit ich regelmäßig Yoga mache, …	keine Rückenschmerzen mehr haben	Während Rüdiger das Abendessen kocht, …
Anja schon den Tisch decken	Bis sie richtig gut Deutsch sprechen konnte, …	viele Kurse machen müssen	Nachdem wir die Wohnung endlich renoviert haben, …
sich zu Hause viel wohler fühlen	Bevor er seine neue Freundin kennen-lernte, …	sich oft einsam fühlen	Seit Enno so viel arbeiten muss, …
ständig schlechte Laune haben	Während Kai und Ines einen langen Spazier-gang machen, …	über den letzten Urlaub sprechen	Bis Matthias sich ein neues Auto kaufen konnte, …
lange sparen müssen	Nachdem Uwe im Lotto gewonnen hatte, …	eine Weltreise machen	Bevor die Maschine funktioniert, …
sie einschalten müssen	Seitdem seine Freundin wieder zurück ist, …	Michael wieder gute Laune haben	Während Emil schläft, …
von seiner schönen Nachbarin träumen	Bis Eric den Führerschein endlich hatte, …	die Prüfung drei Mal machen müssen	Nachdem es endlich zu regnen aufgehört hatte, …
einen Spaziergang machen	Bis wir aufs Land gezogen sind, …	mitten in der Stadt wohnen	Bevor wir ins Haus gehen, …

Kopiervorlage zu Kapitel 7, Aufgabe 11c

Fabeln

Der Hund und das Stück Fleisch

Ein großer Hund hatte einem kleinen Hund ein Stück Fleisch weggenommen und rannte davon. Als er über eine Brücke lief, schaute er ins Wasser. Erstaunt blieb er stehen und sah unter sich einen Hund, der seine Beute im Maul hielt. „Ich glaube, der andere Hund hat ein Stück Fleisch, das noch größer ist als meines", dachte er. Er sprang in den Bach und biss nach dem Hund, den er von der Brücke aus gesehen hatte. Das Wasser spritzte und der Hund suchte überall. Aber er konnte den anderen Hund nicht mehr sehen. Da erinnerte sich der Hund an sein eigenes Stück Fleisch. Wo war es? Er suchte überall, aber er fand es nicht. In seiner dummen Gier hatte er jetzt auch noch das Stück Fleisch verloren, das er schon sicher zwischen den Zähnen gehabt hatte.

Der Fuchs und der Storch

Ein Fuchs hatte einen Storch zum Essen eingeladen und servierte ihm die besten Dinge. Das Essen lag aber nur auf ganz flachen Schüsseln, aus denen der Storch mit seinem langen Schnabel nichts fressen konnte. So fraß der Fuchs alles alleine. Der Storch merkte, dass man ihn betrog, ärgerte sich aber nicht. Er lobte das Essen und bat seinen Freund, am nächsten Tag zu ihm zu kommen. Als der Fuchs nun am nächsten Tag zum Storch kam, bekam er auch das beste Essen. Aber es war in lange, dünne Gläser gefüllt, sodass der Fuchs nichts davon nehmen konnte. „Fühl dich wie zu Hause", rief der Storch und aß alles alleine auf. Der Fuchs stand hungrig vom Tisch auf und musste erkennen, dass der Storch ihm eine Lektion erteilt hatte.

Die Schildkröte und der Hase

Ein Hase lachte über eine Schildkröte, weil sie so langsam war. Trotzdem forderte die Schildkröte den Hasen zum Wettlauf auf. Der Hase lachte und nahm den Vorschlag an. Am Tag des Wettlaufs legten sie das Ziel fest und liefen zur gleichen Zeit los. Die Schildkröte lief langsam, aber ohne Pause. Der Hase dagegen rannte so schnell wie möglich. Als der Hase fast am Ziel war, setzte er sich ins Gras und schlief ein, weil die großen Sprünge ihn so müde gemacht hatten. Er wachte erst wieder auf, als die Zuschauer den Sieg der Schildkröte feierten. Der Hase war zu sicher gewesen, dass er gewinnen würde. So hatte ihn sogar die langsame Schildkröte besiegt.

Der Löwe und die Mücke

Eine Mücke rief einem Löwen zu, dass sie gegen ihn kämpfen wolle. „Ich habe keine Angst vor dir, du großes Tier", rief sie. „Du bist nicht besser als ich. Ich werde dir sogar zeigen, dass ich stärker bin als du!" Mit diesen Worten flog die Mücke dem Löwen in ein Nasenloch und stach ihn so sehr, dass er vor Schmerz weinte. Der Löwe sagte zur Mücke: „Du hast gewonnen!" Die Mücke war mit ihrem Sieg sehr zufrieden und flog davon, um das überall zu erzählen. Dabei sah sie  das Netz einer Spinne nicht und blieb darin hängen. Die Spinne kam gierig herbei und saugte der Mücke das Blut aus dem Körper.

Schnapp

Ich mag sowohl Fisch	als auch Fleisch.
Der Pullover ist nicht nur schön,	sondern auch noch günstig.
Im nächsten Urlaub fahren wir entweder ans Meer	oder in die Berge.
Für diese Aufgabe habe ich weder Lust	noch Zeit.
Die Arbeit ist zwar anstrengend,	aber sie macht mir viel Spaß.
Einerseits möchte ich auf die Party gehen,	andererseits wäre auch ein Abend zu Hause schön.
In seinem Haus hat er sowohl Hunde	als auch Katzen.
Der neue Kollege ist nicht nur nett,	sondern auch sehr qualifiziert.
In das Konzert gehe ich entweder mit meinem Mann	oder mit meiner Freundin.
Für eine Weltreise habe ich leider weder die Zeit	noch das Geld.
Das Buch hat zwar viele Preise bekommen,	aber ich finde es trotzdem total langweilig.
Einerseits interessiert mich das Museum,	andererseits finde ich den Eintritt sehr teuer.
Der neue Joghurt schmeckt nicht nur lecker,	sondern ist auch noch gut für die Gesundheit.
Entweder wasche ich mir die Haare jetzt gleich	oder wenn ich heute Abend nach Hause komme.
In einer guten Schule sollten die Lehrer weder zu streng sein,	noch sollten sie den Schülern alles erlauben.
Einerseits sollte man beim Lernen möglichst viel Ruhe haben,	andererseits lernen manche Menschen besonders gut mit Musik.

Kopiervorlage zu Kapitel 8, Aufgabe 13b

Lerntagebuch

1 Zeitplanung: Planen Sie Ihr Lernen. Überlegen Sie, an welchen Tagen Sie wie viel Zeit zum Deutschlernen verwenden möchten. Versuchen Sie, an möglichst vielen Tagen in der Woche etwas für Ihre Deutschkenntnisse zu tun. Es ist besser, an vielen Tagen kurz zu lernen als ein Mal oder im letzten Moment sehr lange.

2 Qualität statt Quantität: Nehmen Sie sich nicht zu viel auf einmal vor. Es hat keinen Sinn, 100 neue Vokabeln auf einmal lernen zu wollen. Stecken Sie sich ein Ziel, das Sie gut erreichen können.

3 Abwechslung: Versuchen Sie, das Lernen möglichst abwechslungsreich zu gestalten. Machen Sie jeden Tag etwas anderes und kombinieren Sie Aktivitäten, die Ihnen schwer fallen, mit solchen, die Ihnen besonderen Spaß machen.

4 Wiederholung: Wiederholung ist wichtig für das Lernen. Lernen Sie nicht nur, was gerade im Kursbuch behandelt wird, sondern frischen Sie dazwischen auch immer wieder alten Lernstoff auf.

5 Lernort: Lernen Sie an einem Ort, an dem Sie konzentriert arbeiten können. Zum effektiven Lernen braucht man Ruhe, Licht und die notwendigen Arbeitsmittel (Stifte, Karteikarten, Wörterbuch usw.).

✂ ....

	Von wann bis wann möchte ich Deutsch lernen?	Welche Fertigkeiten möchte ich verbessern? (Hören, Lesen, Sprechen, Aussprache, Grammatik …)	Wie möchte ich das machen? (Grammatikübungen machen, einen Text lesen, ein deutsches Lied hören und mitsingen …)	Bin ich mit dem Ergebnis zufrieden? War mein Lernen effektiv?
Montag				
Dienstag				
Mittwoch				
Donnerstag				
Freitag				
Samstag				
Sonntag				

Kopiervorlage zu Kapitel 9, Aufgabe 5d

Kontaktanzeigen

Ergänzen Sie zuerst die Adjektivendungen. Suchen Sie dann eine Partnerin / einen Partner. Wer passt zusammen?

A

Gepflegt_____ älter_____ Dame, die sich sehr für klassisch_____ Musik und gut_____ Literatur interessiert, sucht gebildet_____ Mann, mit dem sie über neu_____ Bücher sprechen kann. Auch gemeinsam_____ Konzertbesuche wären eine angenehm_____ Freizeitbeschäftigung.

B

Freundlich_____ Botaniker, Mitte 30, der seinen interessant_____ Beruf liebt und der auch seine Freizeit gern zwischen grün_____ Bäumen und bunt_____ Blumen verbringt, sucht aktiv_____ Naturfreundin, mit der er lang_____ Waldspaziergänge machen kann. Wenn dich die faszinierend_____ Natur genauso begeistert, dann melde dich bei mir.

A

Lustig_____, jung_____ Studentin, die gern in modern_____ Bars geht, sucht einen aktiv_____ Partner mit gut_____ Laune, der gern tanzt und laut_____ Party-Musik hört, für gemeinsam_____ Freizeitgestaltung.

B

Nett_____, an Kultur interessiert_____ Rentner sucht sympathisch_____ Dame, mit der er sich manchmal zu anregend_____ Gesprächen verabreden kann. Ich gehe gern in die Oper und würde mich über eine sympathisch_____ Begleitung freuen, mit der ich anschließend in gemütlich_____ Cafés über die schön_____ Musik reden kann.

A

Gemütlich_____ Rentnerin, die ruhig_____ Abende am warm_____ Kamin liebt, sucht nett_____ Nichtraucher, um zusammen heiß_____ Tee mit selbst gebacken_____ Keksen zu genießen und interessant_____ Gespräche zu führen.

B

Cool_____ Technofan, der gern lang_____ Nächte in schick_____ Discos mit laut_____ Musik verbringt, sucht selbstbewusst_____ Tänzerin, die mit ihm groß_____ Spaß haben will. Suchst du einen echt_____ Partylöwen? Dann schreib mir eine witzig_____ Antwort!

A

Fröhlich_____ Naturfan (35, w) mit fast immer gut_____ Laune sucht etwa gleichaltrig_____ Partner, der viel frei_____ Zeit mit ihr an der frisch_____ Luft verbringt. Ich liebe groß_____ und klein_____ Tiere und interessiere mich auch für die unterschiedlichst_____ Pflanzen.

B

Suchst du einen echt_____ Mann? Langweilig_____ Diskussionen und ruhig_____ Abende interessieren mich nicht. Aber wenn du jemanden suchst, der mit dir auf hoh_____ Berge klettert oder in fern_____ Länder reist, bin ich der ideal_____ Partner. Hast du auch noch ander_____ Träume? Dann ruf mich an!

A

Sportlich_____ Lehrerin (31), die aufregend_____ Reisen und extrem_____ Sportarten liebt, sucht mutig_____ Mann, mit dem man spannend_____ Abenteuer erleben kann. Wenn du mich auf meinen exotisch_____ Reisen begleiten möchtest und mit mir die weit_____ Welt kennenlernen möchtest, bist du vielleicht der richtig_____ Begleiter!

B

Freundlich_____, älter_____ Mann (73) liebt es, in seiner gemütlich_____ Wohnung ruhig_____ Abende zu verbringen. Wer möchte ihm dabei angenehm_____ Gesellschaft leisten? Bei einem gut_____ Essen und einer heiß_____ Tasse Kaffee kommen tief_____ Gespräche sicher wie von selbst.

Negation

Peter	hat	die	Musik	nicht	gehört
ich	arbeite	nicht	du	hast	kein
Geld	ich	gehe	morgen	nicht	ins Kino
Sina	trinkt	nicht	gern	Tee	am Montag
kommt	mein Chef	nicht	er	ist	nicht
müde	hast	du	das Plakat	auf der Straße	nicht
gesehen	wir	fahren	nicht	mit dem Bus	nach Italien
sie	liest	im Urlaub	keine	Zeitung	er
telefoniert	nicht	oft	mit seiner Mutter	du	musst
nicht	jetzt	nach Hause	ich	mache	nicht
immer	meine Hausaufgaben	sie	darf	nicht	rauchen

© Ernst Klett Sprachen GmbH, Stuttgart. Vervielfältigung zu Unterrichtszwecken gestattet. Aus: **Netzwerk B1**, Lehrerhandbuch

Kopiervorlage zu Kapitel 10, Aufgabe 4c bzw. 5b bzw. 8a

Passiv

Formen Sie die Sätze ins Passiv um.

Die Polizei bringt die alte Frau nach Hause.

Der Professor informiert die Studenten über die neuen Kurse.

In diesem Restaurant bedient man die Gäste immer sehr höflich.

Warum verbietet man Computerspiele mit viel Gewalt nicht?

Fremde verwechseln Katrin oft mit ihrer Schwester.

Behandelt der Chef die Mitarbeiter freundlich?

Die Ideen von Kindern nimmt man manchmal nicht Ernst.

Paten unterstützen Familien in Schwierigkeiten.

Der Radiosprecher warnte vor dem großen Unwetter.

Die Personalabteilung fragte alle Mitarbeiter nach ihrer E-Mail-Adresse.

Hat die Lehrerin dich heute gelobt?

Die Ärzte haben meine Tante sofort operiert.

Anna soll noch die Gläser abspülen.

Kann der Mechaniker das Motorrad bis morgen reparieren?

Du darfst die Zeitungen nicht einfach in den Müll werfen.

Wir müssen die Rechnung noch vor dem Wochenende bezahlen.

Kopiervorlage zu Kapitel 10, Aufgabe 12d

Was ist wichtig für eine gute Präsentation?

	ICH Habe ich das gemacht?	MEIN PARTNER / MEINE PARTNERIN Hat er / sie das gemacht?
Aufbau/Struktur: Ist die Präsentation klar gegliedert? Gibt es eine Einleitung, einen Hauptteil, einen Schluss? …		
Inhalt: Interessant? Neu? Zum Thema passend? …		
Bildliche Darstellung: Klar? Verständlich? Gibt es (ansprechende, hilfreiche …) Fotos, Bilder, Zeichnungen, Grafiken? …		
Sprache: Verständlich? Bekanntes Vokabular? Sätze sinnvoll mit verschiedenen Konnektoren verbunden? Verbkonjugation beachtet? …		
Stimme und Sprechtempo: Frei gesprochen? Laut genug? Klar und deutlich? Betonung? Gute Pausen? …		
Gestik/Haltung: Auf die Körpersprache geachtet? Ist die Gestik ruhig, offen, freundlich …? Was machen die Hände? …		
Kontakt zum Publikum: Blickkontakt zu den Zuhörern? Direkte Ansprache? Eingehen auf Fragen und Kommentare? …		

Kopiervorlage zu Kapitel 11, Aufgabe 1b

das Amt	eine öffentliche Institution	**das Angebot**	die Möglichkeiten an z. B. Waren, Kultur, Wohnungen …, aus denen man wählen kann
das Gebiet / die Zone	eine begrenzte Region	**das Stadtzentrum**	die Stadtmitte, die Innenstadt
das Tempo / die Geschwindigkeit	Gegenteil: die Langsamkeit; Adjektiv: schnell	**der Abfall**	der Müll; das, was die Menschen wegwerfen
der Arbeitsplatz	der Ort, an dem man seinen Beruf ausübt	**der Bewohner / die Bewohnerin**	die Menschen, die in einem Haus / einer Wohnung / einer Stadt wohnen
der Dreck / der Schmutz	Abfall, Abgase …; Gegenteil: die Sauberkeit	**der Gehsteig**	der Weg neben der Straße, der für die Fußgänger bestimmt ist
der Lärm	Gegenteil: die Ruhe; Adjektiv: laut	**der Rand / der Stadtrand**	die Peripherie; Gegenteil: Stadtzentrum
das Schaufenster	die Fenster von Geschäften, wo man die Produkte anschauen kann, die sie verkaufen möchten	**der Stadtteil / das Viertel**	ein Teil von einer Stadt mit einem eigenen Namen
der Verkehr	alle Fahrzeuge, die auf den Straßen unterwegs sind	**die Fahrzeuge**	alle Transportmittel, die Räder haben
die Fahrbahn	Hier fahren Autos, Fahrräder, Motorräder …	**die Abgase**	die schlechten Gase, die Autos, Fabriken usw. produzieren
die Fußgängerzone	eine Straße, wo keine Autos fahren dürfen, mit vielen Geschäften, Cafés …	**die Lage**	die geographische Situation; wo „liegt" …?
die Luft	Sauerstoff; wir atmen es ein, um leben zu können	**der Betrieb**	die Firma, das Unternehmen
der Nachbar / die Nachbarin	die Personen, die im Haus oder der Wohnung nebenan wohnen	**das Geschäft**	der Laden; der Ort, wo man etwas einkaufen kann

Kopiervorlage zu Kapitel 11, Aufgabe 5

Artikelwörter als Pronomen

Gruppe A
möchte einen Obstsalat machen und braucht:
einen Apfel
eine Banane
ein Paket Zucker
Kiwis

Wir brauchen … Habt ihr …?
Ja, wir haben … / Nein, wir haben auch kein…

Gruppe D
möchte eine Gemüsesuppe machen und braucht:
einen Blumenkohl
eine Zwiebel
ein Päckchen Salz
Kartoffeln

Wir brauchen … Habt ihr …?
Ja, wir haben … / Nein, wir haben auch kein…

Gruppe B
möchte belegte Brote machen und braucht:
einen Käse in Scheiben
eine Packung Schinken
ein Brot
hartgekochte Eier

Wir brauchen … Habt ihr …?
Ja, wir haben … / Nein, wir haben auch kein…

Gruppe E
möchte einen Salat machen und braucht:
einen Salat
eine Gurke
ein Kilo Tomaten
Oliven

Wir brauchen … Habt ihr …?
Ja, wir haben … / Nein, wir haben auch kein…

Gruppe C
möchte ein leichtes Abendessen kochen und braucht:
einen Fisch
eine Zitrone
ein Paket Reis
Erbsen

Wir brauchen … Habt ihr …?
Ja, wir haben … / Nein, wir haben auch kein…

Gruppe F
möchte italienisch kochen und braucht:
einen geriebenen Käse
eine Dose Tomaten
ein Hähnchen
Nudeln

Wir brauchen … Habt ihr …?
Ja, wir haben … / Nein, wir haben auch kein…

 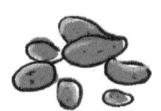  

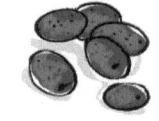   

© Ernst Klett Sprachen GmbH, Stuttgart. Vervielfältigung zu Unterrichtszwecken gestattet. Aus: **Netzwerk B1**, Lehrerhandbuch

die EC-Karte	die Karte, mit der man Geld aus dem Bankautomaten holen oder in Geschäften bezahlen kann	**die Kreditkarte**	Was man damit bezahlt, wird erst im nächsten Monat vom Konto abgezogen.
der Geldautomat	der Automat, wo man Geld abheben, aber oft auch einzahlen kann	**die Überweisung; überweisen**	Das Geld wird von einem Konto auf ein anderes Konto geschickt.
der Betrag	die Summe	**das Konto**	der Ort, an dem man in der Bank sein Geld hat; es hat eine eigene Nummer
die Geheimnummer, die PIN	eine Nummer, die man am Geldautomaten eingeben muss, um Geld zu bekommen, und die kein anderer wissen sollte	**Geld abheben / einzahlen**	Geld vom Konto nehmen / auf die Bank bringen und auf das Konto schreiben lassen
die Gebühren	Extrakosten, z. B. für die Benutzung einer Kreditkarte, Kontoführung usw.	**den Kredit überziehen**	man möchte mehr ausgeben, als mit der Bank für das Konto oder die Kreditkarte pro Monat vereinbart ist
die Karte sperren	Wenn die Bank die Karte sperrt, funktioniert sie nicht mehr und niemand kann sie mehr benutzen.	**der Schalter**	der Ort, an dem man von Bankangestellten bedient wird
das Bankgeschäft	alle Aktionen, die man durch die Bank machen lässt, z. B. Überweisungen, Daueraufträge usw.	**der Dauerauftrag**	Die Bank überweist z. B. jeden Monat automatisch einen bestimmten Betrag vom Konto an jemand anderen, z. B. die Miete.
der Kontoauszug	ein Blatt Papier, auf dem steht, was mit dem Geld auf einem Konto innerhalb einer bestimmten Zeit passiert ist	**die Filiale**	ein Laden, in dem eine Bank ist; eine Bank hat oft mehrere in einer Stadt
der Geldkarten-Chip	ein Chip, der in die Bankkarte eingebaut ist, damit man damit z. B. eine Fahrkarte kaufen kann	**aufladen**	Geld vom Konto auf die Karte (den Chip) „überweisen", damit man damit bezahlen kann

Kopiervorlage zu Kapitel 12, Aufgabe 3b

Schwarzer Peter mit *je ... desto*

(Bild)	Je wärmer der Winter ist,	desto mehr Insekten gibt es im Sommer.
Je bekannter die Schauspieler sind,	desto mehr Menschen möchten sie im Theater sehen.	Je länger Elisa mit ihrer neuen Familie zusammenlebte,
desto größer wurden die Streitigkeiten.	Je gesünder man lebt,	desto wohler fühlt man sich oft.
Je langsamer die Musik ist,	desto beruhigender wirkt sie.	Je genauer ich mir die Skulptur ansehe,
desto besser gefällt sie mir.	Je mehr ich über Volksmusik weiß,	desto interessanter finde ich sie.
Je früher die Feuerwehr informiert wird,	desto schneller kann sie den Brand löschen.	Je besser ich Leipzig kenne,
desto lieber lebe ich hier.	Je mehr Geld du ausgibst,	desto weniger können wir für unseren Urlaub sparen.

© Ernst Klett Sprachen GmbH, Stuttgart. Vervielfältigung zu Unterrichtszwecken gestattet. Aus: **Netzwerk B1**, Lehrerhandbuch

Glossar

Hier finden Sie eine alphabetische Zusammenstellung aller ▶ Verweise aus den „Erläuterungen zum Unterricht". Die einzelnen Begriffe werden erklärt und mit praktischen Beispielen für den Einsatz im Unterricht ergänzt.
Verweise in Klammern (▶ Präsentation von Ergebnissen) beziehen sich auf ein übergeordnetes Thema innerhalb des Glossars, zu dem es dort noch mehr Erklärungen und Beispiele gibt.

ABC Das ABC ist eine gute Möglichkeit, um Wortschatz zu sammeln und zu wiederholen. Geben Sie immer ein Thema vor, z. B. Berufe, Kunst, Was gibt es in einer Stadt? usw. Je 4 TN bekommen ein DIN-A3-Papier und dicke Stifte. Sie schreiben alle Buchstaben des Alphabets untereinander. Zu jedem Buchstaben schreiben sie ein Wort (Substantive mit Artikel, Verben, Adjektive), das ihnen zum Thema einfällt.

Ausstellung Die TN hängen ihre Produkte (Ergebnisse) im Kursraum auf oder legen sie aus. Alle sehen sich die Produkte der anderen TN an.
Wenn zusätzliche Erläuterungen zu den Ergebnissen der Gruppenarbeit nötig sind, bietet es sich an, einen „Experten" einzusetzen. Während alle TN die Ausstellung besuchen, bleibt an jedem Plakat/Ausstellungstisch ein „Experte", der kurz die wichtigsten Punkte erklärt und auf Fragen der Besucher antwortet. Der „Experte" wird immer wieder abgewechselt, damit alle TN alle Ergebnisse ansehen können.
(▶ Präsentation von Ergebnissen)

Collage Das Erstellen von Collagen ist eine motivierende, kreative Möglichkeit, Informationen zu einem Thema zu sammeln und darzustellen. Sie eignet sich aber auch zur Visualisierung grammatischer Strukturen oder für Wortschatztraining.
Sie brauchen dafür deutschsprachige Zeitschriften und Zeitungen, Scheren, DIN-A3-Papier, Kleber, dicke bunte Stifte. Die TN arbeiten in Kleingruppen zusammen. Je nach Arbeitsauftrag schneiden sie bestimmte Wörter, Sätze und/oder Fotos aus den Zeitschriften und Zeitungen aus. Dann arrangieren sie alles auf dem Papier und kleben es auf. Ggf. schreiben sie Erklärungen bzw. Kommentare dazu. Danach bietet sich eine ▶ Ausstellung bzw. ▶ Präsentation im Kurs an.

Dialoge auswendig lernen Das Einüben und Vorspielen von selbst geschriebenen Dialogen hilft den TN, Redemittel und Strukturen anzuwenden und zu automatisieren. Dazu sollten die Dialoge nicht zu lang sein. Korrigieren Sie die Texte und geben Sie den TN je nach Länge ca. 5–10 Minuten Zeit, ihre Dialogabschnitte erst alleine auswendig zu lernen. Sie können z. B. nach und nach immer mehr Textteile abdecken oder sich Schlüsselwörter notieren und mit deren Hilfe den Text wiedergeben und/oder die einzelnen Abschnitte noch einmal bewusst aufschreiben. Dann sollten sie den Dialog noch einmal kurz mit dem Partner einüben. Geben Sie ggf. auch ▶ Tipps zum freien Sprechen. Stellen Sie sich beim Vorspielen mit dem Text in die Nähe der TN und greifen Sie notfalls als „Souffleur" ein, wenn die TN ins Stocken geraten. Natürlich müssen sich die TN nicht ganz genau an den Text halten, sondern können auch improvisieren.

Domino Je 3–5 TN spielen zusammen. Ein Domino-Kärtchen wird in die Mitte gelegt, alle anderen werden verteilt. Der erste Spieler legt nun entweder rechts oder links ein passendes Kärtchen an. Hat er keines, ist der nächste TN an der Reihe. Wer zuerst kein Kärtchen mehr hat, hat gewonnen.
Domino eignet sich für das Einüben von Wortschatz (z. B. Wort-Bild, Wort-Definition), Verbformen (z. B. Personalpronomen-Verbform, Infinitiv-Partizip, Verben mit festen Präpositionen), Sätzen (z. B. Fragen-Antworten) usw. Sprachlich stärkere TN können selbst ein Domino-Set erstellen und mit einer anderen Gruppe tauschen. Sie sollten nur darauf achten, dass für jede linke Seite eine passende rechte Seite auf einem anderen Kärtchen ist, damit sich der Kreis schließen kann.

Feedback Es ist sinnvoll, im Kurs schon früh eine Feedbackkultur zu entwickeln. Das kann gelingen, indem man den TN bei Präsentationen unterschiedliche Beobachtungsaufgaben gibt. Diese können sich auf die Präsentation im Allgemeinen beziehen, z. B.: *Was war gut an dieser Präsentation, was nicht? Was kann man daraus lernen? Was kann man verbessern?* Konkretere Kriterien zur Qualität einer Präsentation können z. B. sein: *Ist die Präsentation klar gegliedert? Konnte man die Präsentation gut verstehen? Halten die Sprecher Blickkontakt mit den Zuhörern? Ist die Gestik offen, ruhig, freundlich …?*
Sprachliche Beobachtungsaufgaben können z. B. folgende Bereiche beinhalten: Aussprache, Wortschatz (Fachbegriffe, treffende Wortwahl …), Grammatik (Verbposition, Korrektheit eines bestimmten Grammatikphänomens, das gerade behandelt wurde, Satzbau …), Verständlichkeit usw. Sie können die Art der Beobachtungsaufgaben mischen oder den Schwerpunkt auf einen Bereich (inhaltliche Gestaltung der Präsentation, Vortrag, sprachliche Korrektheit o. Ä.) legen.
Mehrere TN sollten zusammen eine Beobachtungsaufgabe übernehmen. Nach der Präsentation machen Sie eine kurze Feedbackrunde, in der die TN zu ihrer Fragestellung berichten. In sprachlich homogenen Kursen können Sie das anfangs auch in der Muttersprache machen lassen. In sprachlich heterogenen Kursen sollten die Fragen so einfach wie möglich formuliert werden und ggf. auch mögliche Antworten vorgegeben werden.

Gruppengeschichte Bei der Gruppengeschichte schreiben die TN gemeinsam mehrere Geschichten. Jeder TN (ggf. mit einem Partner oder in einer Kleingruppe) beginnt, eine Geschichte zu schreiben. Nach einem oder mehreren Sätzen wird die Geschichte an den nächsten TN (die nächste Gruppe) weitergegeben und nach den Vorgaben, die Sie festlegen, weitergeschrieben (es müssen z. B. von jedem Schreiber bestimmte Wörter oder Anfangssätze oder grammatikalische Strukturen usw. verwendet werden).

Die Geschichten „wandeln" so lange durch den Kurs, bis jeder TN (jede Gruppe) mindestens einen Teil zu einer Geschichte beigetragen hat. Anschließend lesen die TN die Geschichten vor oder sie werden im Kursraum ausgehängt.

Innerer Monolog Ein „innerer Monolog" ist ein in der Ich-Form verfasster Text, der die Gedankengänge einer Person wiedergibt. Es ist also eine Art „Selbstgespräch". Diese Textsorte lässt sich sehr gut als kreativer Schreibanlass verwenden. Die TN versetzen sich dazu in die Rolle von fiktiven oder echten Personen (aus Texten, Rollenspielen, ausgeschnittenen Fotos aus Zeitschriften usw.) und schreiben auf, was diese in einer bestimmten Situation denken und fühlen.

Kooperatives Lesen Beim kooperativen Lesen bearbeiten die TN in Kleingruppen einen Text. Je 2–3 TN lesen ihren Text oder Textteil, erarbeiten gemeinsam den Inhalt und fassen ihn in der Gruppe zusammen. Dann werden neue Gruppen gebildet, in denen aus jeder vorigen Gruppe mindestens ein TN ist (▶ **Wirbelgruppen**). Jeder TN erzählt nun der neuen Gruppe den Inhalt seines Textes oder Textteils, damit alle über alles informiert sind. Ermitteln Sie am Ende z. B. mit einem Quiz zu allen Texten (oder dem gesamten Text), inwieweit alle wichtigen Informationen vermittelt und verstanden wurden. Oder die TN lösen jetzt die KB-Aufgaben zum Text. Bei längeren Texten können Sie auch verschiedene Aufgaben in die Gruppen geben. Unterteilen Sie den Text in ähnlich lange Abschnitte. Der erste TN fasst z. B. den Inhalt des Abschnitts zusammen, der zweite erarbeitet die grammatischen Strukturen, der dritte klärt neuen Wortschatz o. Ä. Nach jedem Abschnitt geben die TN ihre Aufgabe innerhalb ihrer Gruppe weiter. Nachdem sie so den gesamten Text bearbeitet haben, lösen sie die KB-Aufgaben zum Text.

Kursspaziergang Beim Kursspaziergang geht es darum, mit wechselnden Partnern kurze Gespräche zu führen oder gemeinsam eine Aufgabe zu lösen.
Jeder TN bekommt anfangs ein Kärtchen, z. B. mit einer Frage. Dann gehen alle TN durch den Kursraum und treffen sich mit einer Person. Mit dieser Person sprechen sie über ihre eigene Frage und die ihres Partners. Wenn sie fertig sind, tauschen sie die Karten und gehen zur nächsten Person. Das kann man beliebig oft wiederholen. Statt mit Fragen können Sie auch Kärtchen mit einzelnen Aufgaben oder Lückensätzen erstellen. Die Lösung sollte auf der Rückseite der Kärtchen stehen, damit die TN sich selbst korrigieren können.

Kursstatistik Kursstatistiken dienen dazu, Meinungen der TN visuell und übersichtlich darzustellen. Einfache Möglichkeiten sind z. B. Strichlisten, Klebepunkte oder Balken. Es gibt aber auch komplexere und kreativere Möglichkeiten.
▶ **Landschaften stellen**
▶ **Sterndiagramm**

Landschaften stellen Landschaften stellen ist eine Methode, in der man in kurzer Zeit und auf anschauliche Weise viele Informationen von den TN bekommen kann. Als Antwort auf eine Frage gruppieren sich die TN der Antwort entsprechend im Raum. Dabei helfen Plakate mit den möglichen

Antworten (z. B. auf die Frage *Was ist Ihnen in ihrem (Wunsch-)Beruf wichtig?* – *Viel Urlaub, nette Kollegen, viel Geld, Flexibilität* usw.; Smileys für *das ist mir wichtig, das ist mir nicht wichtig, das ist mir egal* usw.). Die TN können sich auch anhand von Fotos positionieren, z. B. bei der Frage *Wo und wie machen Sie Urlaub?* (Fotos vom Strand, den Bergen, einer Stadt usw.) Bei Fragen nach Häufigkeiten bzw. konkreten Zahlen (z. B. *Wie viele Liter Wasser verbrauchen Sie am Tag?*) oder Bewertungen (z. B. *Für wie richtig halten Sie folgende Aussagen über Männer und Frauen?*) können Sie einen Wollfaden auf den Boden legen (der Anfang steht für 0, die Mitte für 10, das Ende für 20 bzw. je weiter rechts, desto wichtiger o. Ä.), auf dem sich die TN positionieren können. Bei jeder neuen Frage wechseln die TN ihre Position.

Lebendiger Satz Diese Aktivität eignet sich gut, zur Bewusstmachung von Satzstrukturen wie Verbposition, Satzklammer, Nebensätze und für die Negation.
Überlegen Sie, in wie viele Teile sie den Satz unterteilen möchten. Dabei kann auf jeder Karte ein Wort, ein Teilsatz, ein Satzeichen usw. stehen. Schreiben Sie die einzelnen Elemente auf einzelne Karten. Der Satz *Er geht heute mit seinem Freund nicht ins Kino.* könnte zum Beispiel in 10 Kärtchen unterteilt werden.

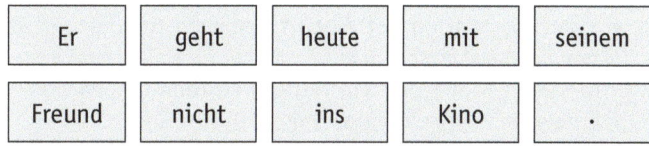

Bitten Sie 10 TN, nach vorne zu kommen, und geben Sie jedem eine Karte. Die anderen TN positionieren die 10 TN so, dass es einen grammatikalisch richtigen Satz ergibt. Dann thematisieren Sie, was von besonderem Interesse ist (hier: die Stellung von *nicht*).
Alternativ können sich auch zuerst die TN mit Kärtchen positionieren. Die anderen TN sagen, ob es so richtig ist. Sie können die Sätze, wenn es passt, auch auf verschiedene Weise umstellen lassen, um den TN bestimmte Gesetzmäßigkeiten nahe zu bringen (z. B. dass auf Position 1 vieles stehen kann, das Verb aber auf Position 2 bleibt oder dass man je nach Stellung von *nicht* unterschiedliche Dinge verneinen kann).

Lernplakat Ebenso wie nach der Erarbeitung von grammatischen Regeln oder dem Erstellen einer Wortfamilie / eines Wortfeldes können TN Lernplakate auch zu Redemitteln gestalten, die im Kursraum aufgehängt und immer wieder als „Spickzettel" verwendet werden können. Wenn die Redemittel je nach Redeanlass thematisch geordnet werden, erhalten die TN eine schnelle Übersicht für Diskussionen und Rollenspiele. Auch Lernstrategien können mit Lernplakaten sinnvoll und übersichtlich visualisiert werden.
Sie brauchen dafür DIN-A3-Papier und dicke bunte Stifte. Wenn die Redemittel im KB vorgegeben sind, können sie auch auf Kärtchen geschrieben und dann aufgeklebt werden. Die TN arbeiten, je nach Bereich, in Kleingruppen oder im Kurs zusammen.

Glossar

Paare finden Je 2–4 TN spielen mit ca. 20 Kärtchen. Immer 2 Kärtchen bilden ein Paar. Die TN mischen und legen alle Kärtchen verdeckt auf den Tisch. Ein TN beginnt und deckt nacheinander zwei Kärtchen auf. Passen sie zusammen, behält er sie und darf noch einmal spielen. Passen sie nicht, dreht er sie wieder um und der nächste TN ist dran. Der TN, der am Ende die meisten Paare hat, gewinnt.
Paare finden eignet sich z. B. für das Einüben von Wortschatz (z. B. Wort-Bild, Gegensatzpaare, Vokabel-Worterklärung), Verbformen (z. B. Infinitiv-Präteritum, Infinitiv-Präposition), Sätzen (z. B. Fragen-Antworten) usw.
Man kann das Spiel auch so spielen, dass jeweils 3 Karten (▶ Trio-Spiel) zusammengehören (z. B. Infinitiv-Präteritum-Partizip II).

Mini-Präsentationen Bei den Mini-Präsentationen stellen einzelne TN oder Kleingruppen ein einfaches Thema im Kurs vor. Das kann z. B. eine Reise, ein Bild, eine Stadt, eine Person und vieles mehr sein. Die TN sollten sich bemühen, 5 Minuten möglichst nicht zu überschreiten und auch nicht wesentlich kürzer zu sprechen. Um ein Gefühl dafür zu entwickeln, wie viel man in der Zeit sagen kann, können die TN zu Hause mit der Stoppuhr einen Text (langsam) lesen.

Folgende Punkte sind für eine Präsentation wichtig:
- Eine Präsentation hat einen förmlichen Anfang (*Guten Tag, mein Name ist … und ich möchte Ihnen/euch heute … vorstellen* o. Ä.) und ein förmliches Ende (*Vielen Dank. Haben Sie / Habt ihr noch Fragen?*).
- Es ist sehr wichtig, nur Vokabular und Strukturen zu verwenden, die im Niveau des Kurses bekannt sind.
- Die TN sollten darauf achten, klar und langsam zu sprechen und Pausen einzulegen.
- Die Sprecher halten Augenkontakt mit dem Publikum.
- Die Präsentation sollte visuell gestützt werden.
  (▶ Präsentation von Ergebnissen)

Präsentation von Ergebnissen
▶ **Ausstellung**

Poster/Plakat – Collage
Ein Poster/Plakat ist ein kreatives Medium, das die Lerner besonders gut zur Präsentation von Gruppenarbeiten, aber auch zur Unterstützung von Vorträgen einsetzen können. Poster/Plakate sollten möglichst groß, DIN A3 oder größer, sein. Sie stellen im Allgemeinen ein klar umrissenes Thema dar (Überschrift des Posters/Plakats), der Schwerpunkt liegt auf visuellen Elementen (Bilder, Fotos).

Power-Point
Wenn Ihre TN diese Präsentationsform wünschen, legen Sie vorab die Anzahl der Folien (und die Dauer der Präsentation) fest. Überlegen Sie gemeinsam, wie eine „gute" Folie aussieht (Textmenge, Schriftgröße). Weisen Sie die TN darauf hin, dass jede Folie auch ausreichend kommentiert werden muss, damit die Präsentation nicht zu einer „Diavorführung" wird.

Wandzeitung
Die Wandzeitung ist eine informative, detailliert gestaltete Präsentationsform von Arbeitsergebnissen. Legen Sie gemeinsam mit den TN das Thema und die Ziele der Wandzeitung fest: *Was soll die Wandzeitung zeigen? Wollen wir informieren, Meinungen darstellen oder ein Projekt vorstellen?* Die TN sammeln zum Thema aussagekräftige Fotos, Zeitungsausschnitte, Zeichnungen und andere Visualisierungen (Grafiken) und schreiben kurze eigene Texte dazu (auch Bildunterschriften oder Überschriften zu Unterthemen). Wichtig ist, dass die Textmenge nicht zu umfangreich und die Schriftgröße ausreichend ist, damit die Wandzeitung auch aus einer gewissen Entfernung lesbar ist.
Die Struktur der Zeitung sollte zuerst auf einem DIN-A4-Blatt geplant werden, auch eine passende, klare Überschrift müssen die TN finden. Für die Gestaltung brauchen Sie ein großes Plakat, ein Stück Tapete oder Packpapier. Dann legen die TN ihr Material auf das Papier auf und testen, ob ihr Plan auch optisch gut zusammenpasst. Bei der Gestaltung sollten die TN auf Schriftgröße, Schriftfarbe, ein ausgewogenes Verhältnis von Text und Bildern sowie auf eine logische Gliederung achten. Danach kleben sie die Materialien auf und hängen die Wandzeitung im Raum auf.

▶ **Wirbelgruppen**

Rechts-Links-Dialog Die TN schreiben den ersten Satz eines Dialogs auf ein Blatt Papier und geben das Blatt dann an den rechten Nachbarn weiter. Sie reagieren auf den Satz, den sie von ihrem linken Partner erhalten haben, und geben ihn anschließend wieder zurück. Usw. Die Blätter wandern vom ursprünglichen Autor mehrfach immer wieder nach rechts und dann nach links. Auf diese Weise entstehen gleichzeitig 2 Dialoge, in denen jeder TN sowohl in Rolle A als auch in Rolle B schlüpft.

Redemittel-Diskussion Eine Redemittel-Diskussion bietet sich an, wenn im KB verschiedene Redemittel vorgegeben sind (z. B. um eine Beschwerde vorzubringen, seine Meinung zu äußern, sich auf etwas zu einigen etc.). Dazu wählt jeder TN ungefähr 3–5 Redemittel aus, die ihm besonders nützlich erscheinen und schreibt diese auf Zettel oder Kärtchen. Während der Diskussion legt er diese vor sich hin oder hält sie in der Hand. Die Zettel/Kärtchen dürfen nur dann weggelegt werden, wenn der TN sie in der Diskussion verwendet hat. Durch die Redemittel-Diskussion sollen die TN „gezwungen" werden, neu gelernte Strukturen auch tatsächlich im Gespräch anzuwenden und so zu automatisieren.

Speed-Dating Diese Aktivität ist geeignet, um Meinungen zu bestimmten Themen relativ kurz mit möglichst vielen Gesprächspartnern zu diskutieren. Beim Speed-Dating gehen die TN durch den Kursraum und suchen sich einen Partner, wenn Sie z. B. in die Hände klatschen, gegen eine Dose schlagen oder ein anderes abgesprochenes Geräusch machen. Lesen Sie den ersten Punkt, der diskutiert werden soll, vor. Die beiden TN, die sich gegenüberstehen, diskutieren nun eine vorher festgelegte Zeit (2 oder 3 Minuten) darüber. Danach bewegen sich die TN weiter durch den

Raum; beim nächsten Klatschen o. Ä. sucht sich jeder TN einen neuen Gesprächspartner. Die TN diskutieren nun mit dem neuen Partner den nächsten Diskussionspunkt. Usw. Eine ähnliche Form, um verschiedene Argumente in begrenzter Zeit mit möglichst vielen Partnern auszutauschen, ist die ▶ Sprechmühle.

Sprechmühle Teilen Sie den Kurs in 2 Gruppen. Gruppe 1 bildet einen Kreis und schaut nach außen. Gruppe 2 bildet um Gruppe 1 herum einen Kreis und blickt nach innen, sodass sich immer 2 Personen gegenüberstehen. Geben Sie eine Frage oder einen Arbeitsauftrag in die Sprechmühle. Je 2 gegenüberstehende TN sprechen über die Frage / den Arbeitsauftrag. Wenn sie fertig sind, geht der Außenkreis oder der Innenkreis (nach Ihrer Anweisung) im oder gegen den Uhrzeigersinn um 1, 2 oder 3 Personen weiter. Sie stellen nun eine neue Frage / einen neuen Arbeitsauftrag. Usw.

Sterndiagramm Ein Sterndiagramm ist eine anschauliche Möglichkeit der Kursstatistik. Malen Sie dazu einen großen Stern an die Tafel oder auf ein Plakat. Jeder Bereich, der ausgewertet werden soll, wird auf einen Zacken des Sterns geschrieben. Der Stern wird von Kreisen durchzogen, bei dem jeder Kreis eine Maßeinheit repräsentiert, die inneren Kreise drücken einen kleinen Wert aus, die äußeren Kreise einen hohen Wert. Die Ergebnisse der einzelnen TN oder der Gruppe können nun in jedem Zacken festgehalten werden.

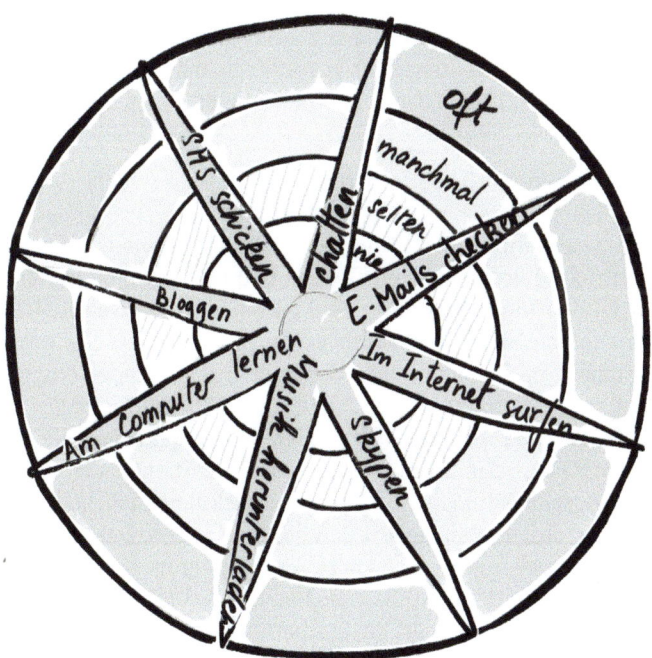

Stummer Dialog Beim stummen Dialog werden verschiedene Aussagen auf je ein DIN-A3-Papier geschrieben, die Papiere werden im Kursraum ausgelegt. Die TN gehen ohne zu sprechen durch den Raum, lesen die unterschiedlichen Aussagen und schreiben ihre eigene Meinung dazu. Danach gehen sie zum nächsten Blatt. Wenn schon Meinungen anderer TN unter den Aussagen stehen, reagieren die TN auch auf diese, sodass sich tatsächlich eine Art von Dialog ergibt.

Tipps zum freien Sprechen Im Unterricht sollte immer wieder darauf geachtet werden, dass den TN genügend Möglichkeiten zum freien Sprechen angeboten werden. Dafür eignen sich natürlich die Dialoge und Situationen im Kursbuch, aber auch selbst erstellte Rollenspiele oder Einzel- und Gruppenpräsentationen.

Dialoge

Sprechen wie ein ...
Die TN bekommen ein Kärtchen mit einem einfachen Satz aus dem aktuellen Kapitel. Sie lernen diesen Satz auswendig. Dann geben Sie ihnen vor, wie sie diesen Satz sprechen sollen, z. B. wie ein Pfarrer, ein Opa, ein Lehrer, ein Arzt, ein General, ein Baby, eine Sängerin ... Der Fantasie sind hier keine Grenzen gesetzt. Wichtig ist, dass die TN so viele verschiedene Rollen wie möglich einnehmen und mit ihrer Stimme und ihrem Körper die Rolle ausfüllen. Wichtig ist auch hier, dass die TN sich gegenseitig ▶ Feedback geben. Sie können diese Aktivität auch mit ganzen KB-Dialogen einsetzen.

Einstudiertes Rollenspiel mit Souffleur
Die TN erarbeiten in Kleingruppen selbst einen Dialog / ein Rollenspiel und üben es ein. Ein TN übernimmt dabei die Rolle des Regisseurs und Souffleurs. Bieten Sie den TN an, sich (z. B. mit dem Handy) filmen zu lassen und danach selbst den Film anzusehen. Welche Stärken und Schwächen hat der Dialog / das Rollenspiel? Ist es für das Publikum gut verständlich? Was kann noch verbessert werden? Während die TN frei ihr einstudiertes Stück vorspielen, steht der Regisseur/Souffleur unauffällig in der Nähe und spricht lautlos, aber mit deutlicher Mundbewegung mit, sodass die Schauspieler sich an ihn wenden können, wenn sie den Faden verlieren.

Präsentationen
Besprechen Sie mit den TN die **5 Regeln für eine gute Präsentation:**
1. Bereiten Sie sich inhaltlich gut vor. Das gibt Ihnen Sicherheit.
2. Machen Sie sich Notizen in Stichpunkten für den Vortrag. Auch wenn Sie die Präsentation einmal ganz ausformulieren (und aufschreiben), sollten Sie beim Vortrag nur auf Stichpunkte zurückgreifen.
3. Versuchen Sie, möglichst frei zu sprechen. Dann stimmt die Sprechgeschwindigkeit (eher langsam) und Sie achten mehr auf Aussprache und Intonation.
4. Sorgen Sie für Aufmerksamkeit. Sprechen Sie Ihre Zuhörer direkt an oder beziehen Sie sie durch Fragen ein.
5. Machen Sie deutlich, was die wichtigen Infos sind, die die Zuhörer ggf. mitnotieren sollten.

Präsentationstraining
Richtiges Stehen, Blickkontakt, Gestik und Mimik sind wichtige Faktoren, die TN bewusst einsetzen sollten, um die Angst vor dem freien Sprechen zu verlieren.

Glossar

Richtiges Stehen

Sensibilisieren Sie Ihre TN für Stand, Körperhaltung, Gewichtsverlagerung und die Haltung der Hände und des Kopfes. Stellen Sie sich gemeinsam mit den TN in einem Kreis auf. Alle haben die Beine durchgestreckt und leicht geöffnet; die Füße stehen parallel und fest auf dem Boden. Der Rücken ist durchgestreckt, die Arme angewinkelt, die Hände – so sie nicht auf etwas zeigen oder etwas halten – liegen ineinander, Handflächen nach oben (das signalisiert Offenheit und Ehrlichkeit). Nehmen Sie als Kontrast gegensätzliche Haltungen ein, Sie können auch die TN eine Haltung vorgeben lassen. Wichtig dabei ist, dass sie abwechselnd die „richtige" Haltung und dann wieder eine „falsche" Haltung einnehmen, um sich des Unterschieds bewusst zu werden.

3-A-Technik: Aufnehmen – Aufschauen – Aussprechen

Bereiten Sie für jeden TN eine Karte mit einem Satz vor (z. B. *Ich spreche langsam.; Ich mache kurze Sätze.; Ich mache Pausen.* usw. oder Sie nehmen einfachere, bekannte Sätze aus dem Kursbuch). Je 4–6 TN arbeiten in Gruppen. Geben Sie jedem TN ein Kärtchen. Zuerst lesen die TN ihren Satz (= aufnehmen von Informationen). Dann macht jeder TN die Übung: Zuerst stellt er sich vor die Gruppe, dann stellt er sich bewusst richtig hin, schaut auf und nimmt so Blickkontakt auf, danach spricht er ganz bewusst den Satz aus, der auf seinem Kärtchen steht. Ein TN der Gruppe wird damit beauftragt, sofort *Stopp* zu sagen, sobald der Vortragende den Blickkontakt zum Publikum nicht hält, sondern auf das Kärtchen oder an die Wand sieht. Der Vortragende bedankt sich bei der Gruppe und bekommt Applaus. Danach bekommt er ▶ Feedback.

Tipps zum Vorlesen

Machen Sie Ihre Lerner mit den 5 Regeln zum guten Vorlesen vertraut:

Bereiten Sie den Text vor dem Vorlesen gut vor. Üben Sie Wörter, die schwer auszusprechen sind. Markieren Sie, wo Sie eine Pause machen möchten und welche Informationen besonders betont werden sollen.

1. Beginnen Sie nicht sofort mit dem Lesen. Warten Sie ab, bis das Publikum aufmerksam ist.
2. Versuchen Sie, laut, deutlich und mit klarer, fester Stimme zu lesen. Sprechen Sie eher zu langsam als zu schnell.
3. Variieren Sie Ihre Stimme, vor allem bei der wörtlichen Rede, und planen Sie Redepausen ein.
4. Suchen Sie immer wieder Blickkontakt.
5. Sehen Sie die Zuhörer an und versuchen Sie festzustellen, wie Ihr Vorlesen auf die Zuhörer gewirkt hat.

Szenisches Lesen

Je 3 TN arbeiten zusammen. Ein TN jeder Gruppe ist der Regisseur. Sagen Sie den TN, welchen Dialog/Text aus dem Kursbuch sie lesen können, lassen Sie einen Dialog/Text auswählen oder bringen Sie eigene kurze Texte mit. Die TN lesen ihren Text mit unterschiedlicher Sprechhaltung. Der Regisseur gibt seine Ideen und Verbesserungsvorschläge in die Gruppe. Die anderen reagieren darauf. Dann wird rotiert, damit jeder einmal liest und einmal Regisseur ist.

Lesen wie ein ...

Die TN bekommen einen einfachen Lesetext oder wählen sich einen Lesetext aus. Sie lesen den Text einmal und markieren im Text, wo sie Pausen machen, wo sie die Stimme heben bzw. senken wollen, wo der Satzakzent ist und bei schwierigen Wörtern der Wortakzent. Dann üben je 2 TN gemeinsam und geben sich gegenseitig ▶ Feedback. Danach geben Sie Ihnen vor, wie sie diesen Text vorlesen sollen, wie bei ▶ Tipps zum freien Sprechen beschrieben.

Trio-Spiel Das Trio-Spiel entspricht dem Spiel ▶ Paare finden, nur gehören 3 (statt 2) Karten zusammen. Die 3 zusammengehörigen Karten könnten z. B. der Infinitiv, die Präteritumsform und das Partizip II desselben Verbs sein *(sehen–sah–gesehen)* oder der Infinitiv, das Partizip I und das Partizip II *(sehen–sehend–gesehen)*.

Alle Karten werden gemischt und verdeckt auf den Tisch gelegt. Jeder TN deckt 3 Karten auf. Wenn sie zusammengehören, darf er sie behalten; wenn nicht, muss er die Karten wieder umdrehen und der nächste Spieler ist an der Reihe. Usw.

Wirbelgruppen Diese Sozialform eignet sich sowohl für die Gruppenarbeit als auch die ▶ Präsentation von Gruppenergebnissen. Bilden Sie 3 Gruppen A, B und C. Jede Gruppe arbeitet an 3 verschiedenen Themen und bereitet eine Präsentation vor (oder liest einen Text zu einem Thema, erarbeitet eine grammatische Struktur usw.). Dann bilden Sie neue Gruppen, in denen aus jeder Gruppe A, B, C mindestens jeweils eine Person vertreten ist (AAA, BBB und CCC werden zu ABC, ABC und ABC). Die TN stellen sich gegenseitig die Ergebnisse aus der Gruppenarbeit vor. Dann gehen die TN in ihre Ausgangsgruppe A, B oder C zurück und tauschen sich darüber aus, was sie gehört und gesehen haben. Danach können Sie noch einmal eine kurze Auswertung im Kurs machen oder Sie bereiten ein Quiz zum Thema vor, in dem Sie „überprüfen" können, wie gut die Erarbeitung des Themas funktioniert hat.